변호사시험, 공무원시험 대비

2026대비
황남기 행정법
최신 3개년 판례

황남기

약력

전 |
  제27회 외무고시 수석합격
  2012년 공무원 승진시험 출제위원
  동국대 법대 겸임교수

저서

변호사시험 기출 사례형 행정법 시험장 실전답안
변호사시험 기출과 모의고사 사례형 헌법 시험장 실전답안
2024년 상반기 헌법재판소 판례+3년 판례 요약
표준판례 및 최신판례정리 -헌법편-
2025 헌법논점 CAPSULE

머리말

민사법 분야는 판례가 이론을 앞서간다면 공법 분야에서는 이론이 판례를 앞서갑니다.

행정법 이론이 어떻게 판례에 반영되고 또는 어떻게 이론이 판례를 이끌어 가는지 분석을 알아 가면 알곡을 줍는 마음으로 공부를 할 수 있습니다.

중요한 판례라면 어떤 이론적 배경을 가지고 있는지 알고 공부를 하는 것이 바람직합니다. 그리고 어떤 논리구조를 가지고 판례를 쓰고 있는지 분석해보아도 재미있는 공부가 됩니다.

또한 원심과 대법원이 입장 차이가 있을 때 어떤 이론적 전제를 깔고 논리를 진행하는지 알아보는 것도 흥미롭습니다.

대법원이 어떻게 잘못된 또는 다른 논리 구조를 가진 원심법원을 논파하는지 배우는 재미도 쏠쏠합니다. 헌법재판소와 대법원 판례를 연결해보고 비교해보면 더 깊은 맛을 느낄 수 있을 겁니다.

수험을 넘어 법학 공부에 재능을 펼쳐 볼 수 있는 기회가 된다면 더 세밀한 논리를 가지고 글을 쓸 수 있는 수험생들이 되기를 기대합니다. 수험생들을 위한 교재다 보니 판례 원문이 너무 길어 요약을 한 판례가 있습니다.

시험은 노력한 만큼, 보는 안목만큼, 자신의 선택만큼 결과를 손에 쥘 수 있으니 참을 수 없을 만큼 불공정하다고 할 수는 없을 것입니다. 본 교재로 공부하는 수험생들에게 합격의 결과가 있기를 기원합니다.

2025년 8월
저자 황남기

목 차

Part. 01. 행정법 총론

01. 소급입법금지 ·· 3
02. 법률유보원칙 ·· 5
03. 법률우위원칙 ·· 9
04. 평등원칙 ··· 15
05. 비례원칙 ··· 18
06. 신뢰보호원칙 ·· 20
07. 법률관계 ··· 22
08. 신고 ·· 25
09. 행정입법 ··· 30
10. 재량행위 ··· 36
11. 행정행위 ··· 39
12. 행정행위 효력발생요건 ·· 42
13. 행정행위의 구성요건적 효력 ··· 43
14. 부관 ·· 45
15. 하자승계 ··· 46
16. 행정행위취소와 철회 ··· 48
17. 행정행위 실효 ·· 50
18. 공법상 계약 ·· 51
19. 행정절차 ··· 55
20. 개인정보보호와 정보공개 ·· 62
21. 행정형벌 ··· 67
22. 행정상 즉시강제 ·· 68
23. 과징금 ·· 69

24. 국가배상 ·· 72
25. 손실보상 ·· 83
26. 항고소송 ·· 89
27. 당사자소송 ··· 116

Part. 02. 행정법 각론

28. 지방자치법 ··· 121
29. 공무원법 ·· 128
30. 공물법 ·· 132
31. 개발행위허가 ··· 136
32. 공용부담법 ··· 145
33. 경찰관직무집행법 ·· 147
34. 병역법 ·· 148

▌판례색인 ·· 149

황남기 행정법 최신 3개년 판례

Part. 01
행정법 총론

01. 소급입법금지

1. 자원재활용법 시행령부칙 규정(대판 2024.5.23. 2021두35834)

2. 담배 제조자가 담뱃세의 인상차액을 얻기 위해 담뱃세 인상 전에 통상적인 행위 또는 거래 형태에서 벗어나 제조장에서 일시적인 방편으로 마련된 장소로 담배를 옮긴 경우, 이를 제조장에서 반출한 것으로 볼 수 있는지 여부(소극)

자원의 절약과 재활용촉진에 관한 법률 시행령 부칙등의 입법 취지 등에 비추어 볼 때, 제조자가 담뱃세의 인상차액을 얻기 위하여 담뱃세가 인상되기 전에 통상적인 행위 또는 거래 형태에서 벗어나서 제조장에서 일시적인 방편으로 마련된 장소로 담배를 옮긴 것에 불과하다면, 이를 제조장에서 반출한 것으로 볼 수 없다.

3. 담배 공급의 편의를 위하여 제조장 또는 보세구역에서 다른 제조장 또는 보세구역으로 미납세 반출되었다가 2014. 12. 23. 법률 제12855호로 개정된 지방세법, 2014. 12. 23. 법률 제12846호로 개정된 개별소비세법이 시행된 2015. 1. 1. 이후 반입장소에서 다시 반출된 담배에 대하여 그 반출시점에 시행되는 개정규정에서 정한 개정세율이 적용되는지 여부(적극) 및 이와 같은 개정 후 지방세법 등에서의 미납세 반출과 반출의 의미에 관한 법리는 폐기물부담금, 국민건강증진부담금, 연초생산안정화기금의 부과요건사실인 '제조장에서 반출'에 관한 해석에도 동일하게 적용되는지 여부(적극)

이 사건은 담배 제조업자가 담배를 제조장 또는 보세구역에서 다른 제조장 또는 보세구역으로 미납세 반출하였다가, 2015년 1월 1일 이후 반입장소에서 다시 반출한 경우에, 그 반출 시점의 세율과 부담금 기준이 적용되는지에 관한 것이다.
이에 대하여 담배소비세 등 조세뿐만 아니라 폐기물부담금, 국민건강증진부담금, 연초생산안정화기금 등 각종 부담금도 반출 시점을 기준으로 납부의무가 성립되므로, 2015년 1월 1일 이후 반입장소에서 다시 반출된 담배에는 개정된 세율 및 부담금 기준이 적용된다고 보아야 한다.
이는 다음과 같은 이유에 따른다.
① 부담금은 제품의 생산이 아닌 '출고 시점에 부과되며, 담배 소비세 등과 납세의무 성립 시점이 일치한다.
② 조세와 부담금 모두 소비자에게 전가되는 성격을 가지며, 담배 가격의 원가 요소로 작용한다.
③ 부담금 부과 규정들은 담배소비세 면세나 환급 여부에 연동되므로, 세법 해석과 동일하게 적용하는 것이 타당하다.
④ 관련 시행령 및 부칙들도 2015년 1월 1일 이후 반출 여부를 기준으로 개정법 적용 여부를 정하고 있어, 입법 취지는 세금과 부담금의 부과 기준을 통일하려는 것이다.

따라서, 미납세 반출된 담배가 2015년 1월 1일 이후 다시 반출된 경우에는 그 시점의 개정 세율 및 부담금이 적용되며, 이 해석은 부담금 관련 법령에도 동일하게 적용된다.

4. 진정소급입법금지원칙 위반 여부

가. 쟁점의 정리

이 부칙 조항이 헌법상 소급입법금지원칙 위반으로 무효일 경우, 해당 기간(2015.1.1~2.2) 반출 담배에는 개정 전 요율(7원)이 적용되어야 한다. 따라서 부칙이 효력을 직권으로 판단할 필요가 있다.

나. 진정소급입법 위반여부

1) 진정소급입법금지원칙의 의의

   소급입법은 새로운 입법을 이미 종료된 사실관계 또는 법률관계에 적용하도록 하는 진정소급입법과 현재 진행 중인 사실관계 또는 법률관계에 적용하도록 하는 부진정소급입법으로 나눌 수 있다. 이 중에서 기존의 법에 의하여 이미 형성된 개인의 법적 지위를 사후입법을 통하여 박탈하는 것을 내용으로 하는 진정소급입법은 개인의 신뢰보호와 법적 안정성을 내용으로 하는 법치국가원리에 의하여 허용되지 않는 것이 원칙이다.

2) 이 사건 부칙이 진정소급입법에 해당하는지 여부

   폐기물부담금의 부과요건사실은 '제조장 또는 보세구역에서 반출'이므로, 담배가 '제조장 또는 보세구역에서 반출되는 때'에 담배 제조업자의 폐기물부담금 납부의무가 성립한다. 폐기물부담금 납부의무는 담배가 "제조장 또는 보세구역에서 반출되는 시점"에 성립한다. 자원재활용법 시행령부칙 규정은 2015년 1월 1일 이후 제조장 또는 보세구역에서 반출된 담배에 대해 개정된 폐기물부담금 요율(24.4원)을 적용하도록 규정하고 있다. 그러나 자원재활용법 시행령은 다른 담뱃세 관련 법령과 달리 2015년 2월 3일에 늦게 개정되었음에도, 부칙은 2015년 1월 1일부터 2월 2일 사이에 이미 반출된 담배에 대해서도 소급 적용을 명시하고 있다. 따라서 원고는 2015.1.1~2.2 기간 반출 담배에 대해 개정 전 요율(7원)로 납부할 의무를 가졌으나, 부칙으로 개정 후 요율(24.4원)이 소급 적용되게 되었다. 이는 종료된 사실관계(반출 행위)에 새로운 법률을 적용하는 진정소급입법에 해당하며, 헌법상 원칙적으로 금지된다.

3) 예외로 인정할 만한 사유 여부

   진정소급입법은 국민이 소급 적용을 예상할 수 있거나 신뢰보호보다 우월한 중대한 공익이 있는 경우 등에만 예외적으로 허용된다. 2014년 10월 정부가 폐기물부담금 인상 입법예고를 했으나, 이로써 원고가 2015.1.1 이전 반출분까지 소급 적용될 것을 예상했다고 단정할 수 없다. 부칙의 목적은 주로 재원조달에 있으나, 이는 △원고의 신뢰 침해를 정당화할 만큼 "중대"하거나 △소급 기간(33일) 및 부담금 액수(약 3.5배 인상)를 고려할 때 "압도적"이라 볼 수 없다.

다. 결론

부칙 중 "2015.1.1~2.2 기간 반출 담배에 대한 소급 적용" 부분은 진정소급입법금지 원칙에 위반되어 무효이다. 따라서 해당 기간 반출 담배에는 개정 전 요율(7원)을 적용해야 한다.

02. 법률유보원칙

1 법외노조통보처분취소(대판 전합 2020.9.3. 2016두32992)

1. 국민의 자유나 권리를 제한할 때 그 제한의 본질적인 사항에 관하여 국회가 법률로써 스스로 규율하여야 하는지 여부(적극)

헌법 제37조 제2항은 "국민의 모든 자유와 권리는 국가안전보장·질서유지 또는 공공복리를 위하여 필요한 경우에 한하여 법률로써 제한할 수 있으며, 제한하는 경우에도 자유와 권리의 본질적인 내용을 침해할 수 없다."라고 규정하고 있다. 헌법상 법치주의는 법률유보원칙, 즉 행정작용에는 국회가 제정한 형식적 법률의 근거가 요청된다는 원칙을 핵심적 내용으로 한다. 나아가 오늘날의 법률유보원칙은 단순히 행정작용이 법률에 근거를 두기만 하면 충분한 것이 아니라, 국가공동체와 그 구성원에게 기본적이고도 중요한 의미를 갖는 영역, 특히 국민의 기본권 실현에 관련된 영역에 있어서는 행정에 맡길 것이 아니고 국민의 대표자인 입법자 스스로 그 본질적 사항에 대하여 결정하여야 한다는 요구, 즉 의회유보원칙까지 내포하는 것으로 이해되고 있다. 여기서 어떠한 사안이 국회가 형식적 법률로 스스로 규정하여야 하는 본질적 사항에 해당되는지는, 구체적 사례에서 관련된 이익 내지 가치의 중요성, 규제 또는 침해의 정도와 방법 등을 고려하여 개별적으로 결정하여야 하지만, 규율대상이 국민의 기본권과 관련한 중요성을 가질수록 그리고 그에 관한 공개적 토론의 필요성 또는 상충하는 이익 사이의 조정 필요성이 클수록, 그것이 국회의 법률에 의하여 직접 규율될 필요성은 더 증대된다. 따라서 국민의 권리·의무에 관한 기본적이고 본질적인 사항은 국회가 정하여야 하고, 헌법상 보장된 국민의 자유나 권리를 제한할 때에는 적어도 그 제한의 본질적인 사항에 관하여 국회가 법률로써 스스로 규율하여야 한다.

2. 법률의 시행령이 법률에 의한 위임 없이 법률이 규정한 개인의 권리·의무에 관한 내용을 변경·보충하거나 법률에 규정되지 아니한 새로운 내용을 규정할 수 있는지 여부(소극)

헌법 제75조는 "대통령은 법률에서 구체적으로 범위를 정하여 위임받은 사항과 법률을 집행하기 위하여 필요한 사항에 관하여 대통령령을 발할 수 있다."라고 규정하고 있다. 따라서 대통령은 법률에서 구체적으로 범위를 정하여 위임받은 사항과 법률을 집행하기 위하여 필요한 사항에 관하여만 대통령령을 발할 수 있으므로, 법률의 시행령은 모법인 법률에 의하여 위임받은 사항이나 법률이 규정한 범위 내에서 법률을 현실적으로 집행하는 데 필요한 세부적인 사항만을 규정할 수 있을 뿐, 법률에 의한 위임이 없는 한 법률이 규정한 개인의 권리·의무에 관한 내용을 변경·보충하거나 법률에 규정되지 아니한 새로운 내용을 규정할 수는 없다.

3. 노동조합 및 노동관계조정법 시행령 제9조 제2항이 법률의 위임 없이 법률이 정하지 아니한 법외노조 통보에 관하여 규정함으로써 헌법상 노동3권을 본질적으로 제한하여 그 자체로 무효인지 여부(적극)

법외노조 통보는 이미 법률에 의하여 법외노조가 된 것을 사후적으로 고지하거나 확인하는 행위가 아니라 그 통보로써 비로소 법외노조가 되도록 하는 **형성적** 행정처분이다. 이러한 법외노조 통보는 단순히 노동조합에 대한 법률상 보호만을 제거하는 것에 그치지 않고 헌법상 노동3권을 실질적으로 제약한다. 그런데 노동조합 및 노동관계조정법(이하 '노동조합법'이라 한다)은 법상 설립요건을 갖추지 못한 단체의 노동조합 설립신고서를 반려하도록 규정하면서도, 그보다 더 침익적인 설립 후 활동 중인 노동조합에 대한 법외노조 통보에 관하여는 아무런 규정을 두고 있지 않고, 이를 시행령에 위임하는 명문의 규정도 두고 있지 않다. 더욱이 법외노조 통보 제도는 입법자가 반성적 고려에서 폐지한 노동조합 해산명령 제도와 실질적으로 다를 바 없다. 결국 노동조합법 시행령 제9조 제2항은 법률이 정하고 있지 아니한 사항에 관하여, 법률의 구체적이고 명시적인 위임도 없이 헌법이 보장하는 노동3권에 대한 본질적인 제한을 규정한 것으로서 법률유보원칙에 반한다.

4. 법외노조 통보에 관한 노동조합 및 노동관계조정법 시행령 제9조 제2항은 헌법상 법률유보의 원칙에 위반되어 그 자체로 무효이므로 그에 기초한 위 법외노조 통보는 법적 근거를 상실하여 위법하다고 한 사례

노동조합 및 노동관계조정법 시행령 제9조 제2항은 법률의 구체적이고 명시적인 위임 없이 법률이 정하고 있지 아니한 법외노조 통보에 관하여 규정함으로써 헌법이 보장하는 노동3권을 본질적으로 제한하는 것으로 법률유보의 원칙에 위반되어 그 자체로 무효이므로 그에 기초한 위 법외노조 통보는 법적 근거를 상실하여 위법하다.

2 도로 외의 곳에서의 음주운전·음주측정거부 등에 대해서 운전면허의 취소·정지 처분을 부과할 수 있는지 여부(소극)

구 도로교통법 제2조 제24호는 "운전이라 함은 도로에서 차마를 그 본래의 사용방법에 따라 사용하는 것(조종을 포함한다)을 말한다."라고 규정하여 도로교통법상 '운전'에는 도로 외의 곳에서 한 운전은 포함되지 않는 것으로 보았다. 도로 외의 곳에서의 음주운전·음주측정거부 등에 관한 형사처벌 규정인 도로교통법 제148조의2가 포함되어 있으나, 행정제재처분인 운전면허 취소·정지의 근거 규정인 도로교통법 제93조는 포함되어 있지 않기 때문에 도로 외의 곳에서의 음주운전·음주측정거부 등에 대해서는 형사처벌만 가능하고 운전면허의 취소·정지 처분은 부과할 수 없다(대판 2021.12.10. 2018두42771).

3 영업정지 3개월 취소청구의 소 (대판 2022.1.14. 2021두37373)

1. 사건의 경위

    원고는 폐기물처리업자로서 비료생산업 등록을 하지 않은 채 폐기물 처리 과정에서 남은 음식물을 비료로 재활용하기 위한 시험·연구를 진행한 결과물을 농가에 비료로 무상공급한 것에 대하여, 피고가 폐기물관리법 시행규칙 별표의 폐기물 재활용 기준을 위반하였다는 이유로 영업정지처분을 하자, 취소소송을 제기하였다.

2. 구 폐기물관리법 제13조의2 제1항 제5호, 구 폐기물관리법 시행규칙 제14조의3 제1항 [별표 5의3] 제1호 (라)목에서 정한 폐기물 재활용 기준은 위 고시와 같이 폐기물을 친환경적으로 처리하기 위해 폐기물 재활용의 대상과 결과물의 기준과 규격 등을 직접적으로 정하고 있는 경우만 의미한다. 그런데 폐기물관리법에 따른 폐기물을 비료로 재생처리하여 판매하거나 무상으로 유통·공급하려면 비료생산업 등록을 하여야 한다고 규정한 구 비료관리법 제11조 제1항을 폐기물 재활용의 대상이나 결과물의 기준과 규격 등을 직접적으로 정한 조항으로 보기는 어렵다. 따라서 **폐기물처리업자가 비료생산업 등록을 하지 아니한 채 폐기물을 비료로 재생처리하여 판매하거나 무상으로 유통·공급하였다고 하더라도** 이에 대하여 구 비료관리법 제27조 제2호에 따라 형사적 제재를 하는 것은 별론으로 하고 그것이 곧바로 폐기물 재활용 기준을 위반한 경우로서 구 폐기물관리법 제27조 제2항 제2호에서 정한 폐기물처리업의 허가취소 또는 영업정지 사유에 해당한다고 볼 수는 없다.

***폐기물처리업자가 비료생산업 등록을 하지 아니한 채 폐기물을 비료로 재생처리하여 판매하거나 무상으로 유통·공급한 것은** 허가취소 또는 정지사유를 정한 폐기물관리법 제27조 제2항 제2호(폐기물 재활용기준에 반하는 재활용을 한 경우)에 해당하지 않는다.

4 국가공무원인 교원의 보수에 관한 구체적인 내용(보수 체계, 보수 내용, 지급 방법 등)은 '기본적인 사항'으로서 반드시 법률의 형식으로 정해야 하는지 여부(소극)

국가공무원인 교원의 보수는 본질적으로 급부적 성격이 강한 국가행정의 영역에 속하는 것으로서 해마다 국가의 재정상황 등에 따라 그 액수가 수시로 변화하고, 교원의 보수체계 역시 국가의 정치·사회·경제적 상황, 시대 변화에 따른 교원의 지위 및 역할의 변화, 민간 영역의 보수 체계의 변화 등 사회적·경제적 여건에 따라 적절히 대처할 필요성이 있기 때문에 이에 관한 모든 사항을 법률에 규정하는 것은 입법기술상 매우 어렵다. 따라서 국가공무원인 교원의 보수에 관한 구체적인 내용(보수 체계, 보수 내용, 지급 방법 등)까지 반드시 법률의 형식으로만 정해야 하는 '기본적인 사항'이라고 보기는 어렵고, 이를 행정부의 하위법령에 위임하는 것은 불가피하다(대판 2023.10.26. 2020두50966).

5 지방자치법 제4조 제3항부터 제7항에서 행정안전부장관 및 소속 위원회의 매립지 관할 귀속에 관한 의결·결정의 실체적 결정기준이나 고려요소를 구체적으로 규정하지 않은 것이 헌법상 보장된 지방자치제도의 본질을 침해하거나 명확성원칙, 법률유보원칙에 반하는지 여부(소극) (대판 2021.2.4. 2015추528)

지방자치단체의 관할구역은 본래 지방자치제도 보장의 핵심영역, 본질적 부분에 속하는 것이 아니라 입법형성권의 범위에 속하는 점을 고려하면, 지방자치법 제4조 제3항부터 제7항이 행정안전부장관 및 그 소속 위원회의 매립지 관할 귀속에 관한 의결·결정의 실체적 결정기준이나 고려요소를 구체적으로 규정하지 않았다고 하더라도 지방자치제도의 본질을 침해하였다거나 명확성원칙, 법률유보원칙에 반한다고 볼 수 없다.

03. 법률우위원칙

1 택시 구입비, 유류비, 세차비 등을 조합원에게 부담 (대판 2024.2.29. 2020두54029)

택시운송사업자인 협동조합이 택시운송사업의 운전업무에 종사하는 조합원에게 택시발전법 제12조 제1항 각호에서 정한 택시 구입비, 유류비, 세차비 등을 부담시키는 것은 특별한 사정이 없는 한 택시발전법 제12조 제1항 위반행위에 해당한다.

> **참조조문**
> 택시운송사업의 발전에 관한 법률 제12조(운송비용 전가 금지 등) ① 대통령령으로 정하는 사업구역의 택시운송사업자는 택시의 구입 및 운행에 드는 비용 중 다음 각 호의 비용을 택시운수종사자에게 부담시켜서는 아니 된다.
> 1. 택시 구입비(신규차량을 택시운수종사자에게 배차하면서 추가 징수하는 비용을 포함한다)
> 2. 유류비 3. 세차비 4. 택시운송사업자가 차량 내부에 붙이는 장비의 설치비 및 운영비

2 정당 현수막을 설치·표시를 제한하는 부산광역시조례안 의결(대판 2024.7.25. 2023추5177)

> **참조조문**
> 옥외광고물 등의 관리와 옥외광고산업 진흥에 관한 법률 제8조(적용 배제) ① 표시·설치 기간이 30일 이내인 비영리 목적의 광고물등이 다음 각 호의 어느 하나에 해당하면 허가·신고에 관한 제3조 및 금지·제한 등에 관한 제4조를 적용하지 아니한다.
> 8. 정당이 「정당법」 제37조제2항에 따른 통상적인 정당활동으로 보장되는 정당의 정책이나 정치적 현안에 대하여 표시·설치하는 경우. 다만, 현수막의 경우 다음 각 목의 요건을 충족하여야 한다.
>   가. <u>읍·면(「지방자치법」 제7조제3항에 따라 행정면을 둔 경우에는 행정면을 말한다. 이하 같다)·동(「지방자치법」 제7조제4항에 따라 행정동을 둔 경우에는 행정동을 말한다. 이하 같다)별로 2개 이내로 설치할 것</u>. 다만, 읍·면·동의 면적이 100제곱킬로미터 이상인 경우에는 1개의 현수막을 추가로 설치할 수 있다.
>   나. 보행자 또는 교통수단의 안전을 저해하는 경우로서 대통령령으로 정하는 장소 외의 장소에 설치할 것
>   다. 대통령령으로 정하는 규격, 기간 및 표시·설치 방법을 준수할 것

1. 조례안 의결 무효확인 소송에서 판단대상이 되었던 조례안이 개정되었으나 그 내용이 사실상 변경되지 않고 동일하게 유지되고 있는 경우, 개정 전 조례안에 대한 소의 이익이 소멸하는지 여부(소극) 및 조례안의 개정 등으로 법률우위의 원칙 등에 따라 조례안의 위법성을 직접적으로 논할 여지가 소멸하게 되었더라도 예외적으로 소의 이익을 인정할 수 있는 경우

조례안 의결 무효확인 소송에서 판단대상이 되었던 조례안이 개정되었다 하더라도 개정된 조례안의 내용이 사실상 변경된 바 없이 동일하게 유지되고 있을 경우에는 개정 전 조례안에 대한 소의 이익은 소멸되지 아니한다. 나아가 조례안의 개정 등으로 법률우위의 원칙 등에 따라 조례안의 위법성을 직접적으로 논할 여지가 소멸하게 되었더라도, 개정 전 조례안에 의하여 형성된 법률관계가 남아 있거나 또는 다른 지방자치단체에서 해당 조례안과 유사한 내용으로의 조례로 제·개정될 가능성이 있거나 실제 그러한 조례가 여러 지방의회에서 의결된 바 있어 해당 조례안의 위법성 확인에 대한 해명이 필요한 경우에는 예외적으로 소의 이익을 인정할 수 있다.

2. 지방자치법 제192조 제8항에 따라 조례안이 법령에 위반되는지가 문제 된 소송에서 판단 기준이 되는 법령(=변론종결 당시 규범적 효력을 갖는 법령)

지방자치법 제192조 제8항에 근거한 조례안 의결 무효확인 소송은, 조례가 헌법 및 법률 등 상위 법규와의 관계에서 효력을 갖는지를 다툴 수 있도록 마련된 것으로 일종의 추상적 규범통제의 성격을 가진다. 그리고 그 취지는 '조례에 대한 관계에서 법령의 우위' 내지 '조례의 적법성'을 관철함으로써 헌법이 상정하고 있는 전체 법질서의 통일성을 확보하기 위한 것으로 볼 수 있다. 따라서 가령 조례안이 의결 당시의 법령에 위배된다고 보더라도 이후 법 개정으로 법령 위반의 여지가 사라지면 그런 이유를 들어 조례안의 유효를 선언하고, 반대로 의결 당시의 법령에 부합하는 조례안이더라도 이후 법 개정으로 법령에 위반된다고 평가되면 조례안의 무효를 선언하는 것이 위 소송유형을 제도적으로 마련한 지방자치법 제192조 제8항의 취지에 부합한다. 결국 지방자치법 제192조 제8항에 따라 조례안이 법령에 위반되는지가 문제 된 소송에서 그에 관한 심사는 변론종결 당시 규범적 효력을 갖는 법령을 기준으로 해야 한다.

3. 정당이 정당 현수막을 설치·표시하는 경우 '동시에 게시할 수 있는 현수막의 개수는 읍·면·동별로 1개'(제1호), '혐오·비방의 내용 및 문구 금지'(제2호)라는 두 개의 기준을 모두 갖추어 지정게시대에 게시하여야 한다는 내용의 '부산광역시 옥외광고물 등의 관리와 옥외광고산업 진흥에 관한 조례 일부개정조례안' 제13조의2가 관련 법령에 위반된다는 등의 이유로 행정안전부장관이 시장에게 재의를 요구했으나 불응하자 지방자치법 제192조 제8항을 근거로 위 조례안 의결의 무효확인을 구하는 소송을 제기한 사안에서, 위 조례안 규정이 조례에 대한 관계에서 법령의 우위를 명시한 헌법 제117조 제1항과 지방자치법 제28조 제1항 본문에 위배되었다고 한 사례

이 사건 조례안 규정은 조례에 대한 관계에서 법령의 우위를 명시한 헌법 제117조 제1항 및 지방자치법 제28조 제1항 본문에 위배된다고 판단된다. 그 이유는 다음과 같다.

가. 정당 현수막 설치에 대한 제한이 조례로 정해야할 사안인지 여부

정당은 국민의 정치 의사 형성을 매개하는 민주주의의 필수 불가결한 요소이며, 정당의 자유로

운 설립과 활동은 민주주의 실현의 전제 조건이다. 이에 따라 헌법은 정당 설립의 자유와 국가의 보호를 규정하고 있으며, 이는 정당활동의 자유를 폭넓게 보장하기 위한 것이다. 정당은 국민과의 밀접한 접촉을 통해 국민의 의사와 이익을 대변하고 이를 국가에 전달하는 중개자 역할을 하므로, 정책이나 정치적 현안에 대한 입장을 현수막 등을 통해 홍보하는 행위는 통상적인 정당활동으로서 보장되어야 한다. 이러한 점에서 정당 현수막에 대한 규율은 정당활동의 자유에 직접적인 영향을 미치므로, 이를 제한하고자 한다면 국민의 대표기관인 국회가 형식적 법률을 통해 규정해야 한다. 따라서 조례로 정당 현수막의 표시·설치 등에 대해 별도로 정할 수 있다고 해석하는 것은 헌법상 정당의 자유에 부합하지 않는다.

나. 옥외광고물법의 취지
옥외광고물법의 1차 및 2차 개정 경과와 내용을 보면, 지방자치단체별 자의적인 제한 조례의 제정을 방지하고 전국적으로 통일된 기준을 마련하고자 한 것이다. 정당 현수막의 규율은 국가가 법률을 통해 전국적으로 일관되게 정하려는 취지임이 명확하다.

다. 법률우위원칙 위반
개정 옥외광고물법은 정당 현수막에 관한 사항 일부를 대통령령에 위임하고 있을 뿐, 조례로 이를 규율할 수 있도록 별도로 위임하지 않고 있다. 시행령 역시 대통령령 수준에서 위임받은 사항을 직접 규정하고 있으며, 조례에 대한 위임은 존재하지 않는다. 또한, 시행령은 세부사항을 중앙행정기관의 고시로 정하도록 규정함으로써 정당 현수막에 대한 규율 기준을 전국적으로 통일하고자 하는 입장을 분명히 하고 있다.

이와 같은 점들을 종합할 때, 정당 현수막에 관한 규율은 본질적으로 지방자치단체가 독자적으로 조례로 규율할 수 있는 사항으로 보기 어렵고, 국가가 법률을 통해 통일적으로 규율하려는 취지에 따른 것으로 해석해야 한다. 따라서 조례로서 개정 옥외광고물법령보다 더 엄격한 제한을 두고 있는 이 사건 조례안 규정은 옥외광고물법령에 위반되므로 위 조례안 규정이 조례에 대한 관계에서 법령의 우위를 명시한 헌법 제117조 제1항과 지방자치법 제28조 제1항 본문에 위배 상위법령에 위반된다.

3 폐기물을 토양 등에 접촉시켜 인·허가받은 건축토목공사현장의 성토재 등으로 사용하는 방식(R-7-1 유형)의 재활용을 하려는 경우에도 토양오염우려기준을 준수하여야 하는지 여부가 문제된 사건(대판 2025.4.3. 2023두3145)

사건경위
폐기물 종합재활용업자인 원고, 폐기물 재활용하여 이 사건 건축토목공사 현장에 성토재 반입하였고 울주군수는 2020. 3. 23. 성토재에서 채취하여 시험 의뢰한 시료에서 기준치 초과 카드뮴, 아연, 불소 검출이 되었다는 이유로 2020. 4. 27. 원고가 이 사건 현장에서 토양오염우려기준을 초과한 폐기물을 재활용하여 성토재로 사용함으로써 구 폐기물관리법 제13조의2 제3항에서 규정한 '폐기물을 재활용하는 자의 준수사항'을 위반하였다는 이유로 폐기물관리법 제48조에 따라 원고에게 2020. 5. 26.까지 이 사건 현장에 반입된 모든 폐기물을 수거하고 적법하게 처리한 뒤 이행완료보고서를 제출하라는 조치명령(이하 '이 사건 처분'이라 한다)을 하였다.

> **참조조문**
> 구 폐기물관리법(2019. 11. 26. 법률 제16614호로 개정되기 전의 것) 제13조의2(폐기물의 재활용 원칙 및 준수사항) ① 누구든지 다음 각 호를 위반하지 아니하는 경우에는 폐기물을 재활용할 수 있다.
>   5. 그 밖에 환경부령으로 정하는 재활용의 기준을 준수할 것
> ③ 제1항 및 제2항 각 호의 원칙을 지키기 위하여 필요한 오염 예방 및 저감 방법의 종류와 정도, 폐기물의 취급 기준과 방법 등의 준수사항은 환경부령으로 정한다.

■ 폐기물관리법 시행규칙 제14조의3(폐기물의 재활용 기준 및 준수사항 등) ① 법 제13조의2 제1항 제5호에서 "환경부령으로 정하는 재활용의 기준"이란 별표 5의3에 따른 폐기물의 재활용 기준을 말한다.
  라. 토양이나 공유수면 등에 성토재·복토재·도로기층재·채움재 등으로 재활용하는 유형
    가) R-7-1 유형의 재활용 기준 (2) 석탄재·연탄재·점토점결 폐주물사·무기성오니 또는 생활폐기물 소각시설 바닥재를 재활용하는 경우에는 다음의 기준을 준수해야 한다. (가) 일반토사류나 건설폐재류를 재활용한 토사류를 부피기준으로 50퍼센트(생활폐기물 소각시설 바닥재의 경우 75퍼센트) 이상 혼합하여사용해야 하며, 건설폐재류는「건설폐기물의 재활용촉진에 관한법률」제35조에 따른 순환골재의 품질기준을 충족해야 한다. (나) (가)에도 불구하고 석탄재에 일반토사류나 건설폐재류를 재활용한토사류를 혼합하여 사용하면 해당 건축·토목공사의 설계시공지침이나 도로공사표준시방서의 품질기준에 부적합하게 되는 경우에는 혼합하지 아니하거나, 그 혼합비율을 조정하여 사용할 수 있다.
  ⑤ 법 제13조의2 제3항에 따른 폐기물을 재활용하는 자의 준수사항은 별표 5의4와 같다.
    나. 오염예방 및 저감의 정도1) 대기오염물질:「대기환경보전법 시행규칙」별표 8에 따른 대기오염물질배출허용기준 이내 …6) 토양오염물질:「토양환경보전법 시행규칙」별표 3에 따른 지역별 토양오염우려기준 이내(별표 4의2 제4호가목, 나목 및 바목의 경우에는 재활용 대상 부지는 제외한다)

1. 원심판결
구 폐기물관리법 제13조의2 제3항은 제1항이 정한 폐기물 재활용의 원칙을 지키기 위한 준수사항일 뿐 제1항이 정한 원칙을 보충·변경할 수 없고, 따라서 제1항 제5호의 위임을 받은 이 사건 재활용 기준이 R-7-1 유형에 관하여 재활용 대상 폐기물 및 이를 성토한 부분이 토양오염우려기준을 충족하여야 한다는 취지의 명시적인 규정을 두지 않은 이상, 제3항의 위임을 받은 이 사건 재활용 준수사항에 토양오염우려기준을 준수해야 한다는 내용이 있더라도 이는 R-7-1 유형에 적용되지 않는다고 보아 이 사건 처분이 위법하다.

2.
폐기물을 토양 등에 접촉시켜 성토재 등으로 재활용하려는 자는 구 폐기물관리법 제13조의2 제1항 각호 및 제5호의 위임을 받은 구 폐기물관리법 시행규칙 제14조의3 제1항 [별표 5의3]에서 정한 폐기물 재활용 유형별 재활용 기준과 위 법 같은 조 제3항의 위임을 받은 위 시행규칙

같은 조 제5항 [별표 5의4]에서 정한 준수사항을 모두 따라야 하는지 여부(적극)

구 폐기물관리법(2019. 11. 26. 법률 제16614호로 개정되기 전의 것, 이하 같다)은 폐기물의 발생을 억제하는 동시에 발생한 폐기물을 친환경적으로 처리하여 환경보전과 국민생활의 질적 향상에 이바지하는 것을 목적으로 한다(제1조). 이를 위하여 구 폐기물관리법은 누구든지 폐기물을 재활용할 수 있도록 하면서도, 사람이나 환경에 위해가 발생할 우려가 있는 경우 폐기물의 재활용을 금지하는 '원칙적 허용·예외적 금지 방식'을 취하고 있다(제13조의2). 이러한 폐기물 재활용 제도의 체계와 한번 파괴된 환경은 회복에 막대한 시간과 비용이 소요되는 점을 고려하면, 폐기물 재활용을 활성화하되 그로 인한 환경오염 등의 부작용을 막기 위한 사전예방수단으로 폐기물의 재활용 기준과 재활용의 준수사항을 엄격하게 설정할 필요성이 크다.

폐기물을 토양 등에 접촉시켜 성토재 등으로 재활용하는 경우 재활용 대상 폐기물에 토양오염물질이 함유되어 있다면 이것이 기존 토양과 상호작용하는 과정에서 유해물질이 유출되어 토양을 오염시킬 가능성을 배제할 수 없다. 따라서 토양에 접촉하는 성토재 등으로 재활용하는 폐기물은 재활용 대상으로서 폐기물 자체의 처리와 관련한 기준이 필요할 뿐 아니라 토양오염을 예방·저감하기 위한 차원에서 관리될 필요가 있다. R-7-1 유형은 폐기물을 토양 등에 접촉시켜 성토재 등으로 재활용하는 전형적인 유형이고, 특히 토목·건축공사의 성토재로 사용된 폐기물은 공사가 완료되고 나면 이를 다시 분리해 내기도 쉽지 않다.

구 폐기물관리법 제13조의2에 따르면 제1항 각호에서 정한 폐기물 재활용 기준을 하나라도 위반한 경우 폐기물을 재활용할 수 없다. 재활용의 유형별로 구체적인 재활용 기준을 정한 제5호 및 그 위임을 받은 구 폐기물관리법 시행규칙 제14조의3 제1항 [별표 5의3]과 달리, 제1호 내지 제3호는 토양오염을 비롯한 환경오염행위를 금지하면서도 구체적으로 어떠한 경우 환경오염행위에 해당한다고 볼 수 있는지에 대하여는 직접 정하지 않고 있다. 대신 같은 조 제3항에서 제1항이 정한 원칙을 지키기 위하여 필요한 오염 예방 및 저감 방법의 종류와 정도 등 준수사항은 환경부령으로 정한다고 규정하고 있으며, 그 위임에 따라 제정된 구 폐기물관리법 시행규칙 제14조의3 제5항 [별표 5의4](이하 '[별표 5의4]'라 한다)가 제1항에서 정한 오염·유해물질별로 오염 예방 및 저감 방법과 정도를 정하고 있다.

이러한 구 폐기물관리법의 문언과 체계에 비추어 보면, 폐기물을 재활용하려는 자는 같은 법 제13조의2 제1항 제1호 내지 제5호 및 제5호의 위임을 받은 [별표 5의3]이 정한 폐기물 재활용 유형별 재활용 기준을 모두 준수해야 하고, 나아가 같은 조 제1항 제1호 내지 제3호가 정한 기준을 위반하지 않기 위하여 [별표 5의4]에서 정한 준수사항을 따라야 한다.

위와 같은 사정을 종합하면, 구 폐기물관리법 제13조의2 제3항은 제1항과 중첩하여 적용되는 것이지, 제1항이 우선 적용되어 제3항의 적용을 배제하는 것이라거나, 제1항과 제3항이 서로 충돌하는 규정이라고 보기 어렵다.

4 난민인정심사불회부결정취소(대판 2025.6.26. 2024두64000)

난민법 시행령 제5조 제1항 제7호는 '경제적 이유 등 난민인정 신청이 명백히 이유 없는 경우'를 회부하지 않을 수 있는 사유로 규정하고 있는데, 이는 엄격하게 해석되어야 하며, 논리적 모순이 심하거나 객관적 사실과 현저히 배치되어 신청 내용이 외견상 받아들일 수 없을 정도로 명백하게 이유 없음이 드러난 경우에만 적용되어야 한다. 원고의 경우, 전 남편의 지속적 괴롭힘과 튀니지에서의 보호 결여 주장에는 외견상 모순이나 허위가 드러나지 않으며, 사실관계에 대한 추가 조사가 필요한 사안이므로 '명백히 이유 없는 경우'로 보기 어렵고, 원심의 판단은 절차적 권리를 경시한 부당한 판결이다

04. 평등원칙

1 국립대학교 법학전문대학원 면접 일시 불인정에 따른 불합격 처분(대판 2024.4.4. 2022두56661)

1. **국립대학교 법학전문대학원 입시 과정에서 제칠일안식일예수재림교 신자들이 종교적 신념을 이유로 불이익을 받게 되는 경우, 총장이 비례의 원칙에 따라 재림교 신자들이 받는 불이익을 해소하기 위한 적극적인 조치를 취할 의무가 있는지 여부(적극)**

국립대학교 총장은 공권력을 행사하는 주체이자 기본권 수범자로서의 지위를 갖는다. 그 결과 사적 단체 또는 사인의 경우 차별처우가 사회공동체의 건전한 상식과 법감정에 비추어 볼 때 도저히 용인될 수 있는 한계를 벗어난 경우에 한해 사회질서에 위반되는 행위로서 위법한 행위로 평가되는 것과 달리, 국립대학교 총장은 헌법상 평등원칙의 직접적인 구속을 받고, 국민의 기본권을 보호 내지 실현할 책임과 의무를 부담하므로, 그 차별처우의 위법성이 보다 폭넓게 인정된다.

헌법 제11조 제1항은 "모든 국민은 법 앞에 평등하다. 누구든지 성별·종교 또는 사회적 신분에 의하여 정치적·경제적·사회적·문화적 생활의 모든 영역에 있어서 차별을 받지 아니한다."라고 규정하고 있는데, 여기서 말하는 평등은 형식적 의미의 평등이 아니라 실질적 의미의 평등을 의미한다. 한편 비례의 원칙은 법치국가 원리에서 당연히 파생되는 헌법상의 기본원리로서, 모든 국가작용에 적용된다.

위와 같은 법리에 비추어 볼 때, 국립대학교 법학전문대학원 입시 과정에서 제칠일안식일예수재림교 신자들이 종교적 신념을 이유로 결과적으로 불이익을 받게 되는 경우, 이를 해소하기 위한 조치가 공익이나 제3자의 이익을 다소 제한하더라도, 그 제한의 정도가 재림교 신자들이 받는 불이익에 비해 현저히 적다고 인정된다면, 헌법이 보장하는 실질적 평등을 실현할 의무와 책무를 부담하는 국립대학교 총장으로서는 재림교 신자들의 신청에 따라 그들이 받는 불이익을 해소하기 위한 적극적인 조치를 취할 의무가 있다.

2. **국립대학교 법학전문대학원에 입학원서를 제출한 제칠일안식일예수재림교 신자 갑이 1단계 서류전형 평가 합격 통지와 함께 토요일 오전반으로 면접고사 일정이 지정되자, 토요일 일몰 전에 세속적 행위를 금지하는 안식일에 관한 종교적 신념을 지키기 위해 면접 일정을 토요일 오후 마지막 순번으로 변경해 달라는 취지의 이의신청서를 제출했으나, 총장이 이를 거부하고 면접평가에 응시하지 않은 갑에게 불합격 통지를 한 사안**

면접일시가 토요일 오전으로 정해진 갑이 지역 학생들에게 더 낮은 비용으로 법조인이 될 기회를 제공하고 있는 국립대학교 법학전문대학원에 입학하는 기회를 종교적 신념 때문에 박탈당하는 불이익이 결코 가볍다고 볼 수 없는 점, 지필시험의 경우 문제 유출을 방지하기 위해 모든 응시자들이 동시에 시험에 응시해야 할 공익적 요청이 높으므로 특정 응시자에게만 시험일정을 변경하기 어렵고, 특정 응시자의 종교적 신념을 보장하기 위해 다른 모든 응시자의 시험일정을 일괄적으로 변경할 경우 그로 인해 소요되는 비용과 혼란이 크지만, 면접평가의 경우 개별면접 방식으로 진행되므로 갑 개인의 면접시간만 토요일 일몰 후로 손쉽게 변경할 수 있고, 그 과정에서 다른 응시자들의 면접시간을 변경할 필요도 없는 점, 갑이 일몰 후에 면접을 실시할 수 있도록 늦은 순번으로 면접순번이 지정되더라도 다른 응시자들에 비해 면접평가 준비 시간을 더 많이 받는 등의 부당한 이익을 받는다고 보기도 어려운 점을 종합하면, 종교적 신념에 따라 갑이 입는 불이익을 해소하기 위해 면접시간을 변경하더라도 그로 인해 제한되는 공익이나 제3자의 이익은 갑이 받는 불이익에 비해 현저히 적음에도, 갑의 면접일시 변경을 거부함으로써 갑이 종교적 신념을 이유로 받게 된 중대한 불이익을 방치한 총장의 행위는 헌법상 평등원칙을 위반한 것으로 위법하고, 위법하게 지정된 면접일정에 응시하지 않았음을 이유로 한 불합격처분은 적법한 처분사유가 존재한다고 볼 수 없어 취소되어야 한다

2 보험료부과처분취소(대판 2024.7.18. 2023두36800)

직장가입자의 동성 동반자인 원고가 국민건강보험법에 따른 피부양자로 인정되지 않은 보험료부과 처분취소를 구하는 소를 제기하였다. 원고는 동성 동반자도 피부양자로 인정받아야 한다고 주장했으며, 헌법상 평등원칙 위반 여부와 처분의 절차적 하자가 쟁점이 되었다.

1. 절차적 하자 여부
피고가 원고의 피부양자 자격을 소급하여 박탈한 처분에 앞서 사전통지나 의견 제출의 기회를 주지 않았으므로 절차적 하자가 있다.

2. 실체적 하자 여부(헌법상 평등원칙 위반)
    (1) **관련 법리** : 헌법 제11조 제1항은 모든 국민이 법 앞에 평등하며, 차별을 받아서는 안 된다고 규정한다. 이 평등원칙은 본질적으로 같은 것을 자의적으로 다르게 대우하는 것을 금지하며, 실질적 평등을 보장하려는 취지를 가진다. 행정청이 내부준칙을 제정하여 행정행위를 할 때도 헌법상 평등원칙을 준수해야 하며, 합리적인 이유 없이 차별해서는 안 된다.
    (2) **피고의 평등원칙 준수의무** : 피고는 국민건강보험을 운영하는 기관으로서 공권력을 행사하는 주체로 국민의 기본권을 보호하고 평등하게 대우할 의무가 있다. 따라서 피고가 동성 동반자를 피부양자로 인정하지 않은 처분이 평등원칙을 위반했는지가 핵심 쟁점이다.
    (3) **이 사건에서의 판단**
        1) '사실상 혼인관계에 있는 사람'의 피부양자 인정: 피부양자제도는 건강보험의 사회보장 기능을 고려해 직장가입자에게 경제적으로 의존하는 사람을 보호하기 위해 도입된 것이다. 피고는 '사실상 혼인관계에 있는 사람'을 피부양자로 인정해왔는데, 이는 **직장가입자와 경제적 생활공동체를 이루고 있는지를 기준으로 한다**. 따라서 사실상 혼인관계에 있는 사람을 피부양자로 인정하는 것은 합리적이며, 이를 배제하는 것은 평등원칙에 위배될 수 있다.
        2) 동성 동반자와 사실상 혼인관계 있는 사람의 동일성 여부: 피고는 이성 동반자인 사실상 혼인관계에

있는 사람은 피부양자로 인정하면서도 동성 동반자는 인정하지 않았다. 그러나 **동성 동반자도 직장가입자와 경제적 생활공동체를 이루고 있다는 점에서 본질적으로 동일하다.** 따라서 동성 동반자를 피부양자로 인정하지 않는 것은 성적 지향을 이유로 한 차별에 해당한다고 보았다.

3) 동성 동반자에 대한 불합리한 차별 여부: 피고가 동성 동반자인 원고를 피부양자로 인정하지 않은 것은 합리적 이유 없이 차별한 것으로 헌법상 평등원칙을 위반한 차별 행위로, 원고에게 불이익을 준 것으로 판단했다. 동성 동반자를 피부양자로 인정한다고 해서 혼인제도나 법적 안정성을 해치는 것도 아니며, 이를 인정하지 않는 것은 원고의 기본권을 침해한다.

***소수의견**: 현행 법제상 '배우자'의 개념이 **이성 간의 결합을 전제로 하고 있으므로** 동성 동반자는 배우자에 포함될 수 없다고 판단했다. 따라서 피고의 처분은 법 해석에 따른 것이므로 위법하지 않다고 보았다.

05. 비례원칙

1 집합금지 처분 취소 청구의 소(대판 전합 2024.7.18. 2022두43528)

1. 헌법 제20조 제1항에서 정한 종교의 자유의 내용과 제한
헌법 제20조 제1항의 종교의 자유는 일반적으로 신앙의 자유, 종교적 행위의 자유 및 종교적 집회·결사의 자유로 구성된다. 종교적 행위의 자유와 종교적 집회·결사의 자유는 신앙의 자유와는 달리 절대적 자유는 아니지만, 이를 제한할 경우에는 헌법 제37조 제2항의 과잉금지원칙을 준수하여야 한다.

2. 행정청이 감염병을 예방하기 위한 여러 종류의 조치 중에서 필요한 조치를 선택한 데에 비례의 원칙 위반 등 재량권 일탈·남용의 위법이 있는지를 판단할 때 고려할 사항
헌법은 재해와 질병으로부터 국민을 보호할 국가의 의무를 명시하고 있으며, 이에 따라 감염병예방법과 재난안전법은 국가와 지방자치단체가 감염병 예방과 관리를 통해 국민의 생명과 재산을 보호할 책무를 규정하고 있다. 행정청이 감염병 예방 조치를 결정할 때는 과학적 지식과 전문적 위험예측에 기반하여 조치를 선택해야 하며, 그 조치의 위법 여부를 판단할 때는 감염병의 특성, 전파 가능성, 대안의 존재, 공익과 사익의 형량 등을 종합적으로 고려해 비례 원칙 위반이나 재량권 남용 여부를 판단해야 한다.

3. 갑 광역시장의 구 감염병의 예방 및 관리에 관한 법률 제49조 제1항 제2호에 따라 '관내 종교시설에 대한 집합금지' 등을 명하는 예방 조치가 교회 등의 종교의 자유를 침해했는지 여부(소극)
다수의견 (처분 적법성 인정)
가. 비례의 원칙 준수
   1) 목적의 정당성: 코로나19의 비말 전파 특성을 고려해 밀폐·밀접·밀집 환경에서 확산을 방지하고 공공의 건강과 안전을 보호한다.
   2) 수단의 적절성: 대면 예배 집합 금지는 코로나19 확산을 차단하기 위한 유효하고 적절한 수단이다.
   3) 침해의 최소성: 당시 지역 주민의 생명과 건강 보호를 위해 덜 침해적이면서 동등한 효과를 가진 대안(예: 인원제한 강화)이 존재하지 않는다. 처분은 일시적이고 한시적으로 적용되므로 침해의 정도도 심각하지 않다.
   4) 법익 균형성: 팬데믹의 과학적 불확실성과 빠른 환경 변화를 고려할 때, 종교의 자유 제한보다 공익(생명·건강 보호)이 더 중대하다.
   5) 결론: 비례의 원칙을 위반하지 않아 종교의 자유를 침해하지 않는다.

나. 평등의 원칙 위반여부
   1) 분류 기준의 합리성: 시설 분류 시 물리적 거리 확보 가능성과 방역 위험성(비말 발생, 체류시간)을

고려한다. 종교시설을 오락실, 워터파크, 공연장 등과 함께 집합금지 대상으로 분류한 것은 비말 다발 활동과 장시간 체류 특성을 공유하기 때문이다.
  2) 객관성: 판단은 객관적이고 합리적이다. 코로나19 초기부터 교회 중심 집단감염 사례가 지속되고, 특정 교회에서 30명 집단감염이 발생해 선제적 차단이 필요했다. 감염 경로, 종교시설발 확진자 비중, 집단감염 통계에 근거한다.
  3) 대상 범위: 처분은 문언상 관내 모든 종교시설에 적용되며, 특정 종교를 차별하지 않는다.
  4) 결론: 평등의 원칙을 위반하지 않아 종교의 자유를 침해하지 않는다.

반대의견 (대법관 김선수, 이동원, 김상환)
가. 비례의 원칙 위반
  1) 긴급성 강조의 한계: 다수의견은 코로나19 급속 확산 상황만 강조하고, 갑 시장이 신뢰할 만한 정보를 수집해 전문적 위험예측을 했는지 면밀히 검토하지 않는다.
  2) 판단 근거 부족: 기록에서 구체적 고려사항(위험예측 판단 자료)를 확인하기 어렵다. 기존의 적정 조치(인원제한, 거리두기 강화)를 우선 검토하지 않고 대면 예배를 전면 금지한 것은 침해의 최소성을 갖추지 못한다.
  3) 비례의 원칙 요구: 국가나 지방자치단체는 긴급 상황에서도 종교의 자유 제한 시 비례의 원칙을 따라야 한다.
  4) 결론: 침해의 최소성을 충족하지 않아 비례의 원칙을 위반한다.

나. 평등의 원칙 위반
  1) 자의적 차별: 처분은 식당, 결혼식장 등에 기존 조치를 유지하면서 종교시설 전체에 전면 집합금지를 명령한다. 이는 방역 관점에서 본질적으로 유사한 시설을 자의적으로 다르게 취급한다.
  2) 결론: 평등의 원칙을 위반해 재량권을 일탈·남용했다.

06. 신뢰보호원칙

1 개발부담금 부과처분(대판 2020.7.23. 2020두33824)

1. 특정 사항에 관하여 신뢰보호원칙상 행정청이 그와 배치되는 조치를 할 수 없을 정도의 행정 관행이 성립되었다고 하기 위한 요건 및 행정청이 단순한 착오로 어떠한 처분을 계속하다가 추후 오류를 발견하여 합리적인 방법으로 변경하는 경우, 신뢰보호원칙에 위배되는지 여부 (소극)

특정 사항에 관하여 신뢰보호원칙상 행정청이 그와 배치되는 조치를 할 수 없다고 할 수 있을 정도의 행정관행이 성립되었다고 하려면 상당한 기간에 걸쳐 그 사항에 관하여 동일한 처분을 하였다는 객관적 사실이 존재할 뿐만 아니라, 행정청이 그 사항에 관하여 다른 내용의 처분을 할 수 있음을 알면서도 어떤 특별한 사정 때문에 그러한 처분을 하지 않는다는 의사가 있고 이와 같은 의사가 명시적 또는 묵시적으로 표시되어야 한다. 단순히 착오로 어떠한 처분을 계속한 경우는 이에 해당되지 않고, 따라서 처분청이 추후 오류를 발견하여 합리적인 방법으로 변경하는 것은 신뢰보호원칙에 위배되지 않는다.

2. 개발제한구역 내 행위허가에 대한 개발부담금 부과처분이 신뢰보호위반인지 여부

사건의 경우, 최초 행위허가는 1995년에 이루어졌으며, 개발제한구역법은 2000년에 제정되었고, 이후 법률 개정에 따라 부담금 부과 대상이 확대되었다. 이 사건 어린이집 건축과 관련하여 개발제한구역법 시행 이후에 부담금 부과 대상이 되었으나, 피고가 이를 잘못 해석하여 부담금을 부과하지 않은 것으로 보인다. 소외 2가 부담금 면제를 언급한 것은 과거 사례를 고려한 가능성을 말한 것이지 법리 검토에 의한 공적인 견해로 보기 어렵다. 따라서, 피고가 개발제한구역법에 따른 정당한 해석으로 부담금을 부과한 것은 신뢰보호원칙에 위배되지 않는다.

2 교육환경평가 승인반려처분 취소청구의 소(대판 2020.4.29. 2019두5279)

갑 주식회사가 교육환경보호구역 내에 콘도미니엄을 신축하려는 계획으로 교육환경평가승인을 신청했으나, 관할 교육지원청 교육장이 보완요청서를 보내며 '휴양 콘도미니엄업이 교육환경법에 따른 금지시설은 아니지만 성매매 우려에 대한 예방대책을 제시하라'고 요청했다. 이후 교육감으로부터 해당 사업이 교육환경보호구역에서 금지될 수 있다는 행정지침을 받았고, 결국 갑 회사의 신청을 반려했다.

이 과정에서 교육장이 '휴양 **콘도미니엄업이 금지시설이 아니다**'라고 **밝힌 것은 최종적인 승인 의사를 표명한 것으로 볼 수 없고**, 오히려 보완요청서들을 통해 현 상태로는 승인이 어렵다는 의견을

여러 차례 표명한 것으로 해석된다. 또한, 갑 회사는 사업 준비 단계에서 추가 검토를 진행했을 뿐이어서 이익 침해가 크지 않은 반면, 콘도미니엄이 신축될 경우 학생들의 학습권과 교육환경에 부정적 영향을 미칠 우려가 크다는 점에서, 해당 처분은 신뢰보호원칙에 반하지 않는다.

3 국적비보유판정 취소의 소(대판 2024.3.12. 2022두60011)

대한민국 국적의 부와 중국 국적의 모 사이에서 태어난 갑과 을이 출생신고를 통해 대한민국의 주민등록번호를 부여받고 주민등록증을 발급받았으나, 이후 행정청이 가족관계등록부를 말소하고 국적 취득 절차를 진행하라는 안내를 했음에도 이들이 성인이 된 후 국적보유판정을 신청했다. 그러나 법무부장관은 이들이 대한민국 국적을 보유하지 않았다고 판단했다. **주민등록번호와 주민등록증 발급**은 행정행위의 적법성을 추단하는 중요한 근거로서, 갑과 을에게 대한민국 국적을 취득했다는 **공적인 견해 표명에 해당한다**. 또한, 갑과 을이 대한민국 국적을 보유하고 있다고 믿고 국적 취득 절차를 진행하지 않았으며, 성인이 된 후에는 국적을 간편하게 취득할 기회를 상실하고 큰 불이익을 입게 되었다. 이러한 점을 종합하여 <u>국적비보유판정은 갑과 을의 신뢰에 반하여 이루어진 것으로 신뢰보호의 원칙에 위배된다.</u>

4 실권의 법리

<u>어떤 행정처분이 실효의 법리를 위반하여 위법한 것이라고 하더라도, 이러한 하자의 존부는 개별·구체적인 사정을 심리한 후에야 판단할 수 있는 사항이어서 객관적으로 명백한 것이라고 할 수 없으므로,</u> **이는 행정처분의 취소사유에 해당할 뿐 당연무효사유는 아니다.** 위에서 본 사실관계를 이러한 법리에 비추어 살펴보면, 설령 피고가 2013년에 원고에 대하여 한 **회비납부통지 중 원고의 수입품 관련 부분이 실효의 법리를 위반한 것이라고 하더라도**, 이는 행정처분의 당연무효사유는 아니므로, 원고가 그에 따라 이미 피고에게 납부한 회비가 법률상 원인 없는 이득이라고 할 수 없다(대판 2021.12.30. 2018다241458).

07. 법률관계

1 법무사가 사무원 채용과 관련하여 법무사법이나 규칙을 위반할 경우, 지방법원장으로부터 징계를 받을 수 있다. 따라서 법무사가 지방법무사회로부터 사무원 채용승인을 받는 것은 법적으로 강제된 공법적 의무이다. 또한, 지방법무사회의 채용승인 행위는 단순한 내부 문제나 고유 사무가 아니라, 법무사 감독이라는 국가사무를 수행하는 것으로 간주되며, 이에 따라 **지방법무사회**는 공권력을 행사하는 주체로 인정된다(대판 2020.4.9. 2015다34444).

2 변호사 등록제도는 그 연혁이나 법적 성질에 비추어 보건대, 원래 국가의 공행정의 일부라 할 수 있으나, 국가가 행정상 필요로 인해 대한변호사협회에 관련 권한을 이관한 것이다. 따라서 <u>변협은 변호사 등록에 관한 한 공법인으로서 공권력 행사의 주체이다</u>. 또한 변호사 등록에 관한 한 공법인 성격을 가지는 변협이 등록사무의 수행과 관련하여 정립한 규범을 단순히 내부 기준이라거나 사법적인 성질을 지니는 것이라 볼 수는 없고, 변호사 등록을 하려는 자와의 관계에서 대외적 구속력을 가지는 공권력 행사에 해당한다고 할 것이다. 따라서 <u>변협이 변호사 등록사무의 수행과 관련하여 정립한 규범인 심판대상조항들은 헌법소원 대상인 공권력의 행사에 해당한다</u>(헌재 2019.11.28. 2017헌마759).

3 벌점의 승계(대판 2023.4.27. 2020두47892)

A회사에 대한 벌점이 하도급법령에서 정하고 있는 기준을 초과하자 B회사로 분할하고 C회사가 B회사를 합병하자 공정거래원회는 하도급법령상 벌점을 초과했다는 이유로 관계 행정기관에게 C회사에 대해 입찰참가자격제한 및 영업정지할 것을 요청하는 결정을 하였다.

1. 하도급법령에서 시정조치 유형별로 미리 정해놓은 객관적 기준에 따라 벌점이 정형적으로 부과되도록 예정되어 있다는 점에서 피고에게 벌점의 부과 여부나 그 범위에 관하여 실질적으로 재량의 여지가 있다고 보기는 어렵다. 또한, 위 벌점이 시행령 제17조 제2항에서 정하는 기준을 초과하는 경우에는, 공정거래위원회에게 관계 행정기관의 장을 상대로 입찰참가자격의 제한 요청 등을 할 의무가 발생한다. 이러한 벌점 부과 및 입찰참가자격제한 요청 등의 법적 성격에 비추어 보면, 하도급법에 따른 벌점은 시정조치나 과징금부과 처분에 따르는 부수적인 법적 효과에 해당함과 동시에 벌점 합계가 일정한 기준을 초과할 경우 피고의 법령상 의무로 규정된 입

찰참가자격제한 요청 등의 법적 요건에도 해당한다. 따라서 <u>하도급법에 따른 벌점 부과를 단순한 사실행위에 불과하다고만 볼 수는 없고, 공법상 지위 내지 의무·책임이 구체화된 경우라고 볼 여지가 크다.</u>

2. 분할 전 회사에 부과된 하도급법상 벌점이 하도급법령에서 정하고 있는 기준을 초과하자, 피고 공정거래위원회가 분할신설회사를 흡수합병한 원고에 대하여 하도급법 제26조 제2항 및 같은 법 시행령 제17조 제2항에 따라 관계 행정기관의 장에게 입찰참가자격제한 및 영업정지 요청 결정을 하여 원고가 그 취소를 청구한 사건에서, <u>분할 전 회사에 부과된 하도급법상 벌점은 원고에게 승계되므로 입찰참가자격제한 및 영업정지 요청 결정은 적법하다.</u>

4 부당이득금(대판 2025.6.26. 2023다252551)

1. 학교용지부담금 부과에서 제외되는 개발사업분은 실제 거주하였던 가구수를 기준하는지 여부(적극)
구 「학교용지 확보 등에 관한 특례법」은 개발사업으로 인해 증가하는 학령인구에 대비하여 학교용지를 확보하고자 하는 목적에서 제정된 법률이며, 이에 필요한 재원을 마련하기 위해 개발사업시행자에게 학교용지부담금을 부과하도록 하고 있다. <u>이는 주택의 신규 공급이 학교시설에 대한 수요를 유발하기 때문이며, 학교용지부담금은 그러한 수요를 초래한 개발사업분에 한하여 부과되어야 한다.</u> 한편, 구 법 제5조 제1항 제5호는 「도시 및 주거환경정비법」에 따른 정비사업 중 정비구역 내 가구 수가 증가하지 않는 경우에는 학교용지부담금을 부과하지 않도록 예외를 두고 있다. 이러한 규정의 문언, 입법 목적, 체계 및 취지를 종합적으로 고려할 때, <u>부담금 부과 대상에서 제외되는 개발사업분은 정비구역 내 실제로 거주하였던 가구 수를 기준으로 판단하여야 한다.</u>

2. **학교용지부담금을 산정할 때 정비사업 시행 전의 기존 가구 수에서 세입자 가구를 일부 제외해야 하는지 여부(소극)**
   가. 원심의 판단
   원심은 판시와 같이, 관악구청장이 원고에 대한 학교용지부담금을 산정할 때 정비사업 시행 전의 기존 가구 수에서 세입자 가구를 일부 제외한 것으로 보이기는 하나, 이를 이유로 이 사건 처분에 명백한 하자가 있다고 볼 수 없다는 등의 이유로 원고가 납부한 학교용지부담금 상당의 부당이득반환 청구를 기각하였다.

   나. 대법원의 판단
   원심의 판단은 다음과 같은 이유로 받아들일 수 없다.
   첫째, 학교용지부담금은 개발사업으로 인해 해당 지역의 취학 수요가 증가하고, 이에 따라 학교시설 신설이나 증축이 필요하게 되는 점에서, **그 원인을 제공한 공동주택 분양자에게 부담금을 부과하는 것이다.**
   둘째, 구 학교용지법 제5조 제1항 제5호는 정비사업 시행 전후의 가구 수에 변동이 없는 경우 학교시설 수요가 증가하지 않았다고 보아 부담금 부과 대상에서 제외하고 있는데, 이는 가구 수 증가가 학교시설 수요 발생의 판단 기준임을 전제로 한다.

셋째, 이러한 법의 문언, 체계, 취지에 비추어 볼 때, **부담금 부과 대상 여부는 정비구역 내 실제 거주 가구 수를 기준으로 판단해야 하며, 정비사업 시행 전의 기존 가구 수에는 세입자 가구도 포함되어야 한다.**

넷째, 임대주택 분양에 대해 부담금을 면제하는 규정은 주거안정을 위한 정책적 예외일 뿐이며, 이를 근거로 정비사업 시행 전 기존 가구 수에서 세입자를 제외할 수는 없다.

3. 이 사건 처분이 무효인지 여부 (적극)

이 사건은 정비사업 시행 전 기존 가구 수를 산정하면서 세입자 가구를 일부 제외한 것을 근거로 학교용지부담금을 부과한 행정처분의 적법성을 다투는 것이다. 그러나 구 학교용지법 제5조 제1항 제5호의 문언, 입법 목적 및 체계에 비추어 볼 때, 부담금 부과 대상에서 제외되는 기존 가구 수에는 세입자 가구도 포함되어야 하며, 이를 제외한 것은 법령의 중요한 부분을 위반한 중대한 하자에 해당한다. 또한, 이러한 하자는 객관적으로 명백하여 해당 처분은 당연무효라고 보아야 한다. 부담금에 관한 법률의 해석에 관하여 그 부과요건이거나 감면요건을 막론하고 특별한 사정이 없는 한 법문대로 해석하여야 하고 합리적 이유 없이 확장해석하거나 유추해석하는 것은 허용되지 않는 것과 마찬가지로 그 감면요건을 부당하게 축소하여 해석하는 것도 허용될 수 없다. 학교용지법 제5조 제1항 제5호에 따라 부담금 부과대상에서 제외되는 개발사업분은 사업구역 내에 실제 거주하였던 가구 수를 기준으로 산정하여야 함을 충분히 알 수 있고, 그 가구 수에는 세입자가구를 포함하여야 한다는 것도 그 해석상 분명하다. 이 사건 처분 이전부터 정비사업 시행 전의 기존 가구 수 산정 방식에 관하여 세입자 가구를 포함시켜야 한다는 취지의 법원 판단이 계속되었고, 관악구청장으로서는 법원의 판단 내용에 따라 법령 규정을 해석·적용하는 데 아무런 법률상 장애가 없었던 것으로 보인다.

08. 신고

1 악취배출시설 설치운영신고수리(대판 2022.9.7. 2020두40327)

1. 사건경위

원고가 2018. 3.경 원고의 재생아스콘 제조 공장에 대하여 경기도지사로부터 대기오염물질배출시설 설치허가를 받았는데, 피고(안양시장)가 그 이전인 2017. 6.경 악취방지법에 따라 원고의 공장에 설치된 건조시설 등을 신고 대상 악취배출시설로 지정·고시하자, 2018. 5.과 2018. 7.경 두 차례에 걸쳐 피고에게 악취배출시설 설치·운영신고를 하였으나 피고가 이를 모두 반려하여, 그 취소를 구한 것에 대하여, 원심은 악취방지법 상의 악취배출시설 설치·운영신고가 수리를 요하지 않는 자기완결적 신고에 해당한다는 이유로 피고의 반려처분이 모두 위법하다고 판단하였다.

2. 대도시의 장 등 관할 행정청에 악취배출시설 설치·운영신고의 수리 여부를 심사할 권한이 있는지 여부(적극)

악취배출시설 설치·운영신고를 받은 관할 행정청은 신고서와 함께 제출된 악취방지계획상의 악취방지조치가 적절한지 여부를 검토할 권한을 갖고 있으며, 악취방지법 시행령은 시·도지사는 시장·군수·구청장에게 '악취배출시설의 운영·변경신고의 수리'를 위임하도록 규정하고 있는데, 이는 관할 행정청에게 신고의 수리 여부를 심사할 권한이 있음을 전제로 한 것이므로 악취방지법 상의 악취배출시설 설치·운영신고와 관련하여서 관할 행정청은 악취배출시설 설치·운영신고의 **수리 여부를 심사할 권한이 있다**
* 악취배출시설 설치·운영신고는 수리를 요하는 신고이다.

3. 대기환경보전법에 따른 대기오염물질배출시설 설치허가를 받은 경우, 악취배출시설 설치·운영신고가 수리된 것으로 볼 수 있는지 여부(소극)

대기환경보전법에 따른 대기오염물질배출시설 설치허가를 받았다고 하더라도 악취배출시설 설치·운영신고가 수리되어 그 효력이 발생한다고 볼 수 없다. 인허가의제 제도는 관련 인허가 행정청의 권한을 제한하거나 박탈하는 효과를 가진다는 점에서 법률 또는 법률의 위임에 따른 법규명령의 근거가 있어야 한다. 그런데 대기환경보전법령에서는 대기오염물질배출시설 설치허가를 받으면 악취배출시설 설치·운영신고가 수리된 것으로 의제하는 규정을 두고 있지 않다. 따라서 대기환경보전법에 따른 대기오염물질배출시설 설치허가를 받았다고 하더라도 악취배출시설 설치·운영신고가 수리되어 그 효력이 발생한다고 볼 수 없다. 악취방지법 시행규칙 제9조 제2항, 제3항은 대도시의 장에게 악취배출시설 설치·운영신고에 관하여 수리 여부를 심사할 권한이 있음을 전제로 해석되어야 한다. 즉, 시·도지사로부터 대기오염물질배출시설 설치허가 사실을 통보받은 대도시의 장은 악취배출시설 설치·운영신고로써 적합한지를 심사하여 악취배출시설 설치·운영신고 확인증을 발급하여야 하는 것이다.

4. 악취방지계획의 적정 여부 판단에 관하여 행정청의 광범위한 재량권이 인정되는지 여부(적극)

행정청은 사람의 건강이나 생활환경에 미치는 영향을 두루 검토하여 악취방지계획의 적정 여부를 판단할 수 있고, 이에 관해서는 행정청의 광범위한 재량권이 인정된다. 따라서 법원이 악취방지계획의 적정 여부 판단과 관련한 행정청의 재량권 일탈·남용 여부를 심사할 때에는 해당 지역 주민들의 생활환경 등 구체적 지역 상황, 상반되는 이익을 가진 이해관계자들 사이의 권익 균형과 환경권의 보호에 관한 각종 규정의 입법 취지 등을 종합하여 신중하게 판단해야 한다. 그리고 행정청의 재량적 판단은 그 내용이 현저히 합리적이지 않다거나 상반되는 이익이나 가치를 대비해 볼 때 형평이나 비례의 원칙에 뚜렷하게 배치되는 등의 사정이 없는 한 폭넓게 존중될 필요가 있다.

2 식품위생법 시행령 제26조 제4호에 따라 영업장 면적 변경신고를 하지 않은 채 영업을 계속하는 경우 (대판 2022.8.25. 2020도12944)

식품위생법 제37조 제4항, 식품위생법 시행령 제25조 제1항 제8호, 제26조 제4호의 신고의무 조항 및 처벌조항의 취지는 신고대상인 영업을 신고 없이 하거나 해당 영업의 영업장 면적 등 중요한 사항을 변경하였음에도 그에 관한 신고 없이 영업을 계속하는 경우 이를 처벌함으로써 그 신고를 강제하고 궁극적으로는 미신고 영업을 금지하려는 데 있다. 따라서 영업장의 면적을 변경하는 행위를 하였음에도 그 당시 법령인 식품위생법 제37조 제4항, 식품위생법 시행령 제26조 제4호에 따라 영업장 면적 변경신고를 하지 않은 채 영업을 계속한다면 처벌대상이 된다고 보아야 하고, 이는 영업장 면적을 변경신고 사항으로 명시한 구 식품위생법 시행령이 시행되기 이전에 일반음식점 영업신고가 된 경우에도 마찬가지이다.

3 건축신고수리처분취소 (대판 2023.9.21. 2022두31143)

1. 사실관계 및 쟁점

피고 보조참가인은 가축사육 제한구역 내의 계사를 철거한 후 우사를 신축하겠다는 건축신고를 하였다. 이 사건 토지는 지표고 차이가 7.8m에 달하는 비탈진 구릉지로서 참가인은 우사를 건축하기 위하여 부지를 수평으로 조성하고자 최대 1,211mm가량 성토하고 4m가량 절토하였다. 이러한 성토와 절토는 토지의 형질변경에 해당하여 원칙적으로 개발행위허가 대상에 해당하는데, 참가인은 건축신고를 하면서 토지형질변경에 대한 일괄심사 신청을 하지 않았다. 피고(주덕읍장)는 해당 우사를 건축하는 데에 수반되는 토지형질변경에 관한 심사 없이 건축신고를 수리하였다. 우사가 건축되는 토지의 인근 주민들인 원고는 토지형질변경에 대한 심사를 누락한 피고의 건축신고 수리처분이 위법함을 이유로 그 취소를 구하는 이 사건 소를 제기하였다.

2. 국토의 계획 및 이용에 관한 법률 제56조 제4항 제3호, 국토의 계획 및 이용에 관한 법률 시행령 제53조 제3호 (다)목에 따라 개발행위허가가 면제되는 토지형질변경의 의미 및 여기에 건축물의 건축을 위해 별도의 절토, 성토, 정지작업 등이 필요한 경우가 포함되는지 여부(소극)

국토의 계획 및 이용에 관한 법률 제56조 제1항 제2호, 제4항 제3호, 국토의 계획 및 이용에 관한 법률 시행령 제53조 제3호 (다)목에 따라 **개발행위허가가 면제되는 토지형질변경이란**, 토지의 형질을 **외형상으로 사실상 변경시킴이 없이** 건축 부분에 대한 허가만을 받아 그 설치를 위한 토지의 굴착만으로 건설이 가능한 경우를 가리키고, 그 외형을 유지하면서는 원하는 건축물을 건축할 수 없고 그 밖에 건축을 위하여 별도의 절토, 성토, 정지작업 등이 필요한 경우는 포함되지 않는다.

3. 조성이 완료된 기존 대지에 건축물을 설치하기 위하여 절토나 성토를 한 결과 최종적으로 지반의 높이가 50cm를 초과하여 변경되는 경우, 토지형질변경에 대한 별도의 개발행위허가를 받아야 하는지 여부(적극)

국토의 계획 및 이용에 관한 법률 제56조 제1항 제2호, 제4항 제3호, 제58조 제3항, 국토의 계획 및 이용에 관한 법률 시행령 제53조 제3호 (가)목, (다)목, 제56조 제1항 [별표 1의2] 제2호 (가)목, (나)목의 규정을 종합해 볼 때, 조성이 완료된 기존 대지에 건축물을 설치하기 위한 경우라 하더라도 절토나 성토를 한 결과 최종적으로 지반의 높이가 50cm를 초과하여 변경되는 경우에는 비탈면 또는 절개면이 발생하는 등 **그 토지의 외형이 실질적으로 변경되므로, 토지형질변경에 대한 별도의 개발행위허가를 받아야 하고**, 그 절토 및 성토가 단순히 건축물을 설치하기 위한 토지의 형질변경이라는 이유만으로 국토계획법 시행령 제53조 제3호 (다)목에 따라 개발행위허가를 받지 않아도 되는 경미한 행위라고 볼 수 없다.

4. 어떤 개발사업의 시행과 관련하여 인허가의 근거 법령에서 절차간소화를 위하여 관련 인허가를 의제 처리할 수 있는 근거 규정을 둔 경우, 사업시행자가 인허가를 신청하면서 반드시 관련 인허가 의제 처리를 신청할 의무가 있는지 여부(소극)

건축법 제14조 제2항, 제11조 제5항 제3호에 따르면, 건축신고 수리처분이 이루어지는 경우 국토의 계획 및 이용에 관한 법률 제56조에 따른 개발행위(토지형질변경)의 허가가 있는 것으로 본다. 이처럼 어떤 개발사업의 시행과 관련하여 여러 개별 법령에서 각각 고유한 목적과 취지를 가지고 그 요건과 효과를 달리하는 인허가 제도를 각각 규정하고 있다면, 그 개발사업을 시행하기 위해서는 개별 법령에 따른 여러 인허가 절차를 각각 거치는 것이 원칙이다. 다만 어떤 인허가의 근거 법령에서 절차간소화를 위하여 관련 인허가를 의제 처리할 수 있는 근거 규정을 둔 경우에는, 사업시행자가 인허가를 신청하면서 하나의 절차 내에서 관련 인허가를 의제 처리해 줄 것을 신청할 수 있다. 관련 인허가 의제 제도는 사업시행자의 이익을 위하여 만들어진 것이므로, **사업시행자가 반드시 관련 인허가 의제 처리를 신청할 의무가 있는 것은 아니다.**

5. **건축신고 수리처분 당시 건축주가 장래에도 토지형질변경허가를 받지 않거나 받지 못할 것이 명백하였음에도 '부지 확보' 요건을 완비하지 못한 상태에서 건축신고 수리처분이 이루어진 경우, 건축신고 수리처분이 적법한지 여부**(소극)

건축물의 건축은 건축주가 그 부지를 적법하게 확보한 경우에만 허용될 수 있다. 여기에서 '부지 확보'란 건축주가 건축물을 건축할 토지의 소유권이나 그 밖의 사용권원을 확보하여야 한다는 점 외에도 해당 토지가 건축물의 건축에 적합한 상태로 적법하게 형질변경이 되어 있는 등 건축물의 건축이 허용되는 법적 성질을 지니고 있어야 한다는 점을 포함한다.

이에 수평면에 건축할 것으로 예정된 건물을 경사가 있는 토지 위에 건축하고자 건축신고를 하면서, 그 경사 있는 **토지를 수평으로 만들기 위한 절토나 성토에 대한 토지형질변경허가를 받지 못한 경우에는 건축법에서 정한 '부지 확보' 요건을 완비하지 못한 것이 된다.**

따라서 건축행정청이 추후 별도로 국토의 계획 및 이용에 관한 법률상 개발행위(토지형질변경)허가를 받을 것을 명시적 조건으로 하거나 또는 묵시적인 전제로 하여 건축주에 대하여 건축법상 건축신고 수리처분을 한다면, 이는 가까운 장래에 '부지 확보' 요건을 갖출 것을 전제로 한 경우이므로 그 건축신고 수리처분이 위법하다고 볼 수는 없지만, '부지 확보' 요건을 완비하지 못한 상태에서 건축신고 수리처분이 이루어졌음에도 그 처분 당시 건축주가 장래에도 토지형질변경허가를 받지 않거나 받지 못할 것이 명백하였다면, **그 건축신고 수리처분은 '부지 확보'라는 수리요건이 갖추어지지 않았음이 확정된 상태에서 이루어진 처분으로서 적법하다고 볼 수 없다.**

4 골프장회원지위확인의소(대판 2024.2.29. 2023다280778)

1. 체육시설업자와 회원 간의 사법상 약정에 따른 권리·의무도 승계하는지 여부(적극)

체육시설의 설치·이용에 관한 법률 제27조 제2항 제4호, 제1항에 따르면, 체육시설업자가 담보 목적으로 체육시설업의 시설 기준에 따른 필수시설을 신탁법에 따라 담보신탁을 하였다가 채무를 갚지 못하여 체육필수시설이 공개경쟁입찰방식에 의한 매각 절차에 따라 처분되거나 공매 절차에서 정해진 공매 조건에 따라 수의계약으로 처분되는 경우, 체육필수시설 인수인은 체육시설업과 관련하여 형성된 공법상의 권리·의무 및 체육시설업자와 회원 간의 사법상 약정에 따른 권리·의무도 승계한다. 이와 같이 체육시설법 제27조가 체육필수시설 인수인의 권리·의무 승계를 인정하는 취지는 사업의 인허가와 관련하여 형성된 기존 체육시설업자에 대한 공법상 관리체계를 그대로 유지하는 한편, 기존 체육시설업자와 이용관계를 맺은 다수 회원들의 사법상 이익을 보호하는 데 있다.

2. 체육시설업의 등록 또는 신고와 같은 공법상 절차를 마쳤는지와 무관하게 권리·의무 승계의 효력이 발생하는지 여부(적극)

체육시설의 설치·이용에 관한 법률 제27조에 따른 승계 사유가 발생하면 체육시설업의 시설 기준에 따른 필수시설 인수인이 기존 체육시설업자와 별도로 체육시설업의 등록 또는 신고와 같은 공법상 절차를 마쳤는지 여부와 무관하게 이러한 권리·의무 승계의 효력이 발생한다. 체육시설법 제

27조는 체육필수시설 인수인의 권리·의무 승계의 요건으로 체육시설업의 등록 또는 신고를 요구하고 있지 않을 뿐만 아니라, 이를 요구할 경우에는 체육필수시설 인수인이 승계 사유 발생 후 어떤 조치를 취하는지에 따라 기존 체육시설업자와 이용관계를 맺은 다수 회원들의 사법상 권리·의무 승계의 효력이 좌우되어 이들의 사법상 이익을 보호하고자 하는 체육시설법 제27조의 입법 목적이 제대로 달성될 수 없기 때문이다.

5 공직선거법 제52조 제1항 제5호, 제9호, 제10호, 제53조 제1항 제1호, 제4항의 내용과 체계, 입법 목적을 종합하면, 공무원이 공직선거의 후보자가 되기 위하여 공직선거법 제53조 제1항에서 정한 기한 내에 소속기관의 장 또는 소속위원회에 사직원을 제출하였다면 공직선거법 제53조 제4항에 따라 **그 수리 여부와 관계없이 사직원 접수 시점에 그 직을 그만둔 것으로 간주되므로**, 그 이후로는 공무원이 해당 공직선거와 관련하여 정당의 추천을 받기 위하여 정당에 가입하거나 후보자등록을 할 수 있고, 후보자등록 당시까지 사직원이 수리되지 않았더라도 그 후보자등록에 공직선거법 제52조 제1항 제5호, 제9호 또는 제10호를 위반한 등록무효사유가 있다고는 볼 수 없다(대판 2021. 4.29. 2020수6304).

6 정당등록에 관한 규정에 의하면 피고는 정당이 정당법에 정한 형식적 요건을 구비한 경우 등록을 수리하여야 하고, 정당법에 명시된 요건이 아닌 다른 사유로 정당등록신청을 거부하는 등으로 정당설립의 자유를 제한할 수 없다(대판 2021.12.30. 2020수5011).

09. 행정입법

1 조업정지처분취소(대판 2022.9.16. 2021두58912).

1. 사건개요
   수질오염공정시험기준(환경부고시)은 "시료 채취 용기는 시료를 채우기 전에 시료로 3회 이상 씻은 다음 사용하며, 시료를 채울 때에는 어떠한 경우에도 시료의 교란이 일어나서는 안 되며 가능한 한 공기와 접촉하는 시간을 짧게 하여 채취한다."라고 규정하고 있다. 이 절차에 위반하여 시료를 채취하고 환경기준에 위반한 오염물질 배출로 보고 조업중지처분 또는 과징금을 처분을 하였다.

2. 행정청이 관계 법령이 정하는 바에 따라 고도의 전문적이고 기술적인 사항에 관하여 전문적인 판단을 하였다면, 판단의 기초가 된 사실인정에 중대한 오류가 있거나 판단이 객관적으로 불합리하거나 부당하다는 등의 특별한 사정이 없는 한 존중되어야 한다. 환경오염물질의 배출허용기준이 법령에 정량적으로 규정되어 있는 경우 행정청이 채취한 시료를 전문연구기관에 의뢰하여 배출허용기준을 초과한다는 검사결과를 회신받아 제재처분을 한 경우, 이 역시 고도의 전문적이고 기술적인 사항에 관한 판단으로서 그 전제가 되는 실험결과의 신빙성을 의심할 만한 사정이 없는 한 존중되어야 함은 물론이다.

3. 수질오염물질을 측정하는 경우 시료채취의 방법, 오염물질 측정의 방법 등을 정한 구 **수질오염공정시험기준**은 형식 및 내용에 비추어 행정기관 내부의 사무처리준칙에 불과하므로 일반 국민이나 법원을 구속하는 대외적 구속력은 없다. 따라서 시료채취의 방법 등이 위 고시에서 정한 절차에 위반된다고 하여 그러한 사정만으로 곧바로 그에 기초하여 내려진 행정처분(조업정지처분취소)이 위법하다고 볼 수는 없고, 관계 법령의 규정 내용과 취지 등에 비추어 절차상 하자가 채취된 시료를 객관적인 자료로 활용할 수 없을 정도로 중대한지에 따라 판단되어야 한다. 다만 이때에도 시료의 채취와 보존, 검사방법의 적법성 또는 적절성이 담보되어 시료를 객관적인 자료로 활용할 수 있고 그에 따른 실험결과를 믿을 수 있다는 사정은 행정청이 증명책임을 부담하는 것이 원칙이다

2 지원금교부결정취소처분 취소 (대판 2023.8.18. 2021두41495)

1. 사건 개요
갑은 순천시 ○○산업단지에 위치한 다른 16개의 사업장과 함께 직장어린이집을 설치하고 운영하기로 하였으며, 시설설치비 지원금을 지급받았다. 갑의 채권자가 신청한 강제경매절차를 통해 해당 직장어린이집 건물이 매각되었다. 이 사실을 확인한 근로복지공단은 갑에 대한 직장어린이집 설치비 지원 결정을 취소하고, 지원금 총 9억 5,556만 원을 반환하라는 처분을 하였다.
직장어린이집 등 설치·운영 규정 제36조 제1항 제3호 및 [별표 3]에 의하면, <u>직장어린이집 설치비 지원금을 지급받은 자가 이 사건 규정 제35조에 따른 채권관리 기간 동안 지원받은 시설 또는 비품을 매매·양도·대여·폐원 및 담보로 제공한 경우에는 피고는 지원결정의 전부 또는 일부를 취소하여야 하고, 이에 따라 지원금을 지급받은 자는 지원금을 반환하여야 한다.</u>

2. 위임의 한계 여부
이 사건에서 문제된 규정은 고용보험법 제26조와 그 시행령 제38조 제5항에 따라 직장어린이집 설치비 지원결정을 취소하고 지원금을 반환받는 절차를 규정하고 있다. 여기서 쟁점은 이러한 규정이 법령의 위임 범위를 벗어난 것인지 여부이다.

3. 법리적 판단 기준
법령에서 위임된 사항이 위임의 한계를 준수하는지 여부를 판단할 때는 해당 법령의 목적, 규정의 내용, 다른 규정과의 관계 등을 종합적으로 고려해야 한다. 또한, 법령이 위임한 범위를 벗어나 새로운 입법을 하는 것이 아닌지 판단해야 한다.

4. 구 직장어린이집 등 설치·운영 규정 제36조 제1항 제3호 및 [별표 3]이 고용보험법 제26조, 고용보험법 시행령 제38조 제5항의 위임범위 내에 있는지 여부(적극)
가. **보조금 관리의 필요성**: 보조금 교부는 수익적 행정행위로, 교부대상의 선정, 취소, 기준 등에 대해 교부기관에 재량이 부여된다. 특히, 보조금의 적절한 사용을 보장하기 위해 교부기관이 사후적으로 감독하고, 필요시 교부결정을 취소하거나 지원금을 반환받을 권한이 필요하다. 이 권한은 고용보험법과 시행령의 위임 범위 내에서 부여된 것으로 볼 수 있다.
나. **법령 해석의 범위**: 고용보험법 제26조와 시행령 제38조 제5항은 직장어린이집 설치비 지원에 필요한 사항을 고용노동부장관에게 위임하고 있으며, 이 위임 범위에는 지원금의 사용과 관련된 사후 감독 및 반환 조치도 포함된다고 해석할 수 있다. 따라서, 이 사건 규정은 위임 범위를 벗어난 것이 아니며, 그 취지는 고용보험기금의 건전한 운용을 위한 것이다.
다. **보조금 관리에 관한 법률과의 비교**: 국고보조금 관리에 관한 법률도 보조금의 교부, 사용, 반환 등에 관한 사항을 포함하고 있으며, 이는 고용보험법 제26조와 시행령 제38조 제5항의 해석에 일관성을 부여한다. 즉, **보조금 반환에 관한 규정은 보조금 관리의 일환으로서 적법한 범위 내에 있다.**

3 구 국민건강보험법 제41조 제2항, 구 국민건강보험 요양급여의 기준에 관한 규칙 제5조 제1항 [별표 1] 제1호 (마)목, 제2항의 위임에 따라 보건복지부장관이 정하여 고시한 '요양급여의 적용기준 및 방법에 관한 세부사항'(2008.1.24. 보건복지부 고시 제2008-5호) Ⅰ. '일반사항' 중 '요양기관의 시설·인력 및 장비 등의 공동이용 시 요양급여비용 청구에 관한 사항' 부분은 상위법령의 위임에 따라 제정된 '요양급여의 세부적인 적용기준'의 일부로 상위법령과 결합하여 대외적으로 구속력 있는 '법령보충적 행정규칙'에 해당하므로, 요양기관이 위 고시 규정에서 정한 절차와 요건을 준수하여 요양급여를 실시한 경우에 한하여 요양급여비용을 지급받을 수 있다(대판 2021.1.14. 2020두38171).

4 인정취소처분 등 취소청구의 소 (대판 2022.4.14. 2021두60960)

1. 사건의 경위
갑은 온라인 원격평생교육시설 운영업을 목적으로 설립된 회사로, 직업능력개발훈련을 실시하려는 사업주들로부터 온라인 원격훈련을 위탁받아 실시하는 훈련기관이다.
광주지방고용노동청은 갑의 영업사원이 7개 과정에서 대리수강을 통해 훈련비용 4,819,920원을 부정 수급한 사실을 적발하였다. 이에 따라 광주지방고용노동청장은 갑에 대해 구 직업능력개발법에 따라 인정취소와 일정 기간 동안의 위탁·인정제한 처분을 하였다.

2. 원심의 판단
원심은 이 사건 각 처분이 공익 목적의 달성 가능성이 불확실하고, 부정수급액 반환 등의 다른 방법으로도 목적을 달성할 수 있다고 판단하였다. 또한, 원고의 부정수급액이 전체 훈련비용 대비 미미하고, 대리수강이 원고의 조직적인 지시가 아닌 영업사원의 독자적 행위라는 점에서 위반 정도가 경미하다고 보았다. 마지막으로, 처분으로 인한 원고의 불이익이 공익 목적보다 더 중대하다고 판단하여, 이 사건 각 처분이 재량권을 일탈·남용한 위법이 있어 취소되어야 한다고 판결하였다.

3. 제재적 행정처분이 재량권의 범위를 일탈하였거나 남용하였는지 판단하는 방법 및 제재적 행정처분의 기준이 부령의 형식으로 되어 있는 경우, 그 기준에 따른 처분이 적법한지 판단하는 방법
제재적 행정처분이 재량권의 범위를 일탈하였거나 남용하였는지는, 처분사유인 위반행위의 내용과 위반의 정도, 처분에 의하여 달성하려는 공익상의 필요와 개인이 입게 될 불이익 및 이에 따르는 여러 사정 등을 객관적으로 심리하여 공익침해의 정도와 처분으로 개인이 입게 될 불이익을 비교·교량하여 판단하여야 한다. 이러한 제재적 행정처분의 기준이 부령 형식으로 규정되어 있더라도 그것은 행정청 내부의 사무처리준칙을 규정한 것에 지나지 않아 대외적으로 국민이나 법원을 기속하는 효력이 없다. 따라서 그 처분의 적법 여부는 처분기준만이 아니라 관계 법령의 규정 내용과 취지에 따라 판단하여야 한다. 그러므로 처분기준에 부합한다 하여 곧바로 처분이 적법한 것이라고 할 수는 없지만, 처분기준이 그 자체로 헌법 또는 법률에 합치되지 않거나 그 기준을 적용한 결과가 처분사유인 위반행위의 내용 및 관계 법령의 규정과 취지에 비추어 현저히 부당하다고 인정할 만한 합리적인 이유가 없는 한, 섣불리 그 기준에 따른 처분이 재량권의 범위를 일탈하였다거나 재량권을 남용한 것으로 판단해서는 안 된다.

4. 구 근로자직업능력 개발법이 직업능력개발훈련과정의 인정을 받은 사람이 '거짓이나 그 밖의 부정한 방법으로 비용을 지급받은 경우' 부정수급액의 반환명령 및 추가징수를 통한 환수 외에 **'시정명령·훈련과정 인정취소·인정제한'을 할 수 있도록 규정한 취지 및 구 근로자직업능력 개발법 시행규칙** 제8조의2 [별표 2]에서 정한 기준이 그 자체로 헌법 또는 법률에 합치되지 않는다거나 그 처분기준을 적용한 결과가 현저히 부당한지 여부(소극)

가. 법령 및 규정

구 직업능력개발법 제24조 제2항 제2호 및 제5호에 따라 고용노동부장관은 직업능력개발훈련과정의 인정을 받은 자가 부정한 방법으로 비용을 지급받거나 인정받은 내용을 위반한 경우에는 훈련과정의 인정을 취소할 수 있다. 같은 법 제3항에 의하면, 인정이 취소된 자에 대해서는 취소일부터 5년간 직업능력개발훈련의 위탁과 인정을 하지 않을 수 있다. **같은 법 시행규칙 제8조의2 및 [별표 2]는** 인정취소 및 위탁·인정제한의 세부기준과 구체적인 인정 제한기간을 정하고 있다. 제1호 일반기준은 고의 또는 중대한 과실이 없거나 위반 정도가 경미한 경우에 처분을 감경할 수 있도록 하고, 제2호 개별기준은 부정한 방법으로 비용을 지원받은 경우에 대한 처분 기준을 제시하고 있다.

나. 구 직업능력개발법이 직업능력개발훈련과정의 인정을 받은 사람이 '거짓이나 그 밖의 부정한 방법으로 비용을 지급받은 경우'에 대해 부정수급액의 반환명령 및 추가징수를 통해 환수 외에도 '시정명령, 훈련과정 인정취소, 인정제한'을 할 수 있도록 규정한 취지는 부정수급자를 엄중하게 제재하여 부정수급 행위를 방지하고, 직업능력개발훈련에 대한 건전한 신뢰와 법질서를 확립하며, 직업능력개발훈련 지원금 예산의 재정건전성을 유지하기 위함이다. 구 직업능력개발법 제24조 제2항, 제3항의 입법 취지와 목적, 그리고 이에 따른 인정취소 및 위탁·인정제한의 세부기준을 정한 구 직업능력개발법 시행규칙 조항들의 구체적인 내용에 비추어 보면, 같은 시행규칙 제8조의2, [별표2]에서 정한 기준이 헌법이나 법률에 합치되지 않거나, 처분기준을 적용한 결과가 현저히 부당하다고 보이지 않는다.

다. 재량권 일탈여부

위 [별표2]에서 정한 기준에 따른 이 사건 각 처분이 재량권의 범위를 일탈하였다거나 재량권을 남용하였다고 보기 어렵다.
1) 원고는 2017. 4. 17.경부터 2017. 12. 24.경까지 60명의 훈련생에 대한 대리수강행위를 통하여 합계 4,819,920원의 훈련비용을 부정수급 하였는데, 대리수강 건수와 부정수급 비용의 액수 등에 비추어 볼 때, 이 사건 위반행위의 정도가 경미하다고 단정할 수 없다.
2) 원고가 영업사원 소외인에 대하여 관리·감독을 철저히 하는 등 주의의무를 다하였다고 볼 만한 사정도 찾아볼 수 없다.

3) 이 사건 각 처분 이전에 사전유보조치가 있었다는 점이나 이후 인증유예 등급이 부여될 우려가 있다는 점 등은 이 사건 각 처분 전후 발생할 수 있는 부수적인 사정에 불과하고, 이 사건 각 처분으로 인하여 원고가 입게 되는 직접적인 불이익이라고 볼 수 없으므로, 이 사건 각 처분으로 달성하고자 하는 공익 목적과 비교·교량하는 원고의 불이익으로 고려하기에는 적절치 않다.

5 전기요금약관의 법적 성질

구 전기사업법제16조는 공익사업인 전기사업의 합리적 운용과 사용자의 이익보호를 위하여, 계약자유의 원칙을 일부 제한하여 전기판매사업자와 전기사용자 간의 전기공급 계약의 조건을 당사자들이 개별적으로 협정하는 것을 금지하고 전기판매사업자가 작성한 기본공급약관에 따르도록 정하고 있는데, 이러한 **기본공급약관은 전기판매사업자와 계약을 체결한 전기사용자에게만 적용되는 것이므로 일반적 구속력을 가지는 법규로서의 효력은 없고**, 보통계약 약관으로서의 성질을 가진다. 따라서 기본공급약관의 조항이 고객에게 부당하게 불리한 조항으로서 '신의성실의 원칙을 위반하여 공정성을 잃은 약관 조항'에 해당하는 경우에는 약관의 규제에 관한 법률 제6조 제1항, 제2항 제1호에 따라 무효가 된다(대판 2023.3.30. 2018다207076)

6 입찰 참가자격의 제한을 받은 자가 법인이나 단체인 경우 그 대표자에 대해서도 입찰 참가자격을 제한하도록 규정한 구 지방자치단체를 당사자로 하는 계약에 관한 법률 시행령 제92조 제4항이 구 지방자치단체를 당사자로 하는 계약에 관한 법률 제31조 제1항의 위임범위를 벗어났는지 여부(소극) (대판 2022.7.14. 2022두37141)

1. 법 제31조 제1항은 입찰 참가자격 제한 대상을 계약당사자로 명시하지 않고 '경쟁의 공정한 집행 또는 계약의 적정한 이행을 해칠 우려가 있는 자' 또는 '그 밖에 입찰에 참가시키는 것이 부적합하다고 인정되는 자'로 규정한 다음, 이러한 부정당업자에 대해서는 대통령령으로 정하는 바에 따라 입찰 참가자격을 제한하여야 한다고 정한다. 따라서 시행령 제92조 제1항부터 제3항까지의 규정에 따라 입찰 참가자격의 제한을 받은 법인이나 단체(이하 '법인 등'이라 한다)의 대표자가 입찰 참가자격 제한 대상에 포함되는 것으로 본다고 하여 이 문언의 통상적인 의미에 따른 위임의 한계를 벗어난 것으로 단정할 수 없다.

2. 법인 등의 행위는 법인 등을 대표하는 자연인인 대표기관의 의사결정에 따른 행위를 매개로 하여서만 실현된다. 만일 법 제31조 제1항이 입찰 참가자격 제한 대상을 계약당사자로 한정하고 있는 것으로 해석한다면, 입찰 참가자격 제한처분을 받은 법인 등의 대표자가 언제든지 새로운 법인 등을 설립하여 입찰에 참가하는 것이 가능하게 되어 위 규정의 실효성이 확보될 수 없다. 따라서 법 제31조 제1항이 정한 '그 밖에 입찰에 참가시키는 것이 적합하지 아니하다고 인정되는 자'의 위임범위에 법인 등의 대표자도 포함된다고 보는 것이 그 위임 취지에 부합한다.

비교판례 '입찰참가자격을 제한받은 자가 법인이나 단체인 경우에는 그 대표자'에 대하여도 입찰참가자격 제한을 할 수 있도록 규정한 구 공기업·준정부기관 계약사무규칙 제15조 제4항의 대외적 효력을 인정할 수 있는지 여부(소극)

【판결요지】
공공기관의 운영에 관한 법률 제39조 제2항은 입찰참가자격 제한 대상을 '공정한 경쟁이나 계약의 적정한 이행을 해칠 것이 명백하다고 판단되는 사람·법인 또는 단체 등'으로 규정하여 입찰참가자격 제한 처분 대상을 해당 부정당행위에 관여한 자로 한정하고 있다. 반면, 구 공기업·준정부기관 계약사무규칙 제15조 제4항은 '입찰참가자격을 제한받은 자가 법인이나 단체인 경우에는 그 대표자'에 대하여도 입찰참가자격 제한을 할 수 있도록 규정하여, 부정당행위에 관여하였는지 여부와 무관하게 법인 등의 대표자 지위에 있다는 이유만으로 입찰참가자격 제한 처분의 대상이 될 수 있도록 함으로써, 법률에 규정된 것보다 처분대상을 확대하고 있다.

그러나 공공기관운영법 제39조 제3항에서 부령에 위임한 것은 '입찰참가자격의 제한기준 등에 관하여 필요한 사항'일 뿐이고, 이는 규정의 문언상 입찰참가자격을 제한하면서 그 기간의 정도와 가중·감경 등에 관한 사항을 의미하는 것이지 **처분대상까지 위임한 것이라고 볼 수는 없다**. 따라서 위 규칙 조항에서 위와 같이 처분대상을 확대하여 정한 것은 상위법령의 위임 없이 규정한 것이므로 이는 위임입법의 한계를 벗어난 것으로서 **대외적 효력을 인정할 수 없다**(대판 2017.6.15. 2016두52378).

* 공공기관의 운영에 관한 법률 제39조 (회계원칙 등) ② 공기업·준정부기관은 공정한 경쟁이나 계약의 적정한 이행을 해칠 것이 명백하다고 판단되는 사람·법인 또는 단체 등에 대하여 2년의 범위 내에서 일정기간 입찰참가자격을 제한할 수 있다.

7. 1979. 10. 18. 부산지역에 비상계엄이 선포되었고, 계엄사령관은 같은 날 구 계엄법 제13조에서 정한 계엄사령관의 조치로서 유언비어 날조·유포와 국론분열 언동은 엄금한다는 내용이 포함된 계엄포고 제1호를 발령하였다. 구 계엄법 제15조에서 정하고 있는 '제13조의 규정에 의하여 취한 계엄사령관의 조치'는 유신헌법 제54조 제3항, 구 계엄법 제13조에서 계엄사령관에게 국민의 기본권 제한과 관련한 특별한 조치를 할 수 있는 권한을 부여한 데 따른 것으로서 구 계엄법 제13조, 제15조의 내용을 보충하는 기능을 하고 그와 결합하여 대외적으로 구속력이 있는 법규명령으로서 효력을 가진다. 그러므로 법원은 현행 헌법 제107조 제2항에 따라서 위와 같은 특별한 조치로서 이루어진 계엄포고 제1호에 대한 위헌·위법 여부를 심사할 권한을 가진다(대판 2018.11.29. 2016도14781).

10. 재량행위

1 여객자동차 운수사업법 제23조 제1항에 따라 운송사업자에 대하여 사업계획의 변경이나 노선의 연장·단축 또는 변경 등을 명하는 **개선명령**은 여객을 원활히 운송하고 서비스를 개선해야 할 공공복리상 필요가 있다고 인정될 때 행정청이 직권으로 행하는 **재량행위**이다.

경상남도지사가 여객운송회사들에게 **시외버스 노선의 일부를 변경하도록 개선명령을 하자**, 기존 고속버스 운행사인 원고들이 개선명령의 무효확인 및 취소를 구하였다. 원심은 개선명령이 기존 운송사들의 수익과 이용자들에게 미치는 영향을 고려하지 않았다고 보아 재량권의 일탈·남용으로 판단했다. 그러나 대법원은 피고가 개선명령 전 원고들의 의견을 조회하고, 수송 수요 및 교통편의 증대를 고려했다고 보아 재량권 일탈·남용을 인정하지 않았다(대판 2022.9.7. 2021두39096).

2 식품위생법 제7조 등 관련 규정이 적정한 식품의 규격과 기준을 설정하고, 이를 위반한 식품에 대하여 식품으로 인한 국민의 생명·신체에 대한 위험을 예방하기 위한 조치를 취할 수 있는 합리적 재량권한을 식품의약품안전처장 및 관련 공무원에게 부여한 것인지 여부(적극)(대판 2022.9.7. 2022두40376)

장래에 발생할 불확실한 상황과 파급효과에 대한 예측이 필요한 요건에 관한 행정청의 재량적 판단은, 그 내용이 현저히 합리성을 결여하였다거나 상반되는 이익이나 가치를 대비해 볼 때 형평이나 비례의 원칙에 뚜렷하게 배치되는 등의 사정이 없는 한 존중하여야 한다.

식품위생법 제7조 등의 규정 내용과 형식, 체계 등에 비추어 보면, 식품위생법 관련규정은 식품의 위해성을 평가하면서 관련 산업 종사자들의 재산권이나 식품산업의 자율적 시장질서를 부당하게 해치지 않는 범위 내에서 적정한 식품의 규격과 기준을 설정하고, 그러한 규격과 기준을 위반한 식품에 대하여 식품으로 인한 국민의 생명·신체에 대한 위험을 예방하기 위한 조치를 취할 수 있는 합리적 재량권한을 식품의약품안전처장 및 관련 공무원에게 부여한 것이라고 봄이 상당하다.

3 의료기관개설허가취소처분취소(대판 2021.3.11. 2019두57831)

1. 의료법 제64조 제1항 제8호(법인이 개설한 의료기관에서 거짓으로 진료비를 청구하였다는 범죄사실로 법인의 대표자가 금고 이상의 형을 선고받고 형이 확정된 경우)에 해당하는 경우, 관할 행정청은 반드시 해당 의료기관에 대하여 개설 허가 취소처분(또는 폐쇄명령)을 해야 하는지 여부(적극)

의료기관이 의료법 제64조 제1항 제1호에서 제7호, 제9호의 사유에 해당하면 관할 행정청이 1년 이내의 의료업 정지처분과 개설 허가 취소처분(또는 폐쇄명령) 중에서 제재처분의 종류와 정도를 선택할 수 있는 재량을 가지지만, 의료기관이 의료법 제64조 제1항 제8호에 해당하면 관할 행정청은 반드시 해당 의료기관에 대하여 더 이상 의료업을 영위할 수 없도록 개설 허가 취소처분(또는 폐쇄명령)을 하여야 할 뿐 선택재량을 가지지 못한다.

2. 법인이 개설한 의료기관에서 거짓으로 진료비를 청구하였다는 범죄사실로 법인의 대표자가 금고 이상의 형을 선고받고 형이 확정된 경우, 의료법 제64조 제1항 제8호에 따라 진료비 거짓 청구가 이루어진 해당 의료기관의 개설 허가 취소처분(또는 폐쇄명령)을 해야 하는지 여부(적극)

자연인이 의료기관을 개설한 경우에는 해당 의료기관에서 거짓으로 진료비를 청구하였다는 범죄사실로 개설자인 자연인이 금고 이상의 형을 선고받고 그 형이 확정된 때에, 법인이 의료기관을 개설한 경우에는 해당 의료기관에서 거짓으로 진료비를 청구하였다는 범죄사실로 법인의 대표자가 금고 이상의 형을 선고받고 그 형이 확정된 때에 의료법 제64조 제1항 제8호에 따라 진료비 거짓 청구가 이루어진 해당 의료기관의 개설 허가 취소처분(또는 폐쇄명령)을 해야 한다.

4 산업집적활성화 및 공장설립에 관한 법률 제42조 제1항, 같은 법 시행령 제54조에서 정한 시정명령의 시정기간 6개월의 의미

산업집적활성화 및 공장설립에 관한 법 제42조 제1항 제1호, 산업집적활성화 및 공장설립에 관한 법률 시행령 제54조 등 관련 규정들의 내용과 산업집적법에 시정명령제도를 둔 취지 등을 종합하면, 입주기업체 등이 입주계약을 체결하였음에도 정당한 사유 없이 2년 내에 공장 등의 건설에 착수하지 아니한 경우에 산업집적법상의 관리기관이 입주기업체 등에 그 시정을 명하면서 부여하는 시정기간은 '6개월이라는 고정된 기간'이 아니라 '6개월의 범위 내에서 입주기업체 등이 시정명령을 이행함에 필요한 상당한 기간'이라고 보는 것이 타당하다. 나아가 법원은 관리기관이 입주기업체 등으로 하여금 시정명령을 실질적으로 이행하지 못할 정도로 시정기간을 지나치게 짧게 정함으로써 재량권을 일탈·남용한 위법이 있는지를 가려 보아야 한다(대판 2023.6.29. 2023두30994).

5 사회복지사업법 제42조 제3항 단서의 의미 및 이에 따른 보조금 환수처분은 이미 지급받은 보조금 전액을 환수 대상으로 하되, 그 환수 범위는 개별적으로 결정해야 하는 재량행위의 성격을 가지는지 여부(적극)

사회복지사업법 제42조 제3항 단서는 제1호, 제2호의 사유가 있는 경우 '이미 지급한 보조금의 전부 또는 일부'의 반환을 명하여야 한다는 의미로 해석된다. 또한 사회복지사업법 제42조 제3항 단서에서 규정하고 있는 보조금 환수처분은 이미 지급받은 보조금 전액을 환수 대상으로 하되, 그 환수 범위는 보조사업의 목적과 내용, 보조금을 교부받으면서 부정한 방법을 취하게 된 동기 또는 보

조금을 다른 용도로 사용하게 된 동기, 보조금의 전체 액수 중 부정한 방법으로 교부받거나 다른 용도로 사용한 보조금의 비율과 교부받은 보조금을 그 조건과 내용에 따라 사용한 비율 등을 종합하여 개별적으로 결정해야 하는 재량행위의 성격을 지니고 있다(대판 2024.6.13. 2023두54112).

6 행정청이 과거 상대방에게 한 특정한 처분으로 인하여 그에게 유리한 사실관계가 형성되었음을 인식하고 있었음에도 이를 반영하지 않은 채 재량권을 행사했다면, 이는 행정청의 사실오인에 기초한 것으로서 재량권 일탈·남용에 해당하여 위법하다. 행정청이 상대방에게 그와 같은 사실관계에 관한 자료의 제출을 요청했으나 그가 이를 제대로 이행하지 않은 경우라고 하더라도, 그러한 사정으로 인하여 행정청이 사실오인을 일으켰다는 등의 특별한 사정이 없는 한, 마찬가지이다.

11. 행정행위

1 요양기관 업무 정지처분

요양기관이 속임수나 그 밖의 부당한 방법으로 보험자에게 요양급여비용을 부담하게 한 때에 구 국민건강보험법 제85조 제1항 제1호에 의해 받게 되는 요양기관 업무정지처분은 의료인 개인의 자격에 대한 제재가 아니라 요양기관의 업무 자체에 대한 것으로서 **대물적 처분**의 성격을 갖는다. 따라서 속임수나 그 밖의 부당한 방법으로 보험자에게 요양급여비용을 부담하게 한 요양기관이 폐업한 때에는 그 요양기관은 업무를 할 수 없는 상태일 뿐만 아니라 그 처분대상도 없어졌으므로 그 요양기관 및 폐업 후 **그 요양기관의 개설자가 새로 개설한 요양기관**에 대하여 업무정지처분을 할 수는 없다.

이러한 해석은 침익적 행정행위의 근거가 되는 행정법규는 엄격하게 해석·적용하여야 하고, 입법취지와 목적 등을 고려한 목적론적 해석이 전적으로 배제되는 것이 아니라고 하더라도 그 해석이 문언의 통상적인 의미를 벗어나서는 아니 된다는 법리에도 부합한다. 더군다나 구 의료법 제66조 제1항 제7호에 의하면 보건복지부장관은 의료인이 속임수 등 부정한 방법으로 진료비를 거짓 청구한 때에는 1년의 범위에서 면허자격을 정지시킬 수 있고 이와 같이 요양기관 개설자인 의료인 개인에 대한 제재수단이 별도로 존재하는 이상, 위와 같은 사안에서 제재의 실효성 확보를 이유로 구 국민건강보험법 제85조 제1항 제1호의 '요양기관'을 확장해석할 필요도 없다(대판 2022.1.27. 2020두39365).

2 요양급여 및 급여비용 불인정처분 취소청구(대판 2024.5.30. 2021두58202)

> **참조조문**
> **의료법 제64조(개설 허가 취소 등)** ① 보건복지부장관 또는 시장·군수·구청장은 의료기관이 다음 각 호의 어느 하나에 해당하면 그 의료업을 1년의 범위에서 정지시키거나 개설 허가의 취소 또는 의료기관 폐쇄를 명할 수 있다. 다만, 제8호에 해당하는 경우에는 의료기관 개설 허가의 취소 또는 의료기관 폐쇄를 명하여야 하며, 의료기관 폐쇄는 제33조제3항과 제35조제1항 본문에 따라 신고한 의료기관에만 명할 수 있다.
> 8. 의료기관 개설자가 거짓으로 진료비를 청구하여 금고 이상의 형을 선고받고 그 형이 확정된 때
> **제66조(자격정지 등)** ③ 의료기관은 그 의료기관 개설자가 제1항제7호에 따라 자격정지 처분을 받은 경우에는 그 자격정지 기간 중 의료업을 할 수 없다.

의료인인 갑 등과 을이 의료기관을 공동으로 개설하여 운영하던 중 을에 대하여 거짓으로 진료비를 청구하였다는 사유로 의료법 제66조 제1항 제7호에 따른 자격정지 처분이 이루어졌음에도 여전히 을을 공동개설자로 한 상태에서 나머지 공동개설자인 갑 등이 의료행위를 하고 요양급여비용 및 의료급여비용 심사를 청구하였으나 건강보험심사평가원이 을의 자격정지 기간 동안 위 의료기관은 요양급여비용, 의료급여비용을 청구할 자격이 없다는 이유로 심사청구를 반송처리한 사안 의료인의 거짓 진료비 청구행위를 이유로 의료인의 자격뿐만 아니라 그가 개설한 의료기관의 의료업까지 제재의 범위에 포함하고 있는 의료법 제66조 제3항은 의료기관을 기준으로 의료업 금지 사유를 정한 것이고, 그 사유에 해당하는지는 이 조항이 규율하고 있는 제재의 대상인 '의료기관'을 기준으로 판단해야 하는 점, 의료법 제64조 제1항 제8호, 제66조 제3항에서 의료기관 개설 허가의 취소, 의료기관 폐쇄, 의료업 금지 등의 의료기관에 대한 제재의 요건을 '의료기관 개설자가 진료비를 거짓으로 청구하여 금고 이상의 형이 확정되거나 자격정지 처분을 받은 경우'라고 하여 의료기관 개설자를 기준으로 정한 것은 의료기관에서 이루어진 의료행위에 관하여 환자 등에게 진료비 청구권을 행사하는 법적 주체가 의료기관 개설자이기 때문이지, 각 조항에 따른 의료기관 개설 허가의 취소, 의료기관 폐쇄, 의료업 금지 등의 효력 범위를 진료비 거짓 청구행위의 당사자인 해당 개설자에게 한정시키려는 취지가 아니며 이는 다수의 의료인이 공동으로 의료기관을 개설한 경우에도 마찬가지인 점, 의료법 제64조 제1항 제8호, 제66조 제3항에 따른 제재의 대상이 된 의료기관은 더 이상 국민건강보험법에 의한 요양기관 및 의료급여법에 의한 의료급여기관으로 인정되는 '의료법에 따라 개설된 의료기관'에 해당한다고 할 수 없는데, 이러한 제재의 필요성은 의료기관의 개설자가 1인인지 다수인지에 따라 다르지 않고, 의료법 제64조 제1항이나 제66조 제3항에서도 이를 달리 규정하지 않고 있는 점, 의료기관 개설자가 진료비를 거짓으로 청구하는 범죄행위를 하였음을 이유로 그에게 자격정지 처분이 이루어졌다면, 그가 개설한 의료기관에 대하여 의료법 제66조 제3항에 따라 의료업 금지의 효력이 바로 발생하는데, 수인이 공동으로 개설한 의료기관에서 1인의 개설자가 진료비 거짓 청구행위로 의료법 제66조 제1항의 처분을 받은 이상 그가 개설한 의료기관에 대하여 의료법 제66조 제3항을 적용하는 것이 책임주의 원칙에 위반된다거나 나머지 공동개설자의 영업의 자유에 대한 과도한 제한이라고 할 수 없는 점 등 의료법 제66조 제1항 제7호, 제3항 등의 규정 내용, 입법 취지 및 법문의 체계적·논리적 해석 원리 등에 의할 때, 을의 자격정지 기간 동안 위 의료기관은 의료법 제66조 제3항에 따라 의료업을 할 수 없기 때문에 국민건강보험법 및 의료급여법상 요양급여비용 및 의료급여비용을 청구할 수 있는 요양기관 및 의료급여기관에 해당하지 않는다.

3 유가보조금 반환명령

화물자동차법에서 '운송사업자'란 화물자동차법 제3조 제1항에 따라 화물자동차 운송사업 허가를 받은 자를 말하므로(제3조 제3항), '운송사업자로서의 지위'란 운송사업 허가에 기인한 공법상 권리와 의무를 의미하고, 그 '지위의 승계'란 양도인의 공법상 권리와 의무를 승계하고 이에 따라 양도인의 의무위반행위에 따른 위법상태의 승계도 포함하는 것이라고 보아야 한다. 불법증차를 실행한 운송사업자로부터 운송사업을 양수하고 화물자동차법 제16조 제1항에 따른 신고를 하여 화물자동차법 제16조 제4항에 따라 운송사업자의 지위를 승계한 경우에는 설령 양수인이 영업양도·양수 대상에 불법증차 차량이 포함되어 있는지를 구체적으로 알지 못하였다 할지라도, 양수인은 불법증차 차량이라는 물적 자산과 그에 대한 운송사업자로서의 책임까지 포괄적으로 승계한다.

따라서 관할 행정청은 양수인의 선의·악의를 불문하고 양수인에 대하여 불법증차 차량에 관하여 지급된 유가보조금의 반환을 명할 수 있다. 다만 그에 따른 양수인의 책임범위는 **지위승계 후** 발생한 유가보조금 부정수급액에 한정되고, **지위승계 전**에 발생한 유가보조금 부정수급액에 대해서까지 양수인을 상대로 반환명령을 할 수는 없다. 유가보조금 반환명령은 '운송사업자 등'이 유가보조금을 지급받을 요건을 충족하지 못함에도 유가보조금을 청구하여 부정수급하는 행위를 처분사유로 하는 '대인적 처분'으로서, '운송사업자'가 불법증차 차량이라는 물적 자산을 보유하고 있음을 이유로 한 운송사업 허가취소 등의 '**대물적 제재처분**'과는 구별되고, 양수인은 영업양도·양수 전에 벌어진 양도인의 불법증차 차량의 제공 및 유가보조금 부정수급이라는 결과 발생에 어떠한 책임이 있다고 볼 수 없기 때문이다(대판 2021.7.29. 2018두55968).

4 침익적 처분의 근거가 되는 행정법규해석

침익적 행정처분의 근거가 되는 행정법규는 엄격하게 해석·적용하여야 하고 행정처분의 상대방에게 불리한 방향으로 지나치게 확장해석하거나 유추해석해서는 아니 되나, 이는 단순히 행정실무상의 필요나 입법정책적 필요만을 이유로 문언의 가능한 범위를 벗어나 처분상대방에게 불리한 방향으로 확장해석하거나 유추해석해서는 아니 된다는 것이지, 처분상대방에게 불리한 내용의 법령해석이 일체 허용되지 않는다는 취지가 아니며, **문언의 가능한 범위 내라면 체계적 해석과 목적론적 해석이 허용됨은 당연하다**(대판 2021.11.11. 2021두43491).

12. 행정행위 효력발생요건

1 교부송달

상대방이 부당하게 등기취급 우편물의 수취를 거부함으로써 우편물의 내용을 알 수 있는 객관적 상태의 형성을 방해한 경우 그러한 상태가 형성되지 아니하였다는 사정만으로 발송인의 의사표시의 효력을 부정하는 것은 신의성실의 원칙에 반하므로 허용되지 아니한다. 이러한 경우에는 부당한 수취 거부가 없었더라면 상대방이 우편물의 내용을 알 수 있는 객관적 상태에 놓일 수 있었던 때, 즉 수취 거부 시에 의사표시의 효력이 생긴 것으로 보아야 한다. 여기서 우편물의 수취 거부가 신의성실의 원칙에 반하는지는 발송인과 상대방과의 관계, 우편물의 발송 전에 발송인과 상대방 사이에 우편물의 내용과 관련된 법률관계나 의사교환이 있었는지, 상대방이 발송인에 의한 우편물의 발송을 예상할 수 있었는지 등 여러 사정을 종합하여 판단하여야 한다. 이때 우편물의 수취를 거부한 것에 정당한 사유가 있는지에 관해서는 수취 거부를 한 상대방이 이를 증명할 책임이 있다 (대판 2020.8.20. 2019두34630).

> **비교판례** 납세고지서의 송달을 받아야 할 자가 부과처분 제척기간이 임박하자 그 수령을 회피하기 위하여 일부러 송달을 받을 장소를 비워 두어 세무공무원이 송달을 받을 자와 보충송달을 받을 자를 만나지 못하여 부득이 사업장에 납세고지서를 두고 왔다고 하더라도 이로써 신의성실의 원칙을 들어 그 납세고지서가 송달되었다고 볼 수는 없다(대판 2004.4.9. 2003두13908).

13. 행정행위의 구성요건적 효력

1 형사법원의 운전면허 취소처분에 대한 독자적 심사

자동차 운전면허 취소처분을 받은 사람이 자동차를 운전하였으나 운전면허 취소처분의 원인이 된 교통사고 또는 법규 위반에 대하여 범죄사실의 증명이 없는 때에 해당한다는 이유로 무죄판결이 확정된 경우, 행정청의 자동차 운전면허 취소처분이 직권으로 또는 행정쟁송절차에 의하여 취소되면, 운전면허 취소처분은 그 처분 시에 소급하여 효력을 잃고 운전면허 취소처분에 복종할 의무가 원래부터 없었음이 확정되므로, 운전면허 취소처분을 받은 사람이 운전면허 취소처분이 취소되기 전에 자동차를 운전한 행위는 도로교통법에 규정된 무면허운전의 죄에 해당하지 아니한다. 와 같은 관련 규정 및 법리, 헌법 제12조가 정한 적법절차의 원리, 형벌의 보충성 원칙을 고려하면, 자동차 운전면허 취소처분을 받은 사람이 자동차를 운전하였으나 운전면허 취소처분의 원인이 된 교통사고 또는 법규 위반에 대하여 범죄사실의 증명이 없는 때에 해당한다는 이유로 무죄판결이 확정된 경우에는 그 취소처분이 취소되지 않았더라도 도로교통법에 규정된 무면허운전의 죄로 처벌할 수는 없다고 보아야 한다(대판 2021.9.16. 2019도11826).

* 운전면허취소처분은 해당 처분이 위법하고 관계 법령상 필요적 직권취소의 대상이 된 이상, 비록 직권취소 전이라 할지라도 직권취소가 이루어진 것과 마찬가지로 형사법원은 무죄를 선고할 수밖에 없다. 이는 수익적 행정처분이 소극적 구성요건 요소인 무면허운전죄의 구성요건을 두고 운전면허발급처분은 그 유효성이, 운전면허취소처분은 그 적법성이 각 선결문제로 된다는 입장이고 행정처분의 성질을 기준으로 침익적 행정행위의 경우에만 형사법원이 그 적법성을 독자적으로 판단할 수 있다는 견해를 취한 것으로 볼 수 있다.... 수익적 처분의 취소처분은 관념적으로는 수익처분의 효력을 실효시켜 허가가 없었던 것과 동일한 상태로 돌아가는 것에 그치지만, 기존의 이익을 박탈한다는 점에서 침익적 처분이다. 이처럼 수익적 처분의 취소·철회가 침익적 처분으로 분류되는 이상, 구성요건의 구조와 무관하게 이들 침익적 처분이 형벌의 전제로 되는 경우 그 위법성은 형사법원의 독자적인 판단 영역이 된다. 그 결과 형사법원은 각종 조치명령뿐만이 아니라, 수익적 처분의 취소에 해당하는 운전면허취소처분도 적법하여야만 형벌을 부과할 수 있다. 대상판결에서 본 바와 같이, 수익적 처분의 취소·철회가 위법하기만 하면 이를 배제하여 무죄를 선고할 수 있고 직권취소·쟁송취소될 것을 요구하지 않지만, 판례는 만약 수익적 처분의 취소·철회가 직권취소·쟁송취소된다면 취소의 소급효에 따라 수익적 처분의 취소·철회 처분이 처분 시에 소급하여 효력을 잃게 되고 따라서 처분에 복종할 의무가 처음부터 없었음이 확정된다는 이유로 무죄를 선고한다. 즉, 형사법원의 독자적 위법성 심사권은 소멸한다. 나아가 판례는 형사법원의 침익적 처분에 관한 위법성 심사 범위를 제한하지 않는다. 대체로 침익적 처분의 위법 사유 중 법령위반이 문제 되어 무죄가 선고되고 있지만, 비교적 최근에는 절차 하자(특히, 「행정절차법」

제21조, 제22조의 사전통지 및 의견제출절차)를 이유로 침익적 처분이 전제로 된 범죄의 성립이 부인되고 있다. 이에 반해 수익적 처분이 형벌의 전제로 되는 경우 형사법원은 그 적법성을 독자적으로 심사하지 않고 유효한 것으로 받아들여야 한다(김혜진, 행정판례연구18집 2023년).

* 특정범죄 가중처벌 등에 관한 법률 위반(도주차량)으로 운전면허취소처분을 받은 자가 자동차를 운전하였다고 하더라도 그 후 피의사실에 대하여 무혐의 처분을 받고 이를 근거로 행정청이 운전면허 취소처분을 철회하였다면, 위 운전행위는 무면허운전에 해당하지 않는다(대판 2008.1.31. 2007도9220)

* 형사재판에서 법원은 행정행위가 무효가 아닌 한 수익적 행정행위의 효력을 부인할 수 없으므로 연령을 속여 운전면허 취득한 경우 형사법원은 운전면허 효력 부정할 수 없음으로 그러한 운전면허에 의한 운전행위는 무면허운전이라 할 수 없다(대판 1982.6.8. 80도2646).

2 국민건강보험공단이 요양급여비용 지급결정을 취소하지 않은 상태에서 요양기관을 상대로 요양급여비용 상당의 부당이득반환을 구할 수 있는지 여부(원칙적 소극) (대판 2023.10.12. 2022다276697).

요양기관의 국민건강보험공단에 대한 요양급여비용청구권은 요양기관의 청구에 따라 공단이 지급결정을 함으로써 구체적인 권리가 발생하는 것이지, 공단의 결정과 무관하게 국민건강보험법령에 의하여 곧바로 발생한다고 볼 수 없다. 따라서 요양기관의 요양급여비용 수령의 법률상 원인에 해당하는 요양급여비용 지급결정이 취소되지 않았다면, **요양급여비용 지급결정이 당연무효라는 등의 특별한 사정이 없는 한 그 결정에 따라 지급된 요양급여비용이 법률상 원인 없는 이득이라고 할 수 없고, 공단의 요양기관에 대한 요양급여비용 상당 부당이득반환청구권도 성립하지 않는다.**

그리고 요양급여비용 지급결정에 의하여 요양급여비용을 수령한 자는 특별한 사정이 없는 한 요양기관의 개설명의자이므로, 공단이 의료기관 개설자격이 없는 자가 개설한 의료기관이 수령한 요양급여비용이라는 이유로 요양급여비용 지급결정을 직권취소하는 경우, 그 상대방은 요양기관의 실질적 개설자가 아닌 개설명의자이다. 공단은 요양급여비용 지급결정 직권 취소 여부, 취소 범위에 관하여 재량을 가지고 그 재량을 개별 사안에 적합하게 행사하여야 하며, 개설명의자는 그 처분을 항고소송 등으로 다툴 수 있다.

14. 부관

1 일반적으로 보조금 교부결정에 관해서는 행정청에 광범위한 재량이 부여되어 있고, 행정청은 보조금 교부결정을 할 때 법령과 예산에서 정하는 보조금의 교부 목적을 달성하는 데에 필요한 조건을 붙일 수 있다. 또한 행정청의 광범위한 재량과 자율적인 정책 판단에 맡겨진 사항과 관련하여 행정청이 설정한 심사기준이 상위법령에 위배된다거나 객관적으로 불합리하다고 평가할 만한 특별한 사정이 없는 이상, 법원은 이를 존중하여야 한다(대판 2021.2.4. 2020두48772).

15. 하자승계

1 사업종류 변경 처분 등 취소 청구의 소(대판 2020.4.9. 2019두61137)

1. 사업종류 결정의 성격과 절차

고용노동부장관의 고시에 따라 개별 사업장의 사업종류 결정은 재해발생 위험성, 경제활동의 동질성, 주된 제품·서비스, 작업 공정 등을 고려하여 확정된다. 이 결정은 근로복지공단이 사업주가 신고한 내용이나 직접 조사한 사실을 바탕으로 내리며, 이는 공권력을 행사하는 '**확인적 행정행위**'로 본다.

2. 사업종류 결정이 항고소송의 대상이 되는 지 여부

근로복지공단이 개별 사업장의 사업종류를 불리하게 변경하면 산재보험료율이 인상되어 사업주의 보험료 부담이 증가하므로, 이 변경결정은 사업주의 권리·의무에 직접적인 영향을 미친다. 국민건강보험공단은 근로복지공단의 변경결정에 따라 산재보험료를 부과·징수하지만, 소송의 대상은 변경결정을 내린 근로복지공단이 되어야 한다. 변경결정이 위법하다는 판결이 확정되면 국민건강보험공단의 관련 처분은 기초를 상실하게 되어, 이를 취소하거나 정정할 의무가 있다. 따라서 사업주는 국민건강보험공단이 아닌 근로복지공단을 상대로 소송을 제기하는 것이 분쟁 해결에 더 효율적이다. 대법원도 근로복지공단의 사업종류 변경 거부가 항고소송의 대상인 '거부처분'이라고 판시한 바 있다.

3. 하자승계

가. 행정절차를 준수한 경우

근로복지공단이 사업종류 변경결정을 하면서 개별 사업주에 대하여 사전통지 및 의견청취, 이유제시 및 불복방법 고지가 포함된 처분서를 작성하여 교부하는 등 실질적으로 행정절차법에서 정한 처분절차를 준수함으로써 사업주에게 방어권행사 및 불복의 기회가 보장된 경우에는, <u>그 사업종류 변경결정은 그 내용·형식·절차의 측면에서 단순히 조기의 권리구제를 가능하게 하기 위하여 행정소송법상 처분으로 인정되는 소위 '쟁송법적 처분'이 아니라, 개별·구체적 사안에 대한 규율로서 외부에 대하여 직접적 법적 효과를 갖는 행정청의 의사표시인 소위 **'실체법적 처분'**에 해당하는 것으로 보아야 한다.</u> 이 경우 사업주가 행정심판법 및 행정소송법에서 정한 기간 내에 불복하지 않아 불가쟁력이 발생한 때에는 그 사업종류 변경결정이 중대·명백한 하자가 있어 당연무효가 아닌 한, 사업주는 <u>그 사업종류 변경결정에 기초하여 이루어진 각각의 산재보험료 부과처분에 대한 쟁송절차에서는 선행처분인 사업종류 변경결정의 위법성을 주장할 수 **없다**고 봄이 타당하다.</u>

나. 행정절차를 준수하지 않은 경우

근로복지공단이 사업종류 변경결정을 하면서 실질적으로 행정절차법에서 정한 처분절차를 준수하지 않아 사업주에게 방어권행사 및 불복의 기회가 보장되지 않은 경우에는 이를 항고소송의 대상인 처분으로 인정하는 것은 사업주에게 조기의 권리구제기회를 보장하기 위한 것일 뿐이므로, 이 경우에는 사업주가 사업종류 변경결정에 대해 제소기간 내에 취소소송을 제기하지 않았다고 하더라도 <u>후행처분인 각각의 산재보험료 부과처분에 대한 쟁송절차에서 비로소 선행처분인 **사업종류 변경결정의 위법성을 다투는 것이 허용되어야 한다.**</u>

16. 행정행위취소와 철회

1 의료인이 의료법을 위반하여 금고 이상의 형의 집행유예를 선고받고 유예기간이 지나 형선고의 효력이 상실된 경우에도 의료법상 면허취소사유에 해당하는지 여부(적극) (대판 2022.6.30. 2021두62171)

면허취소사유를 정한 구 의료법 제65조 제1항 단서 제1호의 '제8조 각호의 어느 하나에 해당하게 된 경우'란 '제8조 각호의 사유가 발생한 사실이 있는 경우'를 의미하는 것이지, 행정청이 면허취소처분을 할 당시까지 제8조 각호의 결격사유가 유지되어야 한다는 의미로 볼 수 없다. 의료인이 의료법을 위반하여 금고 이상의 형의 집행유예를 선고받았다면 면허취소사유에 해당하고, 그 유예기간이 지나 형 선고의 효력이 상실되었다고 해서 이와 달리 볼 것은 아니다.

2 체육지도자의 자격취소에 관한 구 국민체육진흥법 제12조 제1항 제4호에서 정한 '제11조의5 각호의 어느 하나에 해당하는 경우'의 의미 및 체육지도자가 금고 이상의 형의 집행유예를 선고받은 후 집행유예기간이 경과하는 등의 사유로 자격취소처분 이전에 결격사유가 해소된 경우에도 행정청은 체육지도자의 자격을 취소할 수 있다(대판 2022.7.14. 2021두62287).

3 행정행위의 취소는 일단 유효하게 성립한 행정행위를 성립 당시 존재하던 하자를 사유로 소급하여 효력을 소멸시키는 행정처분이고, 행정행위의 철회는 적법요건을 구비하여 유효한 행정행위를 행정행위 성립 이후 새로이 발생한 사유로 행위의 효력을 장래에 향해 소멸시키는 행정처분이다. 주무관청의 기본재산처분 허가에 따라 을 회사에 처분되어 소유권이전등기까지 마쳐진 이후 주무관청이 허가를 취소하였더라도, 허가를 취소하면서 내세운 취소사유가 허가 당시에 존재하던 하자가 아니라면, 그 명칭에도 불구하고 법적 성격은 허가의 '철회'에 해당할 여지가 있다(대결 2022.9.29. 2022마118).

4 대북전단살포한 비영리법인의 허가취소(대판 2023.4.27. 2023두30833)

1. 민법 제38조에서 정한 비영리법인이 '공익을 해하는 행위를 한 때'의 의미 및 이에 해당하기 위한 요건 / 그중 해당 법인의 행위가 직접적이고도 구체적으로 공익을 침해하는지 판단하는 방법 / 법인의 설립허가를 취소할 때 고려할 사항

민법 제38조에서 정한 비영리법인이 '공익을 해하는 행위를 한 때'란 법인의 기관이 직무의 집행으로서 공익을 침해하는 행위를 하거나 사원총회가 그러한 결의를 한 경우를 의미한다. 여기에 법인설립허가취소는 법인을 해산하여 결국 법인격을 소멸하게 하는 제재처분인 점(민법 제77조 제1항) 등을 더하여 보면, 민법 제38조에 정한 '공익을 해하는 행위를 한 때'에 해당하기 위해서는, 해당 법인의 목적사업 또는 존재 자체가 <u>공익을 해한다고</u> 인정되거나 해당 법인의 행위가 직접적·구체적으로 공익을 침해하는 것이어야 하고, 목적사업의 내용, 행위의 태양 및 위법성의 정도, 공익 침해의 정도와 경위 등을 종합하여 볼 때 해당 법인의 소멸을 명하는 것이 공익에 대한 불법적인 침해 상태를 제거하고 정당한 법질서를 회복하기 위한 제재수단으로서 <u>긴요하게 요청되는 경우</u>이어야 한다. 나아가 '해당 법인의 행위가 직접적이고도 구체적으로 공익을 침해한다.'고 하려면 해당 법인의 행위로 인하여 법인 또는 구성원이 얻는 이익과 법질서가 추구하는 객관적인 공익이 서로 충돌하여 양자의 이익을 비교형량 하였을 때 공공의 이익을 우선적으로 보호하여야 한다는 점에 의문의 여지가 없어야 한다. 또한 법인의 해산을 초래하는 설립허가취소는 헌법 제10조에 내재된 일반적 행동의 자유에 대한 침해 여부와 과잉금지의 원칙 등을 고려하여 엄격하게 판단하여야 하고, 특히 국가가 국민의 표현행위를 규제하는 경우, 표현내용과 무관하게 표현의 방법을 규제하는 것은 합리적인 공익상의 이유로 비례의 원칙(과잉금지의 원칙)을 준수하여 이루어지는 이상 폭넓은 제한이 가능하나, **표현내용에 대한 규제는 원칙적으로 중대한 공익의 실현을 위하여 불가피한 경우에 한하여 엄격한 요건하에서 허용될 뿐이다.**

2. 법인설립허가 취소의 위법여부

  통일부장관은 갑 법인이 북한의 지도부를 비판하는 전단지를 살포하여 접경지역 주민의 생명과 신체에 위험을 초래하고, 남북관계에 긴장 상태를 조성한다고 주장하며 법인설립허가를 취소했다.

북한의 인권문제에 관한 국제적·사회적 관심을 환기시키기 위한 위 전단 살포 행위는 표현의 자유, 결사의 자유에 의하여 보장되는 갑 법인의 활동에 속하는 것으로, 접경지역 주민들의 생명·신체의 안전에 대한 위험 야기, 남북 간의 군사적 긴장 고조, <u>대한민국 정부의 평화적 통일정책 추진에 대한 중대한 지장 초래</u> 등 통일부장관이 위 처분의 이유로 내세우는 공익은 매우 포괄적·정치적인 영역에 속하는 것이자 그 저해에 관한 근본적인 책임을 갑 법인이나 위 전단 살포 행위에만 묻기는 어려운 것이어서, 위와 같은 갑 법인의 헌법상 기본권에 근거한 활동보다 통일부장관이 위 처분으로 달성하고자 하는 **공익을 우선적으로 보호하여야 한다는 점에 의문의 여지가 없는 경우에 해당한다고 보기 어렵고,** 위 전단 살포 행위의 태양 및 위법성의 정도, 공익 침해의 정도와 경위를 종합해 볼 때, 위 처분을 통하여 갑 법인의 법인격 소멸을 명하는 것이 **공익 침해 상태를 제거하고 정당한 법질서를 회복하기 위한 유효적절한 제재수단으로서 긴요하게 요청되는 경우에 해당한다고 보기도 어려워 위 전단 살포 행위가 일방적으로 '공익을 해하는 행위를 한 때'에 해당한다고 쉽게 단정할 수 없음에도,** 이와 달리 본 원심판단에 법리오해의 잘못이 있다.

17. 행정행위 실효

1 처분의 효력기간 경과 후 동일한 사유로 한 행정처분 (대판 2022.2.11. 2021두40720)

1. 효력기간이 정해져 있는 제재적 행정처분에 대한 취소소송에서 법원이 본안소송의 판결 선고 시까지 집행정지결정을 한 경우, 처분에서 정해 둔 효력기간은 판결 선고 시까지 진행하지 않다가 선고된 때에 다시 진행하는지 여부(적극)

효력기간이 정해져 있는 제재적 행정처분의 효력이 발생한 이후에도 행정청은 특별한 사정이 없는 한 상대방에 대한 별도의 처분으로써 효력기간의 시기와 종기를 다시 정할 수 있다. 이는 당초의 제재적 행정처분이 유효함을 전제로 그 구체적인 집행시기만을 변경하는 후속 변경처분이다. 이러한 후속 변경처분도 특별한 규정이 없는 한 의사표시에 관한 일반법리에 따라 상대방에게 고지되어야 효력이 발생한다.

2. 위와 같은 후속 변경처분서에 당초 행정처분의 집행을 특정 소송사건의 판결 시까지 유예한다고 기재한 경우, 처분의 효력기간은 판결 선고 시까지 진행이 정지되었다가 선고되면 다시 진행하는지 여부(적극)

위와 같은 후속 변경처분서에 효력기간의 시기와 종기를 다시 특정하는 대신 당초 제재적 행정처분의 집행을 특정 소송사건의 판결 시까지 유예한다고 기재되어 있다면, **처분의 효력기간은 원칙적으로 그 사건의 판결 선고 시까지 진행이 정지되었다가 판결이 선고되면 다시 진행된다.**

3. 당초의 제재적 행정처분에서 정한 효력기간이 경과한 후 동일한 사유로 다시 제재적 행정처분을 하는 것이 위법한 이중처분에 해당하는지 여부(적극)

이러한 후속 변경처분 권한은 특별한 사정이 없는 한 당초의 제재적 행정처분의 효력이 유지되는 동안에만 인정된다. 당초의 제재적 행정처분에서 정한 효력기간이 경과하면 그로써 처분의 집행은 종료되어 처분의 효력이 소멸하는 것이므로 그 후 동일한 사유로 다시 제재적 행정처분을 하는 것은 위법한 이중처분에 해당한다.

18. 공법상 계약

1 기준에 어긋난 낙찰자결정

계약담당 공무원이 입찰절차에서 지방자치단체를 당사자로 하는 계약에 관한 법률 및 그 시행령이나 세부심사기준에 어긋나게 적격심사를 하였다고 하더라도 그 사유만으로 당연히 낙찰자 결정이나 그에 따른 계약이 무효가 되는 것은 아니고, 이를 위반한 하자가 입찰절차의 공공성과 공정성이 현저히 침해될 정도로 중대할 뿐 아니라 상대방도 이러한 사정을 알았거나 알 수 있었을 경우 또는 누가 보더라도 낙찰자 결정 및 계약체결이 선량한 풍속 기타 사회질서에 반하는 행위에 의하여 이루어진 것임이 분명한 경우 등 이를 무효로 하지 않으면 그 절차에 관하여 규정한 위 법률의 취지를 몰각하는 결과가 되는 특별한 사정이 있는 경우에 한하여 무효가 된다(대판 2022.6.30. 2022다209383).

2 계약조건 위반을 이유로 한 입찰참가자격제한처분(대판 2021.11.11. 2021두43491)

1. 침익적 행정처분은 상대방의 권익을 제한하거나 상대방에게 의무를 부과하는 것이므로 헌법상 요구되는 명확성의 원칙에 따라 그 근거가 되는 행정법규를 더욱 엄격하게 해석·적용해야 하고, 행정처분의 상대방에게 지나치게 불리한 방향으로 확대해석이나 유추해석을 해서는 안 된다.

2. 공기업·준정부기관이 입찰을 거쳐 계약을 체결한 상대방에 대해 공공기관의 운영에 관한 법률 제39조 제2항 등에 따라 계약조건 위반을 이유로 입찰참가자격제한처분을 하기 위해서는 입찰공고와 계약서에 미리 계약조건과 그 계약조건을 위반할 경우 입찰참가자격 제한을 받을 수 있다는 사실을 모두 명시해야 하는지 여부(적극)

공기업·준정부기관이 입찰을 거쳐 계약을 체결한 상대방에 대해 위 규정들에 따라 계약조건 위반을 이유로 입찰참가자격제한처분을 하기 위해서는 입찰공고와 계약서에 미리 계약조건과 그 계약조건을 위반할 경우 입찰참가자격 제한을 받을 수 있다는 사실을 모두 명시해야 한다. 계약상대방이 입찰공고와 계약서에 기재되어 있는 계약조건을 위반한 경우에도 공기업·준정부기관이 입찰공고와 계약서에 미리 그 계약조건을 위반할 경우 입찰참가자격이 제한될 수 있음을 명시해 두지 않았다면, 위 규정들을 근거로 입찰참가자격제한처분을 할 수 없다.

3 공급자등록취소 무효확인 등 청구 (대판 2020.5.28. 2017두66541)

1. 「공공기관의 운영에 관한 법률」 제39조 제2항과 그 하위법령에 따른 입찰참가자격제한 조치는 행정처분에 해당한다.

행정청의 행위가 항고소송의 대상이 되는지는 추상적·일반적으로 결정할 수 없으며, 구체적인 사안에 따라 법령의 내용과 취지, 행위의 성격, 절차, 그리고 행위로 인해 발생하는 실질적 불이익 등을 종합적으로 고려하여 개별적으로 판단해야 한다. 또한, 처분의 법적 근거와 절차의 적법성은 본안에서 판단할 요소이지, 소송요건 심사 단계에서 고려할 요소가 아니다. 행정청의 행위가 '처분'에 해당하는지 불분명할 경우, 상대방이 그 행위에 대해 불복할 수 있는 인식 가능성과 예측 가능성을 중심으로 판단해야 한다.

「공공기관의 운영에 관한 법률」 제39조에 따르면, 공공기관은 공정한 경쟁이나 계약의 적정한 이행을 방해할 가능성이 있는 자에게 최대 2년 동안 입찰참가자격을 제한할 수 있으며, 이 제한조치는 '구체적 사실에 관한 법집행으로서의 공권력 행사'로 간주되어 행정처분에 해당한다.

2. 행정규칙의 내용이 상위법령이나 법의 일반원칙에 반하는 경우, 그것은 법질서상 당연무효이고 행정내부적 효력도 인정될 수 없다.

행정기관이 소속 공무원이나 하급행정기관에 대하여 세부적인 업무처리절차나 법령의 해석·적용 기준을 정해 주는 '행정규칙'은 상위법령의 구체적 위임이 있지 않는 한 조직 내부에서만 효력을 가질 뿐 대외적으로 국민이나 법원을 구속하는 효력이 없다. 행정규칙이 이를 정한 행정기관의 재량에 속하는 사항에 관한 것인 때에는 그 규정 내용이 객관적 합리성을 결여하였다는 등의 특별한 사정이 없는 한 법원은 이를 존중하는 것이 바람직하다. 그러나 행정규칙의 내용이 상위법령이나 법의 일반원칙에 반하는 것이라면 법치국가원리에서 파생되는 법질서의 통일성과 모순금지 원칙에 따라 그것은 <u>법질서상 당연무효이고, 행정내부적 효력도 인정될 수 없다</u>. 이러한 경우 법원은 해당 행정규칙이 법질서상 부존재하는 것으로 취급하여 행정기관이 한 조치의 당부를 상위법령의 규정과 입법 목적 등에 따라서 판단하여야 한다.

3. 한국수력원자력 주식회사의 '공급자관리지침' 중 등록취소 및 그에 따른 일정 기간의 거래제한 조치에 관한 규정들은 대외적 구속력이 없는 행정규칙이다.

「공공기관의 운영에 관한 법률」이나 그 하위법령은 공기업이 거래상대방 업체에 대하여 공공기관운영법 제39조 제2항 및 「공기업·준정부기관 계약사무규칙」 제15조에서 정한 범위를 뛰어넘어 추가적인 제재조치를 취할 수 있도록 위임한 바 없다. 따라서 한국수력원자력 주식회사가 조달하는 기자재, 용역 및 정비공사, 기기수리의 공급자에 대한 관리업무 절차를 규정함을 목적으로 제정·운용하고 있는 '공급자관리지침' 중 등록취소 및 그에 따른 일정 기간의 거래제한조치에 관한 규정들은 <u>공공기관으로서 행정청에 해당하는 한국수력원자력 주식회사가 상위법령의 구체적 위임 없이 정한 것이어서 대외적 구속력이 없는 행정규칙이다</u>.

4. 한국수력원자력 주식회사가 자신의 '공급자관리지침'에 근거하여 등록된 공급업체에 대하여 하는 '등록취소 및 그에 따른 일정 기간의 거래제한조치'는 행정처분에 해당한다.

한국수력원자력 주식회사가 자신의 '공급자관리지침'에 근거하여 등록된 공급업체에 대하여 하는 '등록취소 및 그에 따른 일정 기간의 거래제한조치'는 행정청이 행하는 구체적 사실에 관한 법집행으로서의 공권력의 행사인 '처분'에 해당한다.

5. 계약당사자 사이에서 계약의 적정한 이행을 위하여 일정한 계약상 의무를 위반하는 경우 제재조치를 약정하는 것은 상위법령과 법의 일반원칙에 위배되지 않는 범위에서 허용된다.

계약당사자 사이에서 계약의 적정한 이행을 위하여 일정한 계약상 의무를 위반하는 경우 계약해지, 위약벌이나 손해배상액 약정, 장래 일정 기간의 거래제한 등의 제재조치를 약정하는 것은 상위법령과 법의 일반원칙에 위배되지 않는 범위에서 허용되며, 그러한 계약에 따른 제재조치는 법령에 근거한 공권력의 행사로서의 제재처분과는 법적 성질을 달리한다. 그러나 공공기관의 어떤 제재조치가 계약에 따른 제재조치에 해당하려면 일정한 사유가 있을 때 그러한 제재조치를 할 수 있다는 점을 공공기관과 그 거래상대방이 미리 구체적으로 약정하였어야 한다. 공공기관이 여러 거래업체들과의 계약에 적용하기 위하여 거래업체가 일정한 계약상 의무를 위반하는 경우 장래 일정 기간의 거래제한 등의 제재조치를 할 수 있다는 내용을 계약특수조건 등의 일정한 형식으로 미리 마련하였다고 하더라도, 「약관의 규제에 관한 법률」 제3조에서 정한 바와 같이 계약상대방에게 그 중요 내용을 미리 설명하여 계약 내용으로 편입하는 절차를 거치지 않았다면 계약의 내용으로 주장할 수 없다.

6. 한국수력원자력 주식회사의 '공급자관리지침'에 근거한 10년 거래제한조치는 위법하다.

공공기관이 계약에 따른 제재조치를 하기 위해서는 그 제재조치가 계약에 미리 구체적으로 명시되어 있어야 하며, 상대방에게 그 중요한 내용을 사전에 충분히 설명하여 계약에 포함시키는 절차를 반드시 거쳐야 한다. 피고가 주장한 '청렴계약 및 공정거래 이행각서'는 10년의 거래제한조치에 대한 구체적인 내용을 포함하지 않았으므로, 이 조치를 계약의 내용으로 인정하기에는 부족하다. 또한, 이 사건 거래제한조치가 항고소송의 대상인 행정처분에 해당한다고 판단하였다. 나아가 행정청인 피고가 이미 공공기관운영법 제39조 제2항에 따라 2년의 입찰참가자격제한처분을 받은 원고에 대하여 다시 법률상 근거 없이 자신이 만든 행정규칙에 근거하여 공공기관운영법 제39조 제2항에서 정한 입찰참가자격제한처분의 상한인 2년을 훨씬 초과하여 10년간 거래제한조치를 추가로 하는 것은 제재처분의 상한을 규정한 공공기관운영법에 정면으로 반하는 것이어서 그 하자가 중대·명백하다.

4 사용허가신청불허가처분취소 청구의 소 (대판 2025.2.27. 2024두47890)

공법상 계약 체결에 따른 권리를 취득한 상대방이 그러한 권리의 실질적 보장을 위한 방법의 하나로 공법상 계약의 상대방 측인 행정청을 상대로 수익적 행정행위를 신청하였고 그러한 신청이 공법상 계약에 따른 권리·의무의 이행방식에 위배되는 것이 아니라면, 수익적 행정행위 형식으로 공법상 계약의 권리를 실현시키기 어려운 사정변경이 생겼거나 중대한 공익상의 필요가 발생한 경우와 같이 특별한 사정이 없는 이상, <u>행정청으로서는 수익적 행정행위에 관한 재량권을 공법상 계약에 반하지 않는 범위에서 행사해야 한다.</u>

19. 행정절차

1 중국전담여행사지정취소처분취소(대판 2020.12.24. 2018두45633)

1. 행정청이 행정절차법 제20조 제1항의 처분기준 사전공표 의무를 위반하여 미리 공표하지 아니한 기준을 적용하여 처분을 하였다는 사정만으로 해당 처분에 취소사유에 이를 정도의 흠이 존재하는지 여부(소극)

행정청이 행정절차법 제20조 제1항에 따라 정하여 공표한 처분기준은, 그것이 해당 처분의 근거법령에서 구체적 위임을 받아 제정·공포되었다는 특별한 사정이 없는 한, 원칙적으로 대외적 구속력이 없는 행정규칙에 해당한다. 처분이 적법한지는 행정규칙에 적합한지 여부가 아니라 상위법령의 규정과 입법 목적 등에 적합한지 여부에 따라 판단해야 한다. **처분이 행정규칙을 위반하였다고 하여 그러한 사정만으로 곧바로 위법하게 되는 것은 아니고, 처분이 행정규칙을 따른 것이라고 하여 적법성이 보장되는 것도 아니다.** 행정청이 미리 공표한 기준, 즉 행정규칙을 따랐는지 여부가 처분의 적법성을 판단하는 결정적인 지표가 되지 못하는 것과 마찬가지로, 행정청이 미리 공표하지 않은 기준을 적용하였는지 여부도 처분의 적법성을 판단하는 결정적인 지표가 될 수 없다.

2. 갱신 여부에 관하여 합리적인 기준에 의한 공정한 심사를 요구할 권리를 가지는지 여부(적극)

행정청이 관계 법령의 규정이나 자체적인 판단에 따라 처분상대방에게 특정한 권리나 이익 또는 지위 등을 부여한 후 일정한 기간마다 심사하여 갱신 여부를 판단하는 이른바 '갱신제'를 채택하여 운용하는 경우에는, 처분상대방은 합리적인 기준에 의한 공정한 심사를 받아 그 기준에 부합되면 특별한 사정이 없는 한 갱신되리라는 기대를 가지고 갱신 여부에 관하여 합리적인 기준에 의한 공정한 심사를 요구할 권리를 가진다.
사전에 공표한 심사기준 중 경미한 사항을 변경하거나 다소 불명확하고 추상적이었던 부분을 명확하게 하거나 구체화하는 정도를 뛰어넘어, 심사대상기간이 이미 경과하였거나 상당 부분 경과한 시점에서 처분상대방의 갱신 여부를 좌우할 정도로 중대하게 변경하는 것은 갱신제의 본질과 사전에 공표된 심사기준에 따라 공정한 심사가 이루어져야 한다는 요청에 정면으로 위배되는 것이므로, 갱신제 자체를 폐지하거나 갱신상대방의 수를 종전보다 대폭 감축할 수밖에 없도록 만드는 중대한 공익상 필요가 인정되거나 관계 법령이 제·개정되었다는 등의 특별한 사정이 없는 한, 허용되지 않는다.

3. **중국전담여행사지정취소의 위법여부**
피고가 전담여행사 지위 갱신 심사 도중 심사기준을 변경하여, 총점이 아닌 행정처분으로 6점 이상 감점을 받은 경우 갱신을 거부하도록 한 것은 종전 기준을 중대하게 변경한 것이다. 피고는 심사대상기간이 종료된 후에 기준을 변경하고 이를 적용해 원고의 전담여행사 지위를 취소하고 갱신을 거부하였다. 피고의 주장처럼 위반행위가 늘어 제재를 강화할 필요가 있다고 하더라도, 이는 기존 법령과 처분기준에 따라 제재를 강화할 사유일 뿐, 공표된 처분기준을 변경해 갱신을 거부할 중대한 공익상 필요로 보기는 어렵다. 사후적으로 변경된 기준에 따라 추가 제재를 가하는 것은 위반행위 시점의 법령과 기준을 따라야 한다는 원칙에 위배된다. 따라서 **피고의 행위는 처분기준 사전공표 제도의 입법취지와 적법절차 원칙에 반하여 위법하다고 본다.**

2 동의를 받지 않은 전자문서로 한 처분(대판 2024.5.9. 2023도3914).

전자문서법에 따르면, 휴대전화 문자메시지도 전자문서로 인정되며, 이에 따라 폐기물관리법 시행규칙에서 요구하는 서면의 범위에 포함된다. 그러나 행정청이 전자문서로 조치명령을 발송할 때는 구 행정절차법에 따라 당사자의 동의가 필요하다.

이번 사건에서는 화성시장이 2021년 9월 27일, **폐기물관리법에 따른 조치명령을 피고인에게 휴대전화 문자메시지로 전송했다.** 과거의 전자우편 송달 사례만으로 피고인이 문자메시지 송달에 동의했다고 볼 수는 없다. 따라서, 이 사건 조치명령은 당사자의 동의 없이 전자문서로 발송되었으므로 행정절차법을 위반한 하자가 있다. 행정절차법 제24조 제1항은 조치명령을 문서로 작성하고, 같은 법 제14조에서 정한 방법으로 상대방에게 송달해야만 효력이 발생한다고 규정한다. 따라서, **이 사건 조치명령이 구 행정절차법 제24조 제1항을 위반하여 문서가 아닌 방식으로 송달되었으므로, 피고인에게는 효력이 발생하지 않는다.**

3 우선협상대상자 지위배제 처분 취소(대판 2020.4.29. 2017두31064)

1. 우선협상대상자를 선정하는 행위와 이미 선정된 우선협상대상자를 그 지위에서 배제하는 행위가 항고소송의 대상이 되는 행정처분인지 여부(적극)

「공유재산 및 물품관리법」에 관련 법리를 종합하면, 지방자치단체의 장이 공유재산법에 근거하여 기부채납 및 사용·수익허가 방식으로 민간투자사업을 추진하는 과정에서 사업시행자를 지정하기 위한 전 단계에서 공모제안을 받아 일정한 심사를 거쳐 우선협상대상자를 선정하는 행위와 이미 선정된 우선협상대상자를 그 지위에서 배제하는 행위는 민간투자사업의 세부내용에 관한 협상을 거쳐 공유재산법에 따른 공유재산의 사용·수익허가를 우선적으로 부여받을 수 있는 지위를 설정하거나 또는 이미 설정한 지위를 박탈하는 조치이므로 모두 항고소송의 대상이 되는 행정처분으로 보아야 한다.

2. 우선협상대상자 지위를 박탈하는 처분을 하는 경우, 반드시 청문을 실시할 의무가 있는지 여부 (소극)

지방자치단체의 장이 민간투자사업에서 우선협상대상자 지위를 박탈하는 처분을 할 때, 반드시 청문을 실시할 의무가 있는 것은 아니다. 「행정절차법」 제21조와 제22조에 따르면, 행정청이 당사자에게 의무를 부과하거나 권익을 제한하는 처분을 할 경우에는 사전통지와 의견제출 기회를 제공해야 한다. 청문을 실시할 의무는 다른 법령에서 특별히 규정하고 있거나 행정청이 필요하다고 판단하는 경우에만 해당된다. 따라서, 이 사건에서는 청문을 실시하지 않아도 법적 요건을 충족한 것으로 볼 수 있다.

● 현행 행정절차법 제22 제1항에 따르면 신분박탈은 청문을 해야할 사항이다. 다만 현행법하에서도 제22조 제4항에 따라 청문을 생략하는 경우도 있다. 따라서 **지방자치단체의 장이 민간투자사업에서 우선협상대상자 지위를 박탈하는 처분을 할 때, 반드시 청문을 실시할 의무가 있는 것은 아니다는 여전히 옳다. 다만 판례에서** 청문을 실시할 의무는 다른 법령에서 특별히 규정하고 있거나 행정청이 필요하다고 판단하는 경우에만 해당된다고 하나 현행법에 따르면 옳지 않다.

* 행정절차법 제22조(의견청취) ① 행정청이 처분을 할 때 다음 각 호의 어느 하나에 해당하는 경우에는 **청문을 한다**. 〈개정 2022. 1. 11.〉
   1. 다른 법령등에서 청문을 하도록 규정하고 있는 경우
   2. 행정청이 필요하다고 인정하는 경우
   3. 다음 각 목의 처분을 하는 경우
      가. 인허가 등의 취소   나. **신분·자격의 박탈**   다. 법인이나 조합 등의 설립허가의 취소
   ④ 제1항부터 제3항까지의 규정에도 불구하고 제21조제4항 각 호의 어느 하나에 해당하는 경우와 당사자가 의견진술의 기회를 포기한다는 뜻을 명백히 표시한 경우에는 의견청취를 하지 아니할 수 있다.

3. 처분청이 수익적 처분을 취소 또는 철회하는 경우, 취소권 등 행사의 요건과 한계

처분청은 비록 처분 당시에 별다른 하자가 없었고, 또 처분 후에 이를 철회할 별도의 법적 근거가 없더라도 원래의 처분을 존속시킬 필요가 없게 된 사정변경이 생겼거나 또는 중대한 공익상의 필요가 발생한 경우에는 그 효력을 상실케 하는 별개의 처분으로 이를 철회할 수 있다. 다만 수익적 처분을 취소 또는 철회하는 경우에는 이미 부여된 국민의 기득권을 침해하는 것이 되므로, 비록 취소 등의 사유가 있더라도 취소권 등의 행사는 기득권의 침해를 정당화할 만한 중대한 공익상의 필요 또는 제3자의 이익보호의 필요가 있는 때에 한하여 상대방이 받는 불이익과 비교·형량하여 결정하여야 하고, 그 처분으로 인하여 공익상의 필요보다 상대방이 받게 되는 불이익 등이 막대한 경우에는 재량권의 한계를 일탈한 것으로서 허용되지 않는다(대판 2020.4.29. 2017두31064).

4 텔레비전방송수신료부과처분취소(대판 2023.9.21. 2023두39724)

1. 행정청이 침해적 행정처분을 하면서 행정절차법 제21조 내지 제23조에서 정한 사전 통지, 의견 청취, 이유 제시 절차를 거치지 않은 경우, 그 처분이 위법한지 여부(원칙적 적극)

행정청이 당사자에게 의무를 부과하거나 권익을 제한하는 처분을 할 때, 행정절차법 제21조 내지 제23조는 다음과 같은 절차를 요구한다

가. 사전 통지: 처분의 제목, 원인 사실과 내용, 법적 근거, 의견 제출 가능성 및 처리 방법, 의견제출기관의 명칭과 주소, 기한 등을 당사자에게 통지해야 한다(제21조 제1항).

나. 의견 청취: 다른 법령에서 청문이나 공청회를 필수적으로 규정하지 않은 경우에도, 당사자에게 의견 제출의 기회를 제공해야 한다(제22조 제3항).

다. 이유 제시: 처분 시, 원칙적으로 당사자에게 처분의 근거와 이유를 제시해야 한다(제23조 제1항).

따라서 이러한 절차를 준수하지 않으면, 침해적 행정처분은 원칙적으로 위법하며 취소될 수 있다.

2. 국가에 대해 행정처분을 할 때에도 사전 통지, 의견청취, 이유 제시와 관련한 행정절차법이 그대로 적용되는지 여부(적극)

행정절차법 제2조 제4호에 의하면, '당사자 등'이란 행정청의 처분에 대하여 직접 그 상대가 되는 당사자와 행정청이 직권 또는 신청에 의하여 행정절차에 참여하게 한 이해관계인을 의미하는데, 같은 법 제9조에서는 자연인, 법인, 법인 아닌 사단 또는 재단 외에 '다른 법령 등에 따라 권리·의무의 주체가 될 수 있는 자' 역시 '당사자 등'이 될 수 있다고 규정하고 있을 뿐, 국가를 '당사자 등'에서 제외하지 않고 있다. 또한 행정절차법 제3조 제2항에서 행정절차법이 적용되지 않는 사항을 열거하고 있는데, '국가를 상대로 하는 행정행위'는 그 예외사유에 해당하지 않는다.

위와 같은 행정절차법의 규정과 행정의 공정성·투명성 및 신뢰성 확보라는 행정절차법의 입법 취지 등을 고려해 보면, 행정기관의 처분에 의하여 불이익을 입게 되는 국가를 일반 국민과 달리 취급할 이유가 없다. 따라서 국가에 대해 행정처분을 할 때에도 사전 통지, 의견청, 이유 제시와 관련한 행정절차법이 그대로 적용된다고 보아야 한다.

3. '군 영내'에 있는 텔레비전수상기는 사용 목적과 관계없이 등록의무가 면제되는 수상기로서 텔레비전방송수신료를 부과할 수 없는지 여부(적극)

조세나 부과금 등의 부담금에 관한 법률의 해석에 관하여, 부과요건이거나 감면요건을 막론하고 특별한 사정이 없는 한 법문대로 해석해야 하고 합리적 이유 없이 확장해석하거나 유추해석하는 것은 허용되지 않는다. 이는 텔레비전수상기를 소지한 특정 집단에 대하여 부과되는 특별부담금인 텔레비전방송수신료의 부과 및 면제요건을 해석할 때에도 마찬가지이다.

방송법 제64조 단서에 의하면 대통령령으로 정하는 수상기에 대해서는 등록을 면제할 수 있고, 방송법 시행령 제39조 제10호는 '군 및 의무경찰대 영내에 갖추고 있는 수상기'를 등록이 면제되는 수상기로 정하고 있다. 그런데 위 시행령 제39조 각호에서는 등록이 면제되는 수상기를 제10호와 같이 수상기가 위치한 장소만을 요건으로 하는 경우와 제12호, 제13호와 같이 장소 외에 그 용도

까지 함께 요건으로 하는 경우를 구분하여 규율하는 방식을 하고 있다. 따라서 '군 영내'에 있는 수상기는 사용 목적과는 관계없이 등록의무가 면제되는 수상기로서 이에 대하여는 수신료를 부과할 수 없다.

> *방송법
> 제64조(텔레비전수상기의 등록과 수신료 납부) 텔레비전방송을 수신하기 위하여 텔레비전수상기를 소지한 자는 대통령령으로 정하는 바에 따라 공사에 그 수상기를 등록하고 텔레비전방송수신료를 납부하여야 한다. 다만, 대통령령으로 정하는 수상기에 대하여는 그 등록을 면제하거나 수신료의 전부 또는 일부를 감면할 수 있다

> 방송법 시행령 제39조(등록이 면제되는 수상기) 법 제64조 단서에 따라 등록이 면제되는 수상기는 다음 각 호와 같다.
> 10. <u>**군 및 의무경찰대 영내에 갖추고 있는 수상기**</u>
> 11. <u>교도소의 수용자 또는 소년원 원생의 시청을 위해 갖추고 있는 수상기</u>
> 12. 한센병자치료보호시설에 한센병환자를 위해 갖추고 있는 수상기
> 13. 「초·중등교육법」 제2조 및 「고등교육법」 제2조에 따른 학교의 교실 또는 시청각실에 교육목적으로 갖추고 있는 수상기
> 14. 「영유아보육법」에 따른 어린이집의 영유아를 위해 갖추고 있는 수상기
> 15. 노인의 후생복지를 위해 경로당 등에 갖추고 있는 수상기
> 16. 「사회복지사업법」에 따른 사회복지시설 중 무료시설의 수용자 및 이용자를 위해 해당 시설에서 갖추고 있는 수상기

5 건강보험약제선별급여적용고시취소청구(대판 2025.3.13. 2024두45788)

1. 구 국민건강보험법 제41조의4에서 정한 선별급여가 같은 법 제41조 제3항에서 보건복지부령에 위임한다고 말하는 요양급여에 포함되는지 여부(적극) / 보건복지부고시 '요양급여의 적용기준 및 방법에 관한 세부사항'이 상위법령의 위임 및 근거에 따라 고시된 것인지 여부(적극)

구 국민건강보험법 제41조 제3항에서는 요양급여의 방법·절차·범위·상한 등의 기준은 보건복지부령으로 정한다고 규정하고, 그 위임을 받은 구 국민건강보험 요양급여의 기준에 관한 규칙 제5조 제2항에서는 요양급여의 적용기준 및 방법에 관한 세부사항은 의약계·공단 및 건강보험심사평가원의 의견을 들어 보건복지부장관이 정하여 고시한다고 규정하고 있다. 이에 따라 보건복지부장관은 요양급여대상인 약제와 그 약제의 급여 상한금액에 관하여는 '약제 급여 목록 및 급여 상한금액표'를 고시하여 결정하고, 이와 같이 요양급여대상으로 결정·고시된 약제에 대한 요양급여가 어떠한 기준과 방법, 범위 내에서 지급되는지 등에 관한 세부사항에 관하여는 '요양급여의 적용기준 및 방법에 관한 세부사항'을 고시하여 결정한다.

한편 구 국민건강보험법 제41조의4 제1항에서는 요양급여를 결정하는 데에 경제성 또는 치료효과성 등이 불확실하여 그 검증을 위하여 추가적인 근거가 필요하거나 경제성이 낮아도 가입자와 피부양자의 건강회복에 잠재적 이익이 있는 등 대통령령으로 정하는 경우에는 예비적인 요양급여인 선별급여로 지정하여 실시할 수 있다고 규정한다. 그리고 구 '선별급여 지정 및 실시 등에 관한 기준'(2020. 8. 12. 보건복지부고시 제2020-172호로 개정되기 전의 것, 이하 '구 선별급여지정기준'이라 한다) 제3조 제2항에서는 선별급여로 지정된 항목 및 본인부담률은 [별표 2]와 같고, 다만 앞서 본 '요양급여적용기준'에서 급여대상 이외 선별급여를 별도로 정하여 실시하는 경우는 해당 항목의 세부인정사항에 따른다고 규정한다. 그리하여 보건복지부장관은 선별급여의 대상 및 본인부담률을 '구 선별급여지정기준'에서 정하거나 혹은 '요양급여적용기준'에서 별도로 정하여 고시함으로써 이를 실시할 수 있다.

이러한 관련 규정의 내용과 체계, 선별급여제도의 도입배경 및 입법 취지 등을 종합하면, 선별급여는 구 국민건강보험법 제41조 제3항에서 말하는 요양급여에 포함되는 것으로서, 요양급여적용기준은 위와 같은 규정 등을 포함한 상위법령의 위임 및 근거에 따라 고시된 것이다.

2. 요양급여대상을 선별급여대상으로 변경한 보건복지부고시 '요양급여의 적용기준 및 방법에 관한 세부사항'에 요양급여대상 약제를 비급여대상 약제로 변경할 때 적용되는 구 국민건강보험 요양급여의 기준에 관한 규칙 제13조 제4항 제9호, 제5항 제4호의 절차가 적용되는지 여부(소극)

구 국민건강보험법(2023. 5. 19. 법률 제19420호로 개정되기 전의 것) 제41조의4 제1항에서는 선별급여를 '예비적인 요양급여'라고 하여 요양급여의 일종으로 규정하고 있다. 그 결과 요양급여대상 약제를 선별급여대상 약제로 변경하더라도 요양급여대상 약제가 결정·고시되는 '약제 급여 목록 및 급여 상한금액표'에 여전히 요양급여대상 약제로서 등재가 유지되고, 국민건강보험공단의 보험재정에서 그 약제비용의 일부가 지출된다.

이러한 사정에 비추어 보면 요양급여대상인 약제를 선별급여대상으로 변경하는 것을 두고 요양급여대상을 비급여대상으로 변경한 것이라고 할 수는 없다. 따라서 요양급여대상을 선별급여대상으로 변경한 '요양급여의 적용기준 및 방법에 관한 세부사항'에 요양급여대상 약제를 비급여대상 약제로 변경할 때 적용되는 구 국민건강보험 요양급여의 기준에 관한 규칙 제13조 제4항 제9호, 제5항 제4호의 절차가 적용된다고 볼 수는 없다.

3. 구 국민건강보험법상 요양급여대상인 약제를 선별급여대상으로 변경할 경우, 행정절차법에 따른 처분의 사전통지나 의견제출의 기회를 주어야 하는지 여부(소극)

보건복지부고시 '요양급여의 적용기준 및 방법에 관한 세부사항'이 있을 당시 구 국민건강보험법 등 관련 규정에서는 요양급여대상인 약제를 선별급여대상으로 변경할 경우 거쳐야 할 절차에 관하여 아무런 규정을 두고 있지 않다. 그런데 '고시'의 방법으로 불특정 다수인을 상대로 의무를 부과하거나 권익을 제한하는 처분은 성질상 처분의 사전통지나 의견제출의 기회를 주어야 하는 **상대방을 특정할 수 없으므로**, 이와 같은 처분에서까지 상대방에게 행정절차법에 따른 처분의 사전통지나 의견제출의 기회를 주어야 하는 것은 아니다.

4. 구 국민건강보험법상 선별급여 항목 및 본인부담률을 결정할 때 기준이 되는 약제의 임상적 유용성, 대체가능성 등에 관한 행정청의 판단은 존중되어야 하는지 여부(원칙적 적극)

구 '선별급여 지정 및 실시 등에 관한 기준' 제3조 제1항 제3호에 따르면, 약제의 선별급여 항목 및 본인부담률은 임상적 유용성, 대체가능성 등을 종합적으로 평가하여 결정하되, 그 평가기준은 [별표 1]에서 구체적으로 정하고 있다.

선별급여 항목 및 본인부담률을 결정할 때의 기준이 되는 약제의 임상적 유용성, 대체가능성 등에 관한 판단에는 고도의 의료·보건상의 전문성이 필요하므로, 행정청이 국민의 건강을 보호·증진하고, 국민건강보험재정의 건전성을 유지하고자 하는 목적에서 국민건강보험법의 위임에 따른 구 선별급여지정기준이 정하는 바에 따라 전문적인 판단을 하였다면, 그 판단은 기초가 된 사실인정에 중대한 오류가 있거나 판단이 객관적으로 불합리하거나 부당하다는 등의 특별한 사정이 없는 한 존중되어야 한다.

6 구 사립학교법의 목적, 구 사립학교법 제54조 제3항, 제66조의2에 따른 관할청의 징계요구, 임용권자의 사전통보 및 관할청의 재심의 요구의 내용과 취지 등 여러 사정을 종합하면, 임용권자의 관할청에 대한 징계의결 내용 사전통보 의무를 규정한 구 사립학교법 제66조의2 제1항은 단순한 훈시규정이 아니므로, 임용권자가 이 조항을 위반하여 관할청에 징계의결 내용을 통보하지 아니한 채 행한 징계처분에는 구 사립학교법에서 정한 징계절차를 위반한 하자가 있다.

한편 구 사립학교법 제66조의2 제1항은 임용권자의 관할청에 대한 징계의결 내용 통보 및 관할청의 재심의 요구가 그 징계처분을 하기 '전'에 이루어지도록 규정하고 있다. 그러나 임용권자가 구 사립학교법 제66조의2 제1항에 따른 징계의결 내용 사전통보 의무를 위반하여 **징계처분을 한 후에 관할청에 징계의결 내용을 사후적으로 통보한 경우**에는 관할청 역시 징계처분 이후라고 하더라도 재심의 요구를 할 수 있다. 이 경우 임용권자는 구 사립학교법 제66조의2 제3항에 따라 해당 교원징계위원회에 재심의를 요구하여, 그 결과를 관할청에 통보할 의무가 있다.

이처럼 임용권자가 사전통보 의무를 위반한 채 징계처분을 한 후에 관할청에 징계의결 내용을 사후적으로 통보하고 관할청이 사후적으로 재심의 요구를 함에 따라 교원징계위원회에서 선행 징계처분과 다른 내용의 징계의결을 하였을 경우, 선행 징계처분의 처리 및 재심의 요구에 따른 후행 징계의결에 기초한 징계처분의 효력이 문제 된다. 이때 임용권자는 선행 징계처분에 구 사립학교법 제66조의2 제1항에 따른 징계절차의 잘못이 있음을 들어 스스로 그 징계처분을 취소하고, 새로운 후행 징계처분을 할 수 있고, 선행 징계처분이 확정되어 그 집행이 종료되었다는 사정만으로 달리 볼 것은 아니다. 이처럼 선행 징계처분을 취소하면 선행 징계처분은 소급하여 효력을 잃게 되므로, **선행 징계처분과 동일한 징계혐의사실에 대해 내려진 후행 징계처분이 이중징계라고 할 수 없다.**

20. 개인정보보호와 정보공개

1️⃣ 정보의 공개에 관하여는 다른 법률에 특별한 규정이 있는 경우를 제외하고는 이 법에서 정하는 바에 따른다고 규정한 공공기관의 정보공개에 관한 법률 제4조 제1항

1. 형사재판확정기록의 공개에 관하여 '공공기관의 정보공개에 관한 법률'에 의한 공개청구가 허용되는지 여부(소극) / 형사재판확정기록의 열람·등사신청 거부나 제한 등에 대한 불복 방법(=준항고) 및 불기소처분으로 종결된 기록의 정보공개청구 거부나 제한 등에 대한 불복 방법(=항고소송)

형사소송법 제59조의2의 내용과 취지 등을 고려하면, **형사소송법 제59조의2는** 재판이 확정된 사건의 소송기록, 즉 <u>형사재판확정기록의 공개 여부나 공개 범위, 불복절차 등에 관하여 공공기관의 정보공개에 관한 법률과 달리 규정하고 있는 것으로 정보공개법 제4조 제1항에서 정한 '정보의 공개에 관하여 다른 법률에 특별한 규정이 있는 경우'에 해당한다. 따라서 형사재판확정기록의 공개에 관하여는 정보공개법에 의한 공개청구가 허용되지 않는다.</u> 따라서 형사재판확정기록에 관해서는 형사소송법 제59조의2에 따른 열람·등사신청이 허용되고 그 거부나 제한 등에 대한 불복은 준항고에 의하며, **형사재판확정기록이 아닌 불기소처분으로 종결된 기록에 관해서는 정보공개법에 따른 정보공개청구가 허용되고 그 거부나 제한 등에 대한 불복은 항고소송절차에 의한다**(대결 2022.2.11. 2021모3175).

2. 군검사가 공소제기된 사건과 관련하여 보관하고 있는 서류 또는 물건에 관하여 공공기관의 정보공개에 관한 법률에 의한 정보공개청구가 허용되는지 여부(소극)

군사법원법 제309조의3 제1항, 제2항, 제309조의4 제1항, 제2항, 제309조의16 제1항, 제2항의 내용·취지 등을 고려하면, 군사법원법 제309조의3은 군검사가 공소제기된 사건과 관련하여 보관하고 있는 서류 또는 물건의 공개 여부나 공개 범위, 불복절차 등에 관하여 공공기관의 정보공개에 관한 법률과 달리 규정하고 있는 것으로 볼 수 있다. 결국 정보공개법 제4조 제1항에서 정한 '정보의 공개에 관하여 다른 법률에 특별한 규정이 있는 경우'에 해당한다. 따라서 군검사가 공소제기된 사건과 관련하여 보관하고 있는 서류 또는 물건에 관하여는 피고인이나 변호인의 정보공개법에 의한 정보공개청구가 허용되지 아니한다(대판 2024.5.30. 2022두65559).

3. 문서의 제출을 거부할 수 있는 예외사유로서 민사소송법 제344조 제2항에서 정한 '공무원 또는 공무원이었던 사람이 그 직무와 관련하여 보관하거나 가지고 있는 문서'의 의미(=국가기관이 보유·관리하는 공문서) 및 이러한 공문서의 공개는 공공기관의 정보공개에 관한 법률에서 정한 절차와 방법으로 하여야 하는지 여부(적극) / 금융감독원 직원이 직무상 작성하여 관리하고 있는 문서가 이에 준하여 공개 여부가 결정되어야 하는지 여부(적극) 및 문서의 소지자는 그 제출을 거부할 수 있는지 여부(적극)

민사소송법 제344조 제2항은 같은 조 제1항에서 정한 문서에 해당하지 아니한 문서라도 문서의 소지자는 원칙적으로 그 제출을 거부하지 못하나, 다만 '공무원 또는 공무원이었던 사람이 그 직무와 관련하여 보관하거나 가지고 있는 문서'는 예외적으로 제출을 거부할 수 있다고 규정하고 있다. 여기서 말하는 '공무원 또는 공무원이었던 사람이 그 직무와 관련하여 보관하거나 가지고 있는 문서'란 국가기관이 보유·관리하는 공문서를 의미하고, 이러한 공문서의 공개는 공공기관의 정보공개에 관한 법률에서 정한 절차와 방법으로 하여야 할 것이다.

한편 금융감독원은 금융위원회나 증권선물위원회의 지도·감독을 받아 금융기관에 대한 검사·감독 업무 등을 수행하기 위하여 금융위원회의 설치 등에 관한 법률에 의하여 설립된 무자본 특수법인으로 중앙행정기관인 금융위원회 등의 권한을 위탁받아 자본시장의 관리·감독 및 감시 등에 관한 사항에 대한 업무를 처리할 수 있다. 또한 정보공개법 제2조 제3호 (마)목, 공공기관의 정보공개에 관한 법률 시행령 제2조 제4호에 의하면, 금융감독원은 특별법에 따라 설립된 특수법인으로서 정보공개법에서 정한 공공기관에 해당하고, 금융감독원이 직무상 작성 또는 취득하여 관리하고 있는 문서에 대하여는 정보공개법이 적용된다.

따라서 금융감독원 직원이 직무상 작성하여 관리하고 있는 문서는 민사소송법 제344조 제2항이 적용되는 문서 중 예외적으로 제출을 거부할 수 있는 '공무원 또는 공무원이었던 사람이 그 직무와 관련하여 보관하거나 가지고 있는 문서'에 준하여 **정보공개법에서 정한 절차와 방법에 의하여 공개 여부가 결정될 필요가 있고, 문서의 소지자는 그 제출을 거부할 수 있다고 할 것이다**(대결 2024.8.29. 자2024무677).

2 변호사시험성적 공개 (대판 2021.11.11. 2015두53770)

1. 공공기관이 보유·관리하고 있는 개인정보의 공개에 관하여는 구 공공기관의 정보공개에 관한 법률 제9조 제1항 제6호가 개인정보 보호법에 우선하여 적용되는지 여부(적극)

정보공개법과 개인정보 보호법의 각 입법 목적과 규정 내용, 구 정보공개법 제9조 제1항 제6호의 문언과 취지 등에 비추어 보면, 구 정보공개법 제9조 제1항 제6호는 공공기관이 보유·관리하고 있는 개인정보의 공개 과정에서의 개인정보를 보호하기 위한 규정으로서 **개인정보 보호법 제6조에서 말하는 '개인정보 보호에 관하여 다른 법률에 특별한 규정이 있는 경우'에 해당한다**. 따라서 공공기관이 보유·관리하고 있는 개인정보의 공개에 관하여는 구 정보공개법 제9조 제1항 제6호가 개인정보 보호법에 우선하여 적용된다.

2. 제3회 변호사시험 합격자 성명이 공개될 경우 그 합격자들의 사생활의 비밀 또는 자유를 침해할 우려가 있다고 하더라도 그 비공개로 인하여 보호되는 사생활의 비밀 등 이익보다 공개로 인하여 달성되는 공익 등 공개의 필요성이 더 크므로 이 사건 정보는 개인정보 보호법 제18조 제1항에 의하여 공개가 금지된 정보에 해당하지 아니하고 구 정보공개법 제9조 제1항

제6호 단서 (다)목에 따라서 공개함이 타당하다.

* 헌재 2015.6.25. 2011헌마76 변호사시험 성적 비공개를 규정한 변호사시험법 제18조 제1항 위헌결정으로 변호사시험법이 개정되어 변호사시험 성적을 공개하고 있다.

3 일본군과 관헌에 의한 위안부 강제연행의 존부 및 사실인정 문제에 대해 협의한 협상 관련 외교부장관 생산 문서 비공개 처분취소의 소(대판 2023.6.1. 2021두41324)

갑이 외교부장관에게 '2015. 12. 28. 일본군위안부 피해자 합의와 관련하여 한일 외교장관 공동발표문의 문안을 도출하기 위하여 진행한 협의 협상에서 일본군과 관헌에 의한 위안부 강제연행의 존부 및 사실인정 문제에 대해 협의한 협상 관련 외교부장관 생산 문서'에 대한 공개를 청구하였으나, 외교부장관이 갑에게 '공개 청구 정보가 공공기관의 정보공개에 관한 법률 제9조 제1항 제2호에 해당한다.'는 이유로 비공개 결정을 한 사안에서, 12·28 일본군위안부 피해자 합의와 관련된 협의가 비공개로 진행되었고, 대한민국과 일본 모두 그 협의 관련 문서를 비공개문서로 분류하여 취급하고 있는데 우리나라가 그 협의 내용을 일방적으로 공개할 경우 우리나라와 일본 사이에 쌓아온 외교적 신뢰관계에 심각한 타격이 있을 수 있는 점, 이에 따라 향후 일본은 물론 다른 나라와 협상을 진행하는 데에도 큰 어려움이 발생할 수 있는 점, 12·28 일본군위안부 피해자 합의에 사용된 표현이 다소 추상적이고 모호하기는 하나 이는 협상 과정에서 양국이 나름의 숙고와 조율을 거쳐 채택된 표현으로서 그 정확한 의미에 대한 해석이 요구된다기보다 오히려 표현된 대로 이해하는 것이 적절한 점 등을 종합하여, 위 합의를 위한 협상 과정에서 일본군과 관헌에 의한 위안부 '강제연행'의 존부 및 사실인정 문제에 대해 협의한 정보를 공개하지 않은 처분이 적법하다.

4 견책의 징계처분을 받은 갑이 사단장에게 징계위원회에 참여한 징계위원의 성명과 직위에 대한 정보공개청구를 하였으나 위 정보가 공공기관의 정보공개에 관한 법률 제9조 제1항 제1호, 제2호, 제5호, 제6호에 해당한다는 이유로 공개를 거부한 사안에서, 징계처분 취소사건에서 갑의 청구를 기각하는 판결이 확정되었더라도, 갑으로서는 여전히 정보공개거부처분의 취소를 구할 법률상 이익이 있다(대판 2022.5.26. 2022두33439).

5 청구인이 공공기관의 비공개 결정 또는 부분 공개 결정에 대한 이의신청을 하여 공공기관으로부터 이의신청에 대한 결과를 통지받은 후 취소소송을 제기하는 경우, 제소기간의 기산점(=이의신청에 대한 결과를 통지받은 날)

공공기관의 정보공개에 관한 법률 제18조 제1항, 제3항, 제4항, 제20조 제1항, 행정소송법 제20조 제1항의 규정 내용과 그 취지 등을 종합하여 보면, 청구인이 공공기관의 비공개 결정 또는 부분 공개 결정에 대한 이의신청을 하여 공공기관으로부터 이의신청에 대한 결과를 통지받은 후 취소소송을 제기하는 경우 그 제소기간은 **이의신청에 대한 결과를 통지받은 날부터** 기산한다고 봄이 타당하다(대판 2023.7.27. 2022두52980).

> * 행정기본법 제36조(처분에 대한 이의신청) ④ 이의신청에 대한 결과를 통지받은 후 행정심판 또는 행정소송을 제기하려는 자는 **그 결과를 통지받은 날**(제2항에 따른 통지기간 내에 결과를 통지받지 못한 경우에는 같은 항에 따른 통지기간이 만료되는 날의 다음 날을 말한다)부터 **90일 이내에 행정심판 또는 행정소송을 제기**할 수 있다.

6 정보 비공개 처분 취소(대판 2025.1.9. 2019두35763)

1. 대통령기록물 관리에 관한 법률 제17조에 따라 대통령지정기록물을 지정하고 이에 대하여 보호기간을 정한 대통령 행위의 효력 유무에 대한 사법심사가 대통령기록물 관리에 관한 법률에 의해 배제되는지 여부(소극)

대통령지정기록물을 지정하고 이에 대하여 보호기간을 정한 대통령의 행위(이하 '보호기간 설정행위'라 한다)가 현저히 불합리하다고 볼 만한 명백한 사정이 없는 한, 법원으로서는 원칙적으로 그 결정을 최대한 존중함으로써 보호기간 설정행위의 효력이 사후에 함부로 부정되지 않도록 하는 것이 바람직하다. 그러나 대통령지정기록물 보호기간 제도의 취지가 퇴임 후의 정쟁 등을 미연에 방지하기 위해 일정기간 공개를 제한하는 것이라고 하더라도, 대통령의 보호기간 설정행위는 대통령기록물법에서 정한 절차와 요건을 준수해야만 비로소 적법하게 효력을 갖게 되는 것이므로, <u>보호기간 설정행위의 효력 유무에 대한 사법심사가 대통령기록물법에 의해 배제된다고 볼 수는 없다.</u>

2. 정보공개 거부처분을 다투는 항고소송에서 해당 정보를 대통령지정기록물로 지정하고 보호기간을 정한 행위의 적법성을 심사하기 위해 공공기관의 정보공개에 관한 법률 제20조 제2항에 따라 비공개 열람·심사가 이루어지는 경우, 행정청이 대통령기록물 관리에 관한 법률 제17조 제4항을 근거로 자료제출을 거부할 수 있는지 여부(소극) / 이때 법원이 비공개 열람·심사를 진행하기 위한 전제 및 취해야 할 조치

대통령기록물 관리에 관한 법률(이하 '대통령기록물법'이라 한다) 제17조 제4항은 보호기간이 정해진 대통령지정기록물의 경우 보호기간 동안 다른 법률에 따른 자료제출의 요구 대상에 포함되지 않는다고 규정하고 있다. 그러나 대통령이 특정 정보를 대통령지정기록물로 지정하여 보호기간을 정한 행위(이하 '보호기간 설정행위'라 한다)에 대한 사법심사 과정에서 적법성을 의심할 만한 상당한 이유가 있음에도 행정청이 법원에 대하여 <u>그 정보의 제출을 거부할 수 있다고 한다면, 보호기간 설정행위의 적법성에 관한 실질적인 재판이 이루어질 수 없어 헌법 제27조 제1항이 보장한 국민의 재판청구권이 침해될 수 있다.</u> 더구나 법원이 공공기관의 정보공개에 관한 법률 제20조 제2항에 따라 보호기간이 정해진 대통령지정기록물을 비공개로 열람·심사할 경우 대통령지정기록물이 공개됨으로써 초래되는 외교적·정치적 혼란을 피할 수 있으므로 법원의 심사과정에서 공익에 대한 위해가 발생한다고 보기도 어렵다.

따라서 정보공개 거부처분을 다투는 항고소송에서, 해당 정보를 대통령지정기록물로 지정하고 보호기간을 정한 행위의 적법성을 심사하기 위해 정보공개법 제20조 제2항에 따라 비공개 열람·심사가 이루어지는 경우에는 행정청이 대통령기록물법 제17조 제4항을 근거로 자료제출을 거부할 수 없다고 해석하는 것이 헌법을 최고법규로 하는 통일적인 법질서의 형성을 위한 합헌적 법률해석의 원칙에 부합한다.

다만 보호기간 중에 있는 대통령지정기록물의 열람 및 제출을 엄격히 제한하는 대통령기록물법 제17조 제4항의 취지를 고려할 때, 법원으로서는 우선 피고로 하여금 다툼의 대상이 되는 정보의 유형, 해당 정보를 대통령지정기록물로 보아 보호기간을 정한 절차 및 실질적인 이유, 이를 공개하지 않는 사유, 동종의 정보에 대하여 보호기간을 정한 사례의 유무 등의 간접사실에 의하여 해당 정보에 적법하게 보호기간이 정해졌는지를 증명하도록 하여야 한다. 법원은 피고가 제출한 간접사실만으로 증명이 충분하지 않아 보호기간을 정한 행위의 적법성을 의심할 만한 상당한 이유가 있는 때에 비로소 정보공개법 제20조 제2항에 따라 피고로 하여금 다툼의 대상이 된 정보를 제출하도록 하여 비공개 열람·심사를 진행할 수 있다.

21. 행정형벌

1 통고처분

통고처분제도의 입법 취지를 고려하면, 경범죄 처벌법상 범칙금제도는 범칙행위에 대하여 형사절차에 앞서 경찰서장의 통고처분에 따라 범칙금을 납부할 경우 이를 납부하는 사람에 대하여는 기소를 하지 않는 처벌의 특례를 마련해 둔 것으로 법원의 재판절차와는 제도적 취지와 법적 성질에서 차이가 있다. 또한 범칙자가 통고처분을 불이행하였더라도 기소독점주의의 예외를 인정하여 경찰서장의 즉결심판청구를 통하여 공판절차를 거치지 않고 사건을 간이하고 신속·적정하게 처리함으로써 소송경제를 도모하되, 즉결심판 선고 전까지 범칙금을 납부하면 형사처벌을 면할 수 있도록 함으로써 범칙자에 대하여 형사소추와 형사처벌을 면제받을 기회를 부여하고 있다. 따라서 경찰서장이 범칙행위에 대하여 통고처분을 한 이상, 범칙자의 위와 같은 절차적 지위를 보장하기 위하여 통고처분에서 정한 범칙금 납부기간까지는 원칙적으로 경찰서장은 즉결심판을 청구할 수 없고, 검사도 동일한 범칙행위에 대하여 공소를 제기할 수 없다. 또한 범칙자가 범칙금 납부기간이 지나도록 범칙금을 납부하지 아니하였다면 경찰서장이 즉결심판을 청구하여야 하고, 검사는 동일한 범칙행위에 대하여 공소를 제기할 수 없다(대판 2021.4.1. 2020도15194).

22. 행정상 즉시강제

1 경찰관 직무집행법 제6조의 의미

구 경찰관 직무집행법 제6조 제1항은 "경찰관은 범죄행위가 목전에 행하여지려고 하고 있다고 인정될 때에는 이를 예방하기 위하여 관계인에게 필요한 경고를 발하고, 그 행위로 인하여 인명·신체에 위해를 미치거나 재산에 중대한 손해를 끼칠 우려가 있어 긴급을 요하는 경우에는 그 행위를 제지할 수 있다."라고 정하고 있다. 위 조항 중 경찰관의 제지에 관한 부분은 범죄의 예방을 위한 경찰 행정상 즉시강제, 즉 눈앞의 급박한 경찰상 장해를 제거해야 할 필요가 있고 의무를 명할 시간적 여유가 없거나 의무를 명하는 방법으로는 그 목적을 달성하기 어려운 상황에서 의무불이행을 전제로 하지 않고 경찰이 직접 실력을 행사하여 경찰상 필요한 상태를 실현하는 권력적 사실행위에 관한 근거조항이다(대판 2021.10.28. 2017다219218).

23. 과징금

1 원수급자인 갑 주식회사가 수급사업자인 을 주식회사의 기술자료를 제3자에게 제공한 행위와 수급사업자인 병 주식회사의 기술자료를 제3자에게 제공한 행위에 대하여 공정거래위원회가 갑 회사에 과징금 납부명령을 한 사안에서, 을 회사 기술자료 유용행위와 병 회사 기술자료 유용행위는 모두 기술자료 유용행위라는 동일한 위반행위 유형에 해당하므로 위 각 행위에 대하여 각각 따로 과징금을 산정해야 할 것은 아니라고 한 사례(대판 2022.9.16. 2020두47021)

하도급거래 공정화에 관한 법령은 위반행위별 과징금의 상한만을 정하면서 위반행위별 '과징금 산정기준'은 공정거래위원회가 위반행위의 횟수, 피해수급자의 수 등을 고려하여 합리적인 재량에 따라 정할 수 있도록 규정하고 있으므로 위반행위 유형별로 하나의 과징금을 산정해야 하므로 을 회사 기술자료 유용행위와 병 회사 기술자료 유용행위는 모두 기술자료 유용행위라는 동일한 위반행위 유형에 해당하므로 위 각 행위에 대하여 각각 따로 과징금을 산정해야 할 것은 아니다.

2 분할하는 회사의 분할 전 하도급거래 공정화에 관한 법률 위반행위를 이유로 신설회사에 대하여 같은 법 제25조 제1항에 따른 시정조치를 명할 수 있는지 여부(원칙적 소극)(대판 2023.6.15. 2021두55159)

회사 분할 시 특별한 규정이 없는 한 신설회사에 대하여 분할하는 회사의 분할 전 하도급거래 공정화에 관한 법률위반행위를 이유로 하도급법 제25조 제1항에 따른 시정조치를 명하는 것은 허용되지 않는다. 구체적인 이유는 아래와 같다.

1. 관련법리
대법원은 2007. 11. 29. 선고 2006두18928 판결에서 **법률 규정이 없는 이상** 분할하는 회사의 분할 전 독점규제 및 공정거래에 관한 법률위반행위를 이유로 신설회사에 대하여 과징금을 부과하는 것은 허용되지 않는다고 판시하였다.
공정거래법에 따른 과징금 부과처분과 하도급법 제25조 제1항에 따른 시정조치명령 모두 해당 법 규정을 위반한 사업자를 처분 상대방으로 하는 점, 회사분할 전에 공정거래법 위반이나 하도급법 위반이 있는 경우 시정조치의 제재사유는 이미 발생하였고 **신설회사로서는** 제재사유를 제거할 수 있는 지위에 있지 않은 점을 고려하면 제재사유 승계에 관한 특별한 규정이 없음에도 법 위반사유에 대한 처분의 선택에 따라 제재사유의 승계된다고 할 수 없다.

2. 하도급법 위반을 이유로 한 신설회사에 대한 시정조치의 위법여부

현행 공정거래법은 분할하는 회사의 분할 전 공정거래법 위반행위를 이유로 신설회사에 과징금 부과 또는 시정조치를 할 수 있도록 규정을 신설하였다. 현행 하도급법은 과징금 부과처분에 관하여는 신설회사에 제재사유를 승계시키는 공정거래법 규정을 준용하고 있으나 시정조치에 관하여는 이러한 규정을 두고 있지 않다. 이와 같이 공정거래법과 하도급법이 회사분할 전 법 위반행위에 관하여 신설회사에 과징금 부과 또는 시정조치의 제재사유를 승계시킬 수 있는 경우를 따로 규정하고 있는 이상, 그와 같은 규정을 두고 있지 아니하는 사안, 즉 회사분할 전 법 위반행위에 관하여 신설회사에 시정조치의 제재사유가 승계되는지가 쟁점이 되는 사안에서는 이를 소극적으로 보는 것이 자연스럽다.

- 공정거래법 개정과 하도급법으로 인해 신설회사에 대해 과징금부과는 가능하나 하도급법에 공정거래법상 시정조치에 대한 준용규정을 두고 있지 않아 시정조치할 수 없다.

3 개인정보가 유출된 경우 과징금(대판 2023.10.12. 2022두68923)

1. 과징금 부과를 위한 관련 매출액을 산정할 때 '위반행위로 인하여 직접 또는 간접적으로 영향을 받는 서비스'의 범위를 판단하는 기준

과징금은 위반행위에 대한 제재의 성격과 함께 위반행위에 따르는 불법적인 경제적 이익을 박탈하기 위한 부당이득 환수로서의 성격도 가지고, 이는 구 정보통신망 이용촉진 및 정보보호 등에 관한 법률 제64조의3 제1항 각호에서 정한 행위에 대하여 부과하는 과징금의 경우도 마찬가지이다.

그런데 이용자의 개인정보가 유출된 경우 정보통신서비스 제공자가 개인정보 보호조치를 취하지 않음으로 인해 매출액이 증대되는 경우를 상정하기 어렵다. 구 개인정보보호 법규 위반에 대한 과징금 부과기준 제4조 제2항 또한 위반행위로 인하여 직접 또는 간접적으로 영향을 받는 서비스의 범위를 판단할 때 서비스 가입방법, 개인정보 데이터베이스 관리 조직·인력 및 시스템 운영 방식 등을 고려하도록 하고 있는바, 위 요소들은 위반행위로 인하여 취득한 이익의 규모와 직접적인 관련이 없다.

2. 구 정보통신망 이용촉진 및 정보보호 등에 관한 법률 제64조의3 제1항에 따라 개인정보 보호조치 의무 위반에 대해 부과되는 과징금의 액수를 정할 때 고려할 사항

해당 법률 조항은 과징금이 위법행위로 얻은 불법적 경제적 이익을 환수하는 것과 동시에 제재의 성격을 가짐을 규정하고, 위반행위의 내용과 정도, 기간, 횟수, 취득한 이익의 규모 등을 고려해 과징금을 부과하도록 명시하고 있다. 과징금의 액수는 위반행위의 원인과 유형, 유출된 개인정보의 규모, 방지 조치 이행 정도 등을 종합적으로 고려해 정해야 하며, 과도한 과징금은 재량권을 남용한 것으로 판단될 수 있다.

4 화물자동차 운수사업법 제21조 제2항의 위임에 따라 사업정지처분을 갈음하여 과징금을 부과할 수 있는 위반행위의 종류와 과징금의 금액을 정한 구 화물자동차 운수사업법 시행령 제7조 제1항 [별표 2] '과징금을 부과하는 위반행위의 종류와 과징금의 금액'에 열거되지 않은 위반행위의 종류에 대해서 사업정지처분을 갈음하여 과징금을 부과할 수 있는지 여부(소극)

화물자동차 운송사업자가 화물자동차 운수사업법 제19조 제1항 각호에서 정한 사업정지처분사유에 해당하는 위반행위를 한 경우에는 화물자동차법 제19조 제1항에 따라 사업정지처분을 하는 것이 원칙이다. 다만 입법자는 화물자동차 운송사업자에 대하여 사업정지처분을 하는 것이 운송사업의 이용자에게 불편을 주거나 그 밖에 공익을 해칠 우려가 있으면 대통령령으로 정하는 바에 따라 사업정지처분을 갈음하여 과징금을 부과할 수 있도록 허용하고 있다. 이처럼 입법자는 대통령령에 단순히 '과징금의 산정기준'을 구체화하는 임무만을 위임한 것이 아니라, 사업정지처분을 갈음하여 과징금을 부과할 수 있는 '위반행위의 종류'를 구체화하는 임무까지 위임한 것이라고 보아야 한다. 따라서 구 화물자동차 운수사업법 시행령 제7조 제1항 [별표 2] **'과징금을 부과하는 위반행위의 종류와 과징금의 금액'에 열거되지 않은 위반행위의 종류에 대해서 사업정지처분을 갈음하여 과징금을 부과하는 것은 허용되지 않는다고 보아야 한다**(대판 2020.5.28. 2017두73693).

24. 국가배상

1 변호사등록 지연(대판 2021.1.28. 2019다260197)

1. 공법인이 국가로부터 위탁받은 공행정사무를 집행하는 과정에서 공법인의 임직원이나 피용인이 고의 또는 과실로 법령을 위반하여 타인에게 손해를 입힌 경우, 공법인의 임직원이나 피용인은 고의 또는 중과실이 있는 경우에만 배상책임을 부담하는지 여부(적극)

공법인이 국가로부터 위탁받은 공행정사무를 집행하는 과정에서 공법인의 임직원이나 피용인이 고의 또는 과실로 법령을 위반하여 타인에게 손해를 입힌 경우에는, 공법인은 위탁받은 공행정사무에 관한 행정주체의 지위에서 배상책임을 부담하여야 하지만, **공법인의 임직원이나 피용인은 실질적인 의미에서 공무를 수행한 사람으로서 국가배상법 제2조에서 정한 공무원에 해당하므로 고의 또는 중과실이 있는 경우에만 배상책임을 부담하고 경과실이 있는 경우에는 배상책임을 면한다.** 한편 공무원의 중과실이란 공무원에게 통상 요구되는 정도의 상당한 주의를 하지 않더라도 약간의 주의를 한다면 손쉽게 위법·유해한 결과를 예견할 수 있는 경우임에도 만연히 이를 간과한 경우와 같이, 거의 고의에 가까운 현저한 주의를 결여한 상태를 의미한다.

2. 변호사법 제8조 제1항 각호에서 정한 등록거부사유가 한정적 열거규정인지 여부(적극)

변호사법의 변호사등록 관련 규정들의 내용과 체계에다가, 변호사등록의 '자격제도'로서의 성격, 입법자가 사회적 필요 내지 공익적 요구에 상응하여 변호사법 제8조 제1항 각호의 등록거부사유를 새롭게 추가하여 왔던 입법 연혁 등을 종합하여 보면, 변호사법 제8조 제1항 각호에서 정한 등록거부사유는 한정적 열거규정으로 봄이 타당하다.

3. 대한변호사협회는 대한변협회장 및 등록심사위원회 위원들이 속한 행정주체의 지위에서 갑에게 변호사등록이 위법하게 지연됨으로 인하여 얻지 못한 수입 상당액의 손해를 배상할 의무가 있는 반면, 대한변협회장은 경과실 공무원의 면책 법리에 따라 갑에 대한 배상책임을 부담하지 않는다고 한 사례

갑이 선고유예 판결의 확정으로 변호사등록이 취소되었다가 선고유예기간이 경과한 후 대한변호사협회에 변호사 등록신청을 하였는데, 협회장 을이 등록심사위원회에 갑에 대한 변호사등록 거부안건을 회부하여 소정의 심사과정을 거쳐 대한변호사협회가 갑의 변호사등록을 마쳤고, 이에 갑이 대한변호사협회 및 협회장 을을 상대로 변호사 등록거부사유가 없음에도 위법하게 등록심사위원회에 회부되어 변호사등록이 2개월간 지연되었음을 이유로 손해배상을 구한 사안에서, 갑이 선고유예 판결의 확정으로 변호사등록이 취소되었다가 선고유예기간이 경과한 후 대한변호사협회에 변호

사 등록신청을 하였는데, 협회장 을이 등록심사위원회에 갑에 대한 변호사등록 거부 안건을 회부하여 소정의 심사과정을 거쳐 대한변호사협회가 갑의 변호사등록을 마쳤고, 이에 갑이 대한변호사협회 및 협회장 을을 상대로 변호사 등록거부사유가 없음에도 위법하게 등록심사위원회에 회부되어 변호사등록이 2개월간 지연되었음을 이유로 손해배상을 구한 사안에서, 대한변호사협회는 등록신청인이 변호사법 제8조 제1항 각호에서 정한 등록거부사유에 해당하는 경우에만 변호사등록을 거부할 수 있고, 그 외 다른 사유를 내세워 변호사등록을 거부하거나 지연하는 것은 허용될 수 없는데, 갑의 선고유예 판결에 따른 결격사유 이외에 변호사법이 규정한 다른 등록거부사유가 있는지 여부를 짧은 시간 안에 명백하게 확인할 수 있었음에도 그러한 확인절차를 거치지 않은 채 단순한 의심만으로 변호사등록 거부 안건을 등록심사위원회에 회부하고, 여죄 유무를 추궁한다며 등록심사기간을 지연시킨 것에 관하여 협회장 을 및 등록심사위원회 위원들의 과실이 인정되므로, 대한변호사협회는 이들이 속한 행정주체의 지위에서 배상책임을 부담하여야 하고, <u>갑에게 변호사등록이 위법하게 지연됨으로 인하여 얻지 못한 수입 상당액의 손해를 배상할 의무가 있는 반면, 을은 대한변호사협회의 장으로서 국가로부터 위탁받은 공행정사무인 '변호사등록에 관한 사무'를 수행하는 범위 내에서 국가배상법 제2조에서 정한 공무원에 해당하므로 경과실 공무원의 면책 법리에 따라 갑에 대한 배상책임을 부담하지 않는다.</u>

2 교정시설 수용행위 국가배상사건 (대판 2022.7.14. 2017다266771)

1. 교정시설 수용행위로 인하여 수용자의 인간으로서의 존엄과 가치가 침해되었는지 판단하는 기준 및 수용자가 하나의 거실에 다른 수용자들과 함께 수용되어 거실 중 화장실을 제외한 부분의 1인당 수용면적이 인간으로서의 기본적인 욕구에 따른 일상생활조차 어렵게 할 만큼 협소한 경우, 수용자의 인간으로서의 존엄과 가치를 침해하는 것인지 여부(원칙적 적극)

수용자가 하나의 거실에 다른 수용자들과 함께 수용되어 거실 중 화장실을 제외한 부분의 1인당 수용면적이 인간으로서의 기본적인 욕구에 따른 일상생활조차 어렵게 할 만큼 협소하다면, 그러한 과밀수용 상태가 예상할 수 없었던 일시적인 수용률의 폭증에 따라 교정기관이 부득이 거실 내 수용 인원수를 조정하기 위하여 합리적이고 필요한 정도로 단기간 내에 이루어졌다는 등의 특별한 사정이 없는 한, 그 자체로 수용자의 인간으로서의 존엄과 가치를 침해한다고 봄이 타당하다.

2. 국가배상책임에서 공무원의 가해행위는 법령을 위반한 것이어야 하는데, 여기서 법령을 위반하였다 함은 엄격한 의미의 법령 위반뿐 아니라 인권존중, 권력남용금지, 신의성실과 같이 공무원으로서 마땅히 지켜야 할 준칙이나 규범을 지키지 않고 위반한 경우를 포함하여 널리 그 행위가 객관적인 정당성을 결여하고 있음을 뜻한다. 따라서 교정시설 수용행위로 인하여 수용자의 인간으로서의 존엄과 가치가 침해되었다면 그 수용행위는 공무원의 법령을 위반한 가해행위가 될 수 있다.

3. 원고들을 수용자 1인당 도면상 면적이 2㎡ 미만인 거실에 수용한 행위는 인간으로서의 존엄과 가치를 침해하여 위법한 행위라는 이유로, 국가는 원고들에게 국가배상법 제2조 제1항에 따라 원고들이 입은 정신적 손해를 배상할 의무가 있다. 고통을 겪었다고 주장하며 국가를 상대로 위자료 지급을 구한 사안에서, 수용자 1인당 도면상 면적이 2㎡ 미만인 거실에 수용되었는지를 위법성 판단의 기준으로 삼아 갑 등에 대한 국가배상책임을 인정한 원심판단을 수긍한 사례

3 긴급조치 9호 국가배상사건 (대판 2023.2.2. 2020다270633)

1. **국가배상청구소송이 각하된 후 각하판결의 근거 법률에 대해 헌법재판소가 위헌결정한 경우 다시 국가배상을 청구한 경우 기판력에 저촉되지 않는다.**
'국가안전과 공공질서의 수호를 위한 대통령긴급조치'(긴급조치 제9호) 위반을 이유로 유죄판결을 받아 복역한 갑이 국가를 상대로 긴급조치 제9호에 따라 체포·구금되어 가혹행위를 당하는 등의 과정에서 입은 정신적 손해의 배상을 구하는 국가배상청구의 소를 제기하였다가, 갑이 구 민주화운동 관련자 명예회복 및 보상 등에 관한 법률에 따른 보상금 지급결정에 동의함으로써 같은 법 제18조 제2항에 따라 재판상 화해가 성립된 것으로 보아야 한다는 이유로 각하판결이 내려져 확정되었는데, 그 후 헌법재판소가 위 조항의 '민주화운동과 관련하여 입은 피해' 중 불법행위로 인한 정신적 손해에 관한 부분은 국가배상청구권을 침해하여 헌법에 위반된다는 결정을 선고하자, 갑이 다시 국가배상청구의 소를 제기한 사안에서, 위 소가 각하판결의 기판력에 저촉되어 부적법하다는 국가의 본안전항변을 받아들이지 않은 원심판단을 정당하다.

* **이 사건 판결의 핵심 쟁점은 전소에서의 각하 확정판결로 인해 국가배상청구 소의 기판력 저촉 여부이다.** 일반적으로 소송판결의 기판력은 그 판결에서 확정한 소송요건의 흠결에 관하여 미치는 것이지만, 당사자가 그러한 소송요건의 흠결을 보완하여 다시 소를 제기한 경우에는 그 기판력의 제한을 받지 않는다. 이 판결은 헌법재판소가 소 각하 확정판결의 근거가 된 민주화운동보상법 제18조 제2항의 '민주화운동과 관련하여 입은 피해' 중 불법행위로 인한 정신적 손해에 관한 부분은 국가배상청구권을 침해하여 위헌결정이 내려진 후 뛰이 다시 국가배상청구의 소를 제기한 경우 위 소가 각하판결의 기판력에 저촉되어 부적법하다는 국가의 본안전항변을 받아들이지 않고 기판력에 저촉되지 않는다는 원심판단을 정당하다고 본 것이다(김용섭, 전북대 법학전문대학원 교수 판례평석, 인권과 정의 2024년 3월).

2. **긴급조치 제9호 발령으로 인한 국민의 기본권 침해에 대한 국가배상책임 인정**
'국가안전과 공공질서의 수호를 위한 대통령긴급조치'(이하 '긴급조치 제9호'라 한다)는 위헌·무효임이 명백하고 긴급조치 제9호 발령으로 인한 국민의 기본권 침해는 그에 따른 강제수사와 공소제기, 유죄판결의 선고를 통하여 현실화되었다. 이러한 경우 긴급조치 제9호의 발령부터 적용·집행에 이르는 일련의 국가작용은, 전체적으로 보아 공무원이 직무를 집행하면서 객관적 주의의무를 소홀히 하여 그 직무행위가 객관적 정당성을 상실한 것으로서 위법하다고 평가되고, 긴급조치 제9

호의 적용·집행으로 강제수사를 받거나 유죄판결을 선고받고 복역함으로써 개별 국민이 입은 손해에 대해서는 국가배상책임이 인정될 수 있다.

3. 인권침해사건에 장기소멸시효는 적용되지 않는다.

헌법재판소는 2018.8.30. 민법 제166조 제1항, 제766조 제2항 중 '진실·화해를 위한 과거사정리 기본법'제2조 제1항 제3호의 '민간인 집단 희생사건', 같은 항 제4호의 '중대한 인권침해사건·조작의혹사건'에 적용되는 부분은 헌법에 위반된다는 결정을 선고하였다. 따라서 과거사정리법상 '민간인 집단 희생사건', '중대한 인권침해사건·조작의혹사건'에서 공무원의 위법한 직무집행으로 입은 손해에 대한 국가배상청구권에 대해서는 민법 제766조 제2항에 따른 장기소멸시효가 적용되지 않는다.

4. 인권침해사건에 단기소멸시효는 적용된다.

국가배상청구권에 관한 3년의 단기소멸시효기간 기산에는 민법 제766조 제1항 외에 소멸시효의 기산점에 관한 일반규정인 민법 제166조 제1항이 적용된다. 따라서 3년의 단기소멸시효기간은 그 '손해 및 가해자를 안 날'에 더하여 그 '권리를 행사할 수 있는 때'가 도래하여야 비로소 시효가 진행한다. 원고가 긴급조치 제9호 위반 혐의로 체포·구속되어 유죄판결이 확정되었다가 재심절차를 거쳐 무죄판결이 확정되었으나 이 사건 위헌결정이 선고되기 전 이 사건 선행소송이 진행되어 각하판결이 확정된 점, 긴급조치 제9호에 대한 위헌·무효 판단 이후에도 불법행위에 대한 국가배상청구를 원칙적으로 제한했던 대법원 판례의 존재, 민주화운동과 관련한 보상금 등 지급결정 동의에 재판상 화해의 효력을 인정하던 구 민주화보상법 제18조 제2항과 그에 대한 이 사건 위헌결정 선고, 이 사건 위헌결정이 선고되어 이 사건 선행소송의 각하판결에 확정된 소송요건의 흠결이 보완된 상태에서 바로 이 사건 소가 제기된 점 등 여러 사정을 종합하여 보면, 이 사건 소 제기 당시까지도 원고가 피고를 상대로 긴급조치 제9호에 기한 일련의 국가작용으로 인한 불법행위로 발생한 권리를 행사할 수 없는 장애사유가 있어 소멸시효가 완성되지 않았다고 보아야 한다.

4 범죄예방조치를 위한 부작위로 인한 국가배상책임(대판 2022.7.14. 2017다290538)

1. 사건개요

다수의 성폭력범죄로 여러 차례 처벌을 받은 뒤 위치추적 전자장치를 부착하고 보호관찰을 받고 있던 갑이 을을 강간하였다. 경찰은 전자장치 피부착자의 위치정보를 조회·활용을 하지 않았다. 그로부터 13일 후 병을 강간하려다 살해하였는데, 병의 유족들이 경찰관과 보호관찰관의 위법한 직무수행을 이유로 국가를 상대로 손해배상을 청구하였다.

2. 권한불행사의 위법여부 판단기준

경찰은 범죄의 예방, 진압 및 수사와 함께 국민의 생명, 신체 및 재산의 보호 기타 공공의 안녕과 질서유지를 직무로 하고 직무의 원활한 수행을 위하여 경찰관 직무집행법, 형사소송법 등 관계 법령에 의하여 여러 가지 권한이 부여되어 있다. 구체적인 직무를 수행하는 경찰관으로서는 여러 상황에 대응하여 자신에게 부여된 여러 가지 권한을 적절하게 행사하여 필요한 조치를 취할 수 있고, 그러한 권한은 일반적으로 경찰관의 전문적 판단에 기한 합리적인 재량에 위임되어 있는 것이다. 그러나 구체적인 사정에서 경찰관이 권한을 행사하여 필요한 조치를 하지 아니하는 것이 현저하게 불합리하다고 인정되는 경우 그러한 권한의 불행사는 직무상의 의무를 위반한 것으로 위법하다.

3. 법령에 규정이 없는 경우 공무원의 국민의 기본권 보호를 위한 작위의무
국민의 생명·신체·재산 등에 관하여 절박하고 중대한 위험상태가 발생하였거나 발생할 우려가 있어서 국민의 생명·신체·재산 등을 보호하는 것을 본래적 사명으로 하는 국가가 초법규적, 일차적으로 그 위험 배제에 나서지 않으면 국민의 생명·신체·재산 등을 보호할 수 없는 경우에는 형식적 의미의 법령에 근거가 없더라도 국가나 관련 공무원에 대하여 그러한 위험을 배제할 작위의무를 인정할 수 있다.

4. 사안의 경우
다수의 성폭력범죄로 여러 차례 처벌을 받은 뒤 위치추적 전자장치를 부착하고 보호관찰을 받고 있던 갑이 을을 강간하였고(이하 '직전 범행'이라고 한다), 그로부터 13일 후 병을 강간하려다 살해하였는데, 병의 유족들이 경찰관과 보호관찰관의 위법한 직무수행을 이유로 국가를 상대로 손해배상을 구한 사안에서, 직전 범행의 수사를 담당하던 경찰관이 직전 범행의 특수성과 위험성을 고려하지 않은 채 통상적인 조치만 하였을 뿐 전자장치 위치정보를 수사에 활용하지 않은 것과 보호관찰관이 갑의 높은 재범의 위험성과 반사회성을 인식하였음에도 적극적 대면조치 등 이를 억제할 실질적인 조치를 하지 않은 것은 범죄를 예방하고 재범을 억지하여 사회를 방위하기 위해서 이들에게 부여된 권한과 직무를 목적과 취지에 맞게 수행하지 않았거나 소홀히 수행하였던 것이고, 이는 국민의 생명·신체에 관하여 절박하고 중대한 위험상태가 발생할 우려가 있어 그 위험 배제에 나서지 않으면 이를 보호할 수 없는 상황에서 그러한 위험을 배제할 공무원의 작위의무를 위반한 것으로 인정될 여지가 있으며, 위와 같은 경찰관과 보호관찰관의 직무상 의무 위반은 병의 사망 사이에서 상당인과관계를 인정할 여지가 큰데도, 경찰관과 보호관찰관의 직무수행이 객관적 정당성을 결여하지 않아 위법하지 않다고 본 원심판단에 법리오해의 잘못이 있다.

5 사법경찰관의 영장청구와 변호인이 아닌 자와 접견불허의 위법성 문제(대판 2024.3.12. 2020다290569).

수사기관으로서 피의사건을 조사하여 진상을 명백히 하는 구체적인 직무를 수행하는 사법경찰관의 권한은 일반적으로 합리적인 재량에 위임되어 있다고 볼 수 있다. 그러므로 사법경찰관의 수사활동이나 수사과정에서 이루어지는 판단·처분 등이 위법하다고 평가되기 위하여는 사법경찰관에게 이러한 권한을 부여한 형사소송법 등의 관련 법령의 취지와 목적에 비추어 구체적인 사정에 따라 사법경찰관의 수사활동·판단·처분 등이 경험칙이나 논리칙에 비추어 도저히 그 합리성을 긍정할 수 없는 정도에 이르렀다고 인정되는 경우라야 한다. 후일 그 범죄사실의 존재를 증명함에 충분한 증거가 없다는 등의 이유로 검사의 불기소처분이 있거나 법원의 무죄판결이 선고·확정되더라도 마찬가지다.

사법경찰관이 수사를 통해 검사의 영장 청구에 관한 판단이나 판사의 영장 발부에 관한 결정에 영향을 줄 수 있는 증거나 자료를 확보하고도 증거나 자료를 일부라도 누락하거나 조작하는 등 사법경찰관의 독자적인 위법행위가 인정되지 않은 경우, '판사의 영장 발부에 관한 결정'이나 '영장의 집행 결과에 따른 피의자의 체포 내지 구속 그 자체'에 관련해서 사법경찰관의 수사활동이나 판단·처분 등이 위법하다고 평가하기 어렵다.

6 지방자치단체가 갑 회사에 주변 경관 등을 이유로 사업계획 불승인처분처분 취소(대판 2021.6.30. 2017다249219)

갑 주식회사가 고층 아파트 신축사업을 계획하고 토지를 매수한 다음 을 지방자치단체와 협의하여 사업계획 승인신청을 하였고, 수개월에 걸쳐 을 지방자치단체의 보완 요청에 응하여 사업계획 승인에 필요한 요건을 갖추었는데, 을 지방자치단체의 장이 위 사업계획에 관하여 부정적인 의견을 제시한 후, 을 지방자치단체가 갑 회사에 주변 경관 등을 이유로 사업계획 불승인처분을 한 사안에서, 을 지방자치단체의 담당 공무원이 경관 훼손 여부를 검토하기 위해 수행한 업무는 현장실사를 나가 사진을 촬영하여 분석자료를 작성한 것이 전부이고, 그 분석자료의 내용이 실제에 부합하는 방식으로 작성되었다고 볼 수 없는 등 위 불승인처분은 경관 훼손에 관한 객관적인 검토를 거치지 않은 채 이루어진 것으로 볼 수 있고, 사업계획 승인 업무의 진행경과, 위 사업의 규모와 경관 훼손 여부를 판단하기 위한 합리적이고 신중한 검토 필요성 등에 비추어, 담당 공무원의 업무 수행은 보통 일반의 공무원을 표준으로 하여 볼 때 **객관적 주의의무를 소홀히 한 것이므로**, 을 지방자치단체의 국가배상책임이 인정된다고 볼 여지가 있는데도, 이와 달리 본 원심판결에 법리오해 등의 잘못이 있다.

7 국가나 지방자치단체가 행정절차를 진행하는 과정에서 주민들의 의견제출 등 절차적 권리를 보장하지 않은 위법이 있더라도 절차적 권리 침해로 인한 정신적 고통에 대한 배상이 인정되지 않는 경우 / 주민들의 절차적 권리 침해로 인한 정신적 고통이 여전히 남아 있다고 볼 특별한 사정이 있는 경우, 국가나 지방자치단체는 그로 인한 손해를 배상할 책임이 있는지 여부(적극) / 이때 특별한 사정에 대한 주장·증명책임의 소재(= 이를 청구하는 주민들) 및 특별한 사정이 있는지 판단하는 기준(대판 2021.7.29. 2015다221668)

국가나 지방자치단체가 공익사업을 시행하는 과정에서 해당 사업부지 인근 주민들은 의견제출을 통한 행정절차 참여 등 법령에서 정하는 절차적 권리를 행사하여 환경권이나 재산권 등 사적 이익을 보호할 기회를 가질 수 있다. 그러나 법령에서 주민들의 행정절차 참여에 관하여 정하는 것은 어디까지나 주민들에게 자신의 의사와 이익을 반영할 기회를 보장하고 행정의 공정성, 투명성과 신뢰성을 확보하며 국민의 권익을 보호하기 위한 것일 뿐, 행정절차에 참여할 권리 그 자체가 사적 권리로서의 성질을 가지는 것은 아니다. 이와 같이 행정절차는 그 자체가 독립적으로 의미를 가지는 것이라기보다는 행정의 공정성과 적정성을 보장하는 공법적 수단으로서의 의미가 크므로, 관련 행정처분의 성립이나 무효·취소 여부 등을 따지지 않은 채 주민들이 일시적으로 <u>행정절차에 참여할 권리를 침해받았다는 사정만으로 곧바로 국가나 지방자치단체가 주민들에게 정신적 손해에 대한 배상의무를 부담한다고 단정할 수 없다.</u>

이와 같은 행정절차상 권리의 성격이나 내용 등에 비추어 볼 때, 국가나 지방자치단체가 행정절차를 진행하는 과정에서 주민들의 의견제출 등 절차적 권리를 보장하지 않은 위법이 있다고 하더라도 그 후 이를 시정하여 절차를 다시 진행한 경우, 종국적으로 행정처분 단계까지 이르지 않거나 처분을 직권으로 취소하거나 철회한 경우, <u>행정소송을 통하여 처분이 취소되거나 처분의 무효를 확인하는 판결이 확정된 경우 등에는 주민들이 절차적 권리의 행사를 통하여 환경권이나 재산권 등 사적 이익을 보호하려던 목적이 실질적으로 달성된 것이므로 특별한 사정이 없는 한 절차적 권리 침해로 인한 정신적 고통에 대한 배상은 **인정되지 않는다**. 다만 이러한 조치로도 주민들의 절차적 권리 침해로 인한 정신적 고통이 여전히 남아 있다고 볼 특별한 사정이 있는 경우에 국가나 지방자치단체는 그 정신적 고통으로 인한 손해를 **배상할 책임이 있다**.</u> 이때 특별한 사정이 있다는 사실에 대한 주장·증명책임은 이를 청구하는 주민들에게 있고, 특별한 사정이 있는지는 주민들에게 행정절차 참여권을 보장하는 취지, 행정절차 참여권이 침해된 경위와 정도, 해당 행정절차 대상사업의 시행경과 등을 종합적으로 고려해서 판단해야 한다.

8 시험문항의 출제나 정답결정에 대한 오류 등의 위법을 이유로 시험출제에 관여한 공무원이나 시험위원의 고의 또는 과실에 따른 국가배상책임(대판 2022.4.28. 2017다233061)

1. 어떠한 행정처분이 항고소송에서 취소된 경우, 그 기판력으로 곧바로 국가배상책임이 인정되는지 여부(소극) 및 이 경우 국가배상책임이 인정되기 위한 요건과 판단 기준

어떠한 행정처분이 항고소송에서 취소되었다고 할지라도 그 기판력으로 곧바로 국가배상책임이 인정될 수는 없고, '공무원이 직무를 집행하면서 고의 또는 과실로 법령을 위반하여 타인에게 손해를 입힌 때'라고 하는 국가배상법 제2조 제1항의 요건이 충족되어야 한다. <u>보통 일반의 공무원을 표준으로 공무원이 객관적 주의의무를 소홀히 하고 그로 말미암아 객관적 정당성을 잃었다고 볼 수 있으면 국가배상법 제2조가 정한 국가배상책임이 성립할 수 있다. 객관적 정당성을 잃었는지는 침해행위가 되는 행정처분의 양태와 목적, 피해자의 관여 여부와 정도, 침해된 이익의 종류와 손해의 정도 등 여러 사정을 종합하여 판단하여야 한다.</u>

2. 법령에 따라 국가가 시행과 관리를 담당하는 시험에서 시험문항의 출제나 정답결정에 대한 오류 등의 위법을 이유로 시험출제에 관여한 공무원이나 시험위원의 고의 또는 과실에 따른 국가배상책임을 인정하기 위한 요건 및 판단 기준

법령에 따라 국가가 시행과 관리를 담당하는 시험에서 시험문항의 출제나 정답결정에 대한 오류 등의 위법을 이유로 시험출제에 관여한 공무원이나 시험위원의 고의 또는 과실에 따른 국가배상책임을 인정하기 위해서는, 해당 시험이 응시자에 대하여 일정한 수준을 갖추었는지를 평가하여 특정한 자격을 부여하는 사회적 제도로서 공익성을 가지고 있는지 여부, 국가기관이나 소속 공무원이 시험문제의 출제, 정답결정 등의 결정을 위하여 외부의 전문 시험위원을 법령에서 정한 요건과 절차에 따라 적정하게 위촉하였는지 여부, <u>위촉된 시험위원들이 최대한 주관적 판단의 여지를 배제하고 객관적 입장에서 해당 과목의 시험을 출제하였으며 시험위원들 사이에 출제된 문제와 정답의 결정과정에 다른 의견은 없었는지 여부, 시험문항의 출제나 정답결정에 대한 오류가 사후적으로 정정되었고 응시자들에게 국가기관이나 소속 공무원이 그에 따른 적절한 구제조치를 하였는지 여부</u> 등의 여러 사정을 종합하여 시험출제에 관여한 공무원이나 시험위원이 객관적 주의의무를 소홀히 하여 시험문항의 출제나 정답결정에 대한 오류 등에 따른 행정처분이 객관적 정당성을 상실하였다고 판단되어야 한다.

9 소방특별조사 당시 도어클로저 설치 미확인, 과실부정(대판 2024.2.8. 2020다209938)

아파트에서 화재가 발생하였고 당시 계단실 방화문이 열려 있어 이를 통해 화재가 건물 내부와 상층부로 확산됨에 따라 아파트 거주자들이 다수 사망하였는데, 화재가 발생하기 전 갑 지방자치단체 소속 소방공무원인 을 등은 위 아파트에 관한 소방특별조사를 실시하였으나 방화문에 도어클로저가 설치되었는지를 조사하지 아니하였고, 이에 화재로 사망한 거주자들의 유족인 병 등이 갑 지방자치단체를 상대로 손해배상을 구한 사안에서, 방화문에 도어클로저가 설치되었는지는 방화시설의 설치·유지 및 관리에 관한 사항으로 구 소방시설 설치·유지 및 안전관리에 관한 법률 등에 따라 소방특별조사를 실시하는 경우 반드시 조사하여야 하는 항목이 아니라 조사의 목적을 달성하기 위해 필요한 경우에 실시할 수 있는 조사항목으로 보이므로, <u>소방특별조사 당시 도어클로저 설치 여부가 조사항목에 포함되어 있지 않았다면 특별한 사정이 없는 한 을 등이 이를 확인하지 않았다고 하더라도 소방특별조사에 관한 직무상 과실이 있다고 보기는 어렵다.</u>

10 부마민주항쟁 관련자의 명예회복 및 보상 등에 관한 법률 제32조 제2항에 따라 보상금 등 지급결정에 동의함으로써 성립하는 재판상 화해의 대상에 부마민주항쟁과 관련하여 입은 피해 중 '정신적 손해' 부분이 포함되는지 여부(소극)(대판 2023.9.21. 2023다230476)

부마항쟁보상법 제32조 제2항은 "신청인이 제28조에 따라 이 법에 따른 보상금등의 지급결정에 동의한 때에는 부마민주항쟁과 관련하여 입은 피해에 대하여 「민사소송법」에 따른 재판상 화해가 성립된 것으로 본다."라고 규정하고 있다. 이 부마항쟁보상법과 그 시행령이 규정하는 보상금등에는 정신적 손해배상에 상응하는 항목이 존재하지 아니하고, 위원회가 보상금등을 산정함에 있어 정신적 손해를 고려할 수 있다는 규정도 확인되지 아니한다. 따라서 보상금등의 지급만으로 정신적 손해에 대한 적절한 배상이 이루어졌다고 보기 어렵다. 정신적 손해에 대해 적절한 배상이 이루어지지 않은 상태에서 이 사건 화해간주조항에 따라 정신적 손해를 포함한 피해 일체에 대해 재판상 화해가 성립한 것으로 간주한다면, **적극적·소극적 손실이나 손해의 보상 또는 배상에 상응하는 보상금등 지급결정에 동의하였다는 사정만으로 정신적 손해에 대한 국가배상청구를 제한하는 것으로서 국가배상청구권에 대한 과도한 제한에 해당한다.** 따라서 이 사건 화해간주조항에 따라 보상금등 지급결정에 동의함으로써 성립하는 재판상 화해의 대상에 부마민주항쟁과 관련하여 입은 피해 중 '정신적 손해' 부분은 포함되지 아니한다고 해석함이 타당하다.

11 국가배상법이 적용되는 경우, 미합중국 군대의 공용 차량에 대하여 자동차손해배상 보장법에 따른 손해배상책임 규정이 적용여부(대판 2023.6.29. 2023다205968)

국가배상법 제2조 제1항 본문은, 전단에서 국가나 지방자치단체는 공무원 또는 공무를 위탁받은 사인이 직무를 집행하면서 고의 또는 과실로 법령을 위반하여 타인에게 손해를 입힌 경우를 규정하는 것 외에 후단에서 자동차손해배상 보장법에 따라 손해배상의 책임이 있을 때에도 이 법에 따라 그 손해를 배상하여야 한다고 규정하고 있는데, SOFA 제23조 제5항 (가)호, 제24조 및 자동차관리법 제2조 제1호, 제70조 및 같은 법 시행령 제2조 제3호 등 관계 규정을 종합하면, SOFA 제23조 제5항 및 주한미군민사법 제2조에 따라 국가배상법이 적용될 경우 미합중국 군대의 공용 차량에 대해서는 국가배상법 제2조 제1항 본문 후단의 자동차손배법에 따른 손해배상책임 규정은 적용되지 않고, 국가배상법 제2조 제1항 본문 전단에 따른 손해배상책임 규정만 적용된다.

12 긴급조치에 따른 유죄판결을 받은 자 국가배상책임(대판 전합 2022.8.30. 2018다212610).

헌법재판소의 위헌결정으로 소급하여 효력을 상실하였거나 법원에서 위헌·무효로 선언되었다는 사정만으로 형벌에 관한 법령을 제정한 행위나 법령이 위헌으로 선언되기 전에 그 법령에 기초하여 수사를 개시하여 공소를 제기한 수사기관의 직무행위 및 유죄판결을 선고한 법관의 재판상 직무행위가 국가배상법 제2조 제1항에서 말하는 공무원의 고의 또는 과실에 의한 불법행위에 해당한다고 단정할 수 없다.

긴급조치 제9호의 발령 및 적용·집행이라는 일련의 국가작용은 위법한 긴급조치 제9호의 발령행위와 긴급조치의 형식적 합법성에 기대어 이를 구체적으로 적용·집행하는 다수 공무원들의 행위가 전체적으로 모여 이루어졌다. 긴급조치 제9호의 발령행위가 위법하다고 하더라도 그 발령행위 자체만으로는 개별 국민에게 구체적인 손해가 발생하였다고 보기 어렵고, 긴급조치 제9호의 적용·집행과정에서 개별 공무원의 위법한 직무집행을 구체적으로 특정하거나 개별 공무원의 고의·과실을 증명 또는 인정하는 것은 쉽지 않다. 따라서 이처럼 광범위한 다수 공무원이 관여한 일련의 국가작용에 의한 기본권 침해에 대해서 국가배상책임의 성립이 문제 되는 경우에는 전체적으로 보아 객관적 주의의무 위반이 인정되면 충분하다. 만약 이러한 국가배상책임의 성립에 개별 공무원의 구체적인 직무집행행위를 특정하고 그에 대한 고의 또는 과실을 개별적·구체적으로 엄격히 요구한다면 일련의 국가작용이 국민의 기본권을 침해한 경우에 오히려 국가배상책임이 인정되기 어려워지는 불합리한 결론에 이르게 된다.

긴급조치 제9호의 발령 및 적용·집행이라는 일련의 국가작용의 경우, 긴급조치 제9호의 발령 요건 및 규정 내용에 국민의 기본권 침해와 관련한 위헌성이 명백하게 존재함에도 그 발령 및 적용·

집행 과정에서 그러한 위헌성이 제거되지 못한 채 영장 없이 체포·구금하는 등 구체적인 직무집행을 통하여 개별 국민의 신체의 자유가 침해되기에 이르렀다. 그러므로 긴급조치 제9호의 발령과 적용·집행에 관한 국가작용 및 이에 관여한 다수 공무원들의 직무수행은 법치국가 원리에 반하여 유신헌법 제8조가 정하는 국가의 기본권 보장의무를 다하지 못한 것으로서 전체적으로 보아 객관적 주의의무를 소홀히 하여 그 정당성을 결여하였다고 평가되고, 그렇다면 개별 국민의 기본권이 침해되어 현실화된 손해에 대하여는 국가배상책임을 인정하여야 한다.

이와 달리 대통령의 긴급조치 제9호 발령 및 적용·집행행위가 국가배상법 제2조 제1항에서 말하는 공무원의 고의 또는 과실에 의한 불법행위에 해당하지 않는다고 보아 국가배상책임을 부정한 대판 2014.10.27. 2013다217962, 대판 2015.3.26. 2012다48824 등은 이 판결의 견해에 배치되는 범위에서 이를 변경하기로 한다.

13 법원재판공개로 위한 초상구너 침해시 국가배상(대판 2025.2.27. 2023다233895)

1. 법관의 재판에 대한 국가배상책임이 인정되기 위한 요건
법관의 재판에 법령 규정을 따르지 않은 잘못이 있더라도 이로써 바로 재판상 직무행위가 국가배상법 제2조 제1항에서 말하는 위법한 행위로 되어 국가의 손해배상책임이 발생하는 것은 아니고, 국가배상책임이 인정되려면 법관이 위법하거나 부당한 목적을 가지고 재판을 하였다거나 법이 법관의 직무수행상 준수할 것을 요구하고 있는 기준을 현저하게 위반하는 등 법관이 그에게 부여된 권한의 취지에 명백히 어긋나게 이를 행사하였다고 인정할 만한 특별한 사정이 있어야 한다.

2. 대법원에서의 변론에 관한 규칙에서 대법원 변론 또는 선고를 중계방송하거나 녹화의 결과물을 인터넷 홈페이지 등에 게시할 수 있도록 규정한 취지 및 위 대법원 규칙에 따라 이루어진 대법원 변론 또는 선고의 중계방송 내지 녹화 결과물의 게시에 대하여 국가배상책임이 인정될 수 있는지 여부(원칙적 소극)
법원조직법 제59조는 "누구든지 법정 안에서는 재판장의 허가 없이 녹화, 촬영, 중계방송 등의 행위를 하지 못한다."라고 규정하고 있다. 대법원에서의 변론에 관한 규칙 제7조의2 제1항은 "누구든지 대법원 변론 또는 선고에 대한 녹음, 녹화, 촬영 및 중계방송을 하고자 하는 때에는 재판장의 허가를 받아야 한다."라고 규정하고 제2항은 "재판장은 필요하다고 인정하는 경우 대법원 변론 또는 선고를 인터넷, 텔레비전 등 방송통신매체를 통하여 방송하게 할 수 있고, 변론 또는 선고에 관한 녹음, 녹화의 결과물을 인터넷 홈페이지 등을 통해 공개할 수 있다."라고 규정하며, 제3항은 "재판장은 소송관계인의 변론권·방어권 기타 권리의 보호, 법정의 질서유지 또는 공공의 이익을 위하여 변론 또는 선고에 대한 녹음, 녹화, 촬영 및 중계방송 등 행위의 시간·방법을 제한하거나 허가에 조건을 부가하는 등 필요한 조치를 취할 수 있다."라고 규정한다.
위 대법원 규칙에서 대법원 변론 또는 선고를 중계방송하거나 녹화의 결과물을 인터넷 홈페이지 등에 게시할 수 있도록 규정하는 것은 헌법에서 규정하는 공개재판의 원칙을 보다 적극적으로 구현함으로써 재판의 공정성과 투명성, 재판에 관한 신뢰를 제고할 뿐만 아니라 해당 재판의 쟁점을

일반 국민에게 알려 사회적으로 그에 관한 인식을 공유하도록 함으로써 궁극적으로는 재판당사자가 가지는 공정한 공개재판을 받을 권리와 일반 국민의 알 권리를 실질적으로 실현하기 위한 것이다. 위 대법원 규칙에 따라 재판장이 대법원 변론 또는 선고의 중계방송이나 녹화 결과물의 게시를 하도록 하거나 그 중계방송 등 행위의 제한이나 조건의 부가 등 필요한 조치를 하는 것은 중계방송이나 녹화 결과물 게시를 통해 달성하고자 하는 공공의 이익과 재판당사자의 초상권 등 인격권 침해 우려 사이에서 여러 사정을 종합적으로 고려한 이익형량을 통하여 이루어진 것으로 볼 수 있다. 재판장의 그러한 판단이 법관의 직무수행상 준수할 것으로 요구되는 기준을 현저하게 위반하는 등 법관이 그에게 부여된 권한의 취지에 명백히 어긋나게 이를 행사하였다고 볼 사정이 없는 이상, 그에 따라 이루어진 대법원 변론 또는 선고의 중계방송 내지 녹화 결과물의 게시에 대하여 국가배상책임이 인정될 수는 없다.

3. 배상인부(소극)
대법원이 '가수 갑의 그림대작 형사사건'의 공개변론 과정을 촬영하여 대법원 홈페이지와 인터넷 포털사이트로 실시간 중계하고, 대법원 담당공무원이 위와 같이 촬영된 공개변론 동영상을 대법원 홈페이지에 게시하자, 공개변론 법정에 공동피고인으로 출석하였던 갑의 매니저 을이 자신의 초상권이 침해당하였다며 국가배상을 청구한 사안에서, 공개변론 후 그 녹화 결과물을 게시하도록 한 재판장의 명령에는 위법 또는 부당한 목적을 가지고 있었다거나 법관이 직무수행상 준수할 것을 요구하는 기준을 현저하게 위반한 위법이 있다고 보기 어렵고, 녹화 결과물을 게시한 담당공무원의 직무행위는 재판장의 명령에 따른 것에 불과하여 별도의 위법성을 인정하기 어려운데도, 이에 관하여 제대로 심리·판단하지 않은 채 공개변론의 녹화 결과물을 게시할 때 을의 얼굴에 모자이크 처리를 하지 않았다는 이유로 을의 초상권이 침해되었다고 보아 국가배상책임을 인정한 원심판단에 법리오해 등의 잘못이 있다.

25. 손실보상

1 하천구역 편입 손실보상 (대판 2024.5.30. 2023두61707)

1. 하천편입토지 보상 등에 관한 특별조치법 제2조 제3호에서 정한 손실보상을 받기 위한 요건
하천편입토지 보상 등에 관한 특별조치법 제2조 제3호가 정한 손실보상청구권은 헌법 제23조 제3항이 선언하고 있는 손실보상청구권을 구체화한 것으로서, 1971. 1. 19. 법률 제2292호로 개정된 구 하천법의 시행 그 자체에 의하여 직접 사유지를 국유로 하는 이른바 입법적 수용이라는 국가의 적법한 공권력 행사로 인한 토지소유자의 손실을 보상하기 위한 것이다. 즉, 이러한 손실보상은 사인에게 발생하는 재산상 특별한 희생 또는 손실에 대하여 사유재산권의 보장과 전체적인 공평 부담의 견지에서 행하여지는 조절적인 재산적 보상이자 특별한 희생에 대한 전보이다. 따라서 손실보상을 받기 위해서는 그 사인에게 특별한 희생 내지 손실이 발생해야 하고, 재산상의 특별한 희생이나 손실이 발생했다고 할 수 없는 경우에는 손실보상을 청구할 수 없다.

2. 하천구역으로 편입되어 국유로 된 토지를 종전 소유자가 사인에게 매도한 경우, 매매계약의 효력(원칙적 무효)
하천구역으로 편입되어 국유로 된 토지는 사인 사이 거래의 객체가 될 수 없으므로 종전 소유자가 해당 토지를 매도했다고 하더라도 그와 같은 매매는 원시적으로 불능의 급부를 목적으로 하는 계약으로서 원칙적으로 무효이다.

3. 甲이 소유하다가 1971. 1. 19. 법률 제2292호로 개정된 구 하천법의 시행으로 하천구역에 편입되어 국유로 된 토지가 매매를 원인으로 乙과 丙에게 순차적으로 소유권이 이전되었다가 국가가 소유권보존등기를 마친 후 병에게 손실보상금을 지급하였는데, 위 토지의 하천구역편입 당시 소유자였던 甲을 순차 상속한 상속인들이 하천편입토지 보상 등에 관한 특별조치법에 따라 손실보상을 청구한 사안에서, 甲이나 그 상속인에게 특별한 희생이나 손실이 있다고 볼 수 없어 손실보상을 청구할 수 없음에도, 이와 달리 본 원심판단에 법리오해의 잘못이 있다고 한 사례

갑이 소유하다가 1971. 1. 19. 법률 제2292호로 개정된 구 하천법의 시행으로 하천구역에 편입되어 국유로 된 토지가 매매를 원인으로 을과 병에게 순차적으로 소유권이 이전되었다가 국가가 소유권보존등기를 마친 후 병에게 손실보상금을 지급하였는데, 위 토지의 하천구역편입 당시 소유자였던 갑을 순차 상속한 상속인들이 하천편입토지 보상 등에 관한 특별조치법에 따라 손실보상을 청구한 사안에서, 손실보상의 성격과 하천편입토지보상법의 입법 취지 등을 종합적으로 고려하면, 1971년 하천법의 시행으로 하천구역에 편입되어 국가 소유로 된 위 토지의 소유자인 갑은 그 이후 위 토지를 사실상 아무런 제약 없이 사용·수익하다가 매도하였고, 위 토지를 매도한 때로부터 상

당한 기간이 경과하는 등으로 매수인으로부터 종전 매매계약의 무효 등을 이유로 자신이 지급받았던 매매대금 상당의 금원을 추급당할 별다른 위험이 없는 등 실질적으로 소유자로서의 권리를 모두 행사하여 권리의 만족을 얻었다고 볼 수 있으므로 다른 특단의 사정이 없는 한 갑이나 그 상속인에게 특별한 희생이나 손실이 있다고 볼 수 없어 손실보상을 청구할 수 없음에도, 이와 달리 본 원심판단에 법리오해의 잘못이 있다.

2 보상액을 지급하지 아니하고 공사에 착수한 사건(대판 2021.11.11. 2018다204022)

1. 공익사업의 시행자가 토지소유자와 관계인에게 보상액을 지급하지 않고 승낙도 받지 않은 채 공사에 착수하여 토지소유자와 관계인이 손해를 입은 경우, 사업시행자가 손해배상책임을 지는지 여부(적극)

공익사업의 시행자는 해당 공익사업을 위한 공사에 착수하기 이전에 토지소유자와 관계인에게 보상액 전액을 지급하여야 한다(공익사업을 위한 토지 등의 취득 및 보상에 관한 법률 제62조 본문). 공익사업의 시행자가 토지소유자와 관계인에게 보상액을 지급하지 않고 승낙도 받지 않은 채 공사에 착수함으로써 토지소유자와 관계인이 손해를 입은 경우, 토지소유자와 관계인에 대하여 불법행위가 성립할 수 있고, 사업시행자는 그로 인한 손해를 배상할 책임을 진다.

2. 사업인정고시가 없더라도 영업손실을 보상할 의무가 있고 보상을 안 하고 공사에 착수하였다면 손해를 배상할 책임이 있다.

전통시장 공영주차장 설치사업의 시행자인 갑 지방자치단체가 공익사업을 위한 토지 등의 취득 및 보상에 관한 법률에 따른 사업인정 절차를 거치지 않고 위 사업부지의 소유자들로부터 토지와 건물을 매수하여 협의취득하였고, 위 토지상의 건물을 임차하여 영업한 을 등이 갑 지방자치단체에 영업손실 보상금을 지급해달라고 요청하였으나, 갑 지방자치단체가 아무런 보상 없이 위 사업을 시행하자, 을 등이 갑 지방자치단체를 상대로 영업손실 보상액 상당의 손해배상금과 정신적 손해에 대한 위자료 지급을 구한 사안에서, 사업인정고시는 수용재결절차로 나아가 강제적인 방식으로 토지소유자나 관계인의 권리를 취득·보상하기 위한 절차적 요건에 지나지 않고 영업손실보상의 요건이 아니다. 토지보상법령도 반드시 사업인정이나 수용이 전제되어야 영업손실 보상의무가 발생한다고 규정하고 있지 않다. 따라서 피고가 시행하는 사업이 토지보상법상 공익사업에 해당하고 원고들의 영업이 해당 공익사업으로 폐업하거나 휴업하게 된 것이어서 토지보상법령에서 정한 영업손실 보상대상에 해당하면, 사업인정고시가 없더라도 피고는 원고들에게 영업손실을 보상할 의무가 있다.

위 사업은 지방자치단체인 갑이 공공용 시설인 공영주차장을 직접 설치하는 사업으로 토지보상법 제4조 제3호의 '공익사업'에 해당하고, 을 등의 각 영업이 위 사업으로 폐업하거나 휴업한 것이므로 사업인정고시가 없더라도 공익사업의 시행자인 갑 지방자치단체는 공사에 착수하기 전 을 등에게 영업손실 보상금을 지급할 의무가 있는데도 보상액을 지급하지 않고 공사에 착수하였으므로,

갑 지방자치단체는 을 등에게 그로 인한 손해를 배상할 책임이 있다.

3 개성공단(헌재 2022.1.27. 2016헌마364)

헌법상 보장된 재산권은 사적 유용성 및 그에 대한 원칙적인 처분권을 내포하는 재산가치 있는 구체적인 권리이므로, 구체적 권리가 아닌 영리획득의 단순한 기회나 기업활동의 사실적·법적 여건은 기업에게는 중요한 의미를 갖는다고 하더라도 재산권보장의 대상이 아니다. 이 사건 중단조치에 의한 영업중단으로 영업상 손실이나 주식 등 권리의 가치하락이 발생하였더라도 이는 영리획득의 기회나 기업활동의 여건 변화에 따른 재산적 손실일 뿐이므로, 헌법 제23조의 재산권보장의 범위에 속한다고 보기 어렵다.
개성공단 전면중단 조치는 공익 목적을 위하여 개별적, 구체적으로 형성된 구체적인 재산권의 이용을 제한하는 공용 제한이 아니므로, 이에 대한 정당한 보상이 지급되지 않았다고 하더라도, 그 조치가 헌법 제23조 제3항을 위반하여 개성공단 투자기업인 청구인들의 재산권을 침해한 것으로 볼 수 없다.

4 공익사업을 위한 토지 등의 취득 및 보상에 관한 법률 제70조 제5항에서 정한 '공익사업의 계획 또는 시행의 공고·고시'에 해당하기 위한 공고·고시의 방법(대판 2022.5.26. 2021두45848)

공익사업의 근거 법령에서 공고·고시의 절차, 형식 및 기타 요건을 정하고 있지 않은 경우, '행정 효율과 협업 촉진에 관한 규정'이 적용될 수 있다(제2조). 위 규정은 고시·공고 등 행정기관이 일정한 사항을 일반에게 알리는 문서를 공고문서로 정하고 있으므로(제4조 제3호), 위 규정에서 정하는 바에 따라 공고문서가 기안되고 해당 행정기관의 장이 이를 결재하여 그의 명의로 일반에 공표한 경우 위와 같은 효과가 발생할 수 있다.
다만 당해 공익사업의 시행으로 인한 개발이익을 배제하려는 토지보상법령의 입법 취지에 비추어 '행정 효율과 협업 촉진에 관한 규정'에 따라 기안, 결재 및 공표가 이루어지지 않았다고 하더라도 공익사업의 계획 또는 시행에 관한 내용을 공고문서에 준하는 정도의 형식을 갖추어 일반에게 알린 경우에는 토지보상법 제70조 제5항에서 정한 '공익사업의 계획 또는 시행의 공고·고시'에 해당한다고 볼 수 있다.
그러나 국토교통부가 배포한 보도자료를 언론사에서 기사화하여 이 사건 사업에 관한 정보가 일반에 알려졌다고 하여 이를 두고 국토교통부장관이 이 사건 사업의 계획이나 시행을 공고하거나 고시하였다고 보기는 어렵다. 그런데도 원심은 이 사건 언론발표를 통해 이 사건 사업의 계획 또는 시행이 공고되거나 고시되었다고 보아, 원고들에 대한 보상금을 산정함에 있어 2008. 1. 1. 공시된 비교표준지의 공시지가를 적용해야 한다고 판단하였다. 이러한 원심 판단에는 토지보상법 제70조 제5항에 관한 법리를 오해한 잘못이 있다.

* 국토교통부의 **언론발표는** 토지보상법 제70조 제5항에서 정한 **'공익사업의 계획 또는 시행의 공고·고시'에 해당하지 않는다.**

5 공익사업의 시행으로 더 이상 영농을 계속할 수 없게 됨에 따라 발생하는 손실에 대한 '영농손실보상'의 법적 성격

공공필요에 의한 재산권의 수용·사용 또는 제한 및 그에 대한 보상은 법률로써 하되, 정당한 보상을 지급하여야 한다(헌법 제23조 제3항). 구 공익사업을 위한 토지 등의 취득 및 보상에 관한 법률 제77조 소정의 영업의 손실 등에 대한 보상은 위와 같은 헌법상의 정당한 보상 원칙에 따라 공익사업의 시행 등 적법한 공권력의 행사에 의한 재산상의 특별한 희생에 대하여 사유재산권의 보장과 전체적인 공평부담의 견지에서 행하여지는 조절적인 재산적 보상이다. 특히 구 토지보상법 제77조 제2항, 구 공익사업을 위한 토지 등의 취득 및 보상에 관한 법률 시행규칙 제48조 제2항 본문에서 정한 영농손실보상은 편입토지 및 지장물에 관한 손실보상과는 별개로 이루어지는 것으로서, 농작물과 농지의 특수성으로 인하여 같은 시행규칙 제46조에서 정한 폐업보상과 구별해서 농지가 공익사업시행지구에 편입되어 **공익사업의 시행으로 더 이상 영농을 계속할 수 없게 됨에 따라 발생하는 손실에 대하여** 원칙적으로 같은 시행규칙 제46조에서 정한 폐업보상과 마찬가지로 장래의 2년간 일실소득을 보상함으로써, 농민이 대체 농지를 구입하여 영농을 재개하거나 다른 업종으로 전환하는 것을 보장하기 위한 것이다. 즉, 영농보상은 원칙적으로 농민이 기존 농업을 폐지한 후 새로운 직업 활동을 개시하기까지의 준비기간 동안에 농민의 생계를 지원하는 **간접보상이자 생활보상**으로서의 성격을 가진다.
영농보상은 그 보상금을 통계소득을 적용하여 산정하든, 아니면 해당 농민의 최근 실제소득을 적용하여 산정하든 간에, 모두 장래의 불확정적인 일실소득을 예측하여 보상하는 것으로, 기존에 형성된 **재산의 객관적 가치에 대한 '완전한 보상'과는 그 법적 성질을 달리한다.**
결국 구 토지보상법 시행규칙 제48조 소정의 영농보상 역시 공익사업시행지구 안에서 수용의 대상인 농지를 이용하여 경작을 하는 자가 그 농지의 수용으로 인하여 장래에 영농을 계속하지 못하게 되어 특별한 희생이 생기는 경우 이를 보상하기 위한 것이기 때문에, 위와 같은 재산상의 **특별한 희생이 생겼다고 할 수 없는 경우에는 손실보상 또한 있을 수 없고,** 이는 구 토지보상법 시행규칙 제48조 소정의 영농보상이라고 하여 달리 볼 것은 아니다(대판 2023.8.18. 2022두34913).

6 주거이전비등(대판 2023.7.27. 2022두44392)

1. 구 공익사업을 위한 토지 등의 취득 및 보상에 관한 법률 시행규칙 제54조 제2항의 '세입자'에 주거용 건축물을 무상으로 사용하는 거주자도 포함되는지 여부(적극)

주거이전비는 당해 공익사업 시행지구 안에 거주하는 세입자들의 조기이주를 장려하여 사업추진을 원활하게 하려는 정책적인 목적과 주거이전으로 인하여 특별한 어려움을 겪게 될 세입자들을 대상으로 하는 사회보장적인 차원에서 지급하는 금원인데, 조기이주 장려 및 사회보장적 지원의 필요성이 사용대가의 지급 여부에 따라 달라진다고 보기 어렵다. 이와 같은 제도의 취지에 비추어 보더라도 보상대상자의 범위에서 무상으로 사용하는 거주자를 배제하는 것은 타당하지 않다.

2. 세입자가 사업시행계획 인가고시일까지 해당 주거용 건축물에 계속 거주하고 있는 경우, 정비사업의 시행으로 인하여 이주하게 되는 경우에 해당하는지 여부(원칙적 적극)

주거이전비 지급요건을 충족하는지는 주거이전비의 지급을 구하는 세입자 측에 주장·증명책임이 있다고 할 것이나, 세입자에 대한 주거이전비의 보상 방법 및 금액 등의 보상내용은 원칙적으로 사업시행계획 인가고시일에 확정되므로, **세입자가 사업시행계획 인가고시일까지 해당 주거용 건축물에 계속 거주하고 있었다면** 특별한 사정이 없는 한 정비사업의 시행으로 인하여 이주하게 되는 경우에 해당한다고 보는 것이 타당하다.

7. 고속국도에 부속된 교통광장과 같은 광역교통시설광장이 생활기본시설에 해당하는지 여부(대판 2023. 7.13. 2023다21425)

1. 공익사업의 시행자가 이주대책을 수립·실시하여야 할 자를 선정하여 그들에게 공급할 택지 또는 주택의 내용이나 수량을 정할 재량을 가지는지 여부(적극) 및 이주대책대상자들에게 이주자택지 공급한도로 정한 265㎡를 초과하여 공급한 부분이 사업시행자가 정한 이주대책의 내용이 아니라 일반수분양자에게 공급한 것과 마찬가지로 볼 수 있는 경우, 초과 부분에 해당하는 분양면적에 대하여 생활기본시설 설치비용을 부담시킬 수 있는지 여부(적극)

사업시행자가 공익사업을 위한 토지 등의 취득 및 보상에 관한 법률 시행령 제40조 제2항 단서에 따라 택지개발촉진법 또는 주택법 등 관계 법령에 의하여 이주대책대상자들에게 택지 또는 주택을 공급하는 것은 공익사업을 위한 토지 등의 취득 및 보상에 관한 법률 제78조 제1항의 위임에 근거하여 선택할 수 있는 이주대책의 한 방법이고, **사업시행자는 이주대책을 수립·실시하여야 할 자를 선정하여 그들에게 공급할 택지 또는 주택의 내용이나 수량을 정함에 재량을 갖는다.** 한국토지주택공사가 이주자택지의 공급한도를 265㎡로 정하면서, 불가피한 경우 이를 초과할 수 있다고 규정하였다. 그러나, <u>265㎡를 초과하여 공급된 부분은 이주대책의 특별공급이 아니라 일반수분양자에게 공급된 것과 마찬가지로 보아야 한다. 따라서, 265㎡를 초과하는 분양면적에 대해서는 일반수분양자와 동일하게 생활기본시설 설치비용을 부담시킬 수 있다.</u>

2. 공익사업을 위한 토지 등의 취득 및 보상에 관한 법률 제78조 제4항에서 정한 '생활기본시설'의 의미 및 일반 광장이나 생활기본시설에 해당하지 않는 **고속국도에 부속된 교통광장과 같은 광역교통시설광장이 생활기본시설에 해당하는지 여부(소극)** / 대도시권의 대규모 개발사업을 하는 과정에서 광역교통시설의 건설 및 개량에 소요되어 대도시권 내 택지 및 주택의 가치를 상승시키는 데에 드는 비용이 생활기본시설 설치비용에 해당하는지 여부(소극)

공익사업을 위한 토지 등의 취득 및 보상에 관한 법률 제78조에 의하면, 사업시행자가 공익사업의 시행으로 인하여 주거용 건축물을 제공함에 따라 생활의 근거를 상실하게 되는 이주대책대상자를 위하여 수립·실시하여야 하는 이주대책에는 이주정착지에 대한 도로 등 통상적인 수준의 생활기본시설이 포함되어야 하고, 이에 필요한 비용은 사업시행자가 부담하여야 한다. 위 규정 취지는 이주대책대상자에게 생활의 근거를 마련해 주고자 하는 데 있으므로, '생활기본시설'은 구 주택법 제23조 등 관계 법령에 따라 주택건설사업이나 대지조성사업을 시행하는 사업주체가 설치하도록 되어 있는 도로와 상하수도시설 등 간선시설을 의미한다고 보아야 한다. 그러나 광장은 토지보상법에서 정한 생활기본시설 항목이나 구 주택법에서 정한 간선시설 항목에 포함되어 있지 않으므로, 생활기본시설 항목이나 간선시설 항목에 해당하는 시설에 포함되거나 부속되어 그와 일체로 평가할 수 있는 경우와 같은 특별한 사정이 없는 한 생활기본시설에 해당하지 않는다. 따라서 일반 광장이나 생활기본시설에 해당하지 않는 고속국도에 부속된 교통광장과 같은 광역교통시설광장은 생활기본시설에 해당한다고 보기 어렵다. 또한 대도시권의 대규모 개발사업을 하는 과정에서 광역교통시설의 건설 및 개량에 소요되어 대도시권 내 택지 및 주택의 가치를 상승시키는 데에 드는 비용은 대도시권 내의 택지나 주택을 공급받는 이주대책대상자도 그에 따른 혜택을 누리게 된다는 점에서 생활기본시설 설치비용에 해당하지 않는다.

8 채권에 압류 및 추심명령이 있는 경우 토지소유자 등의 보상금 증액 청구의 소송 수행할 당사자적격 상실여부

토지보상법 제85조 제2항에 따른 보상금 증액 청구의 소와 관련하여, 토지소유자 등의 손실보상금 채권에 압류 및 추심명령이 있더라도, 추심채권자는 보상금 증액 청구의 소를 제기할 수 없으며, 토지소유자 등이 소송을 수행할 당사자적격을 상실하지 않는다고 판단된다. 그 이유는 다음과 같다. 보상금 증액 청구의 소는 실질적으로 항고소송의 성질을 가지며, 금전채권을 가진 제3자는 재결에 대해 법률상 이익을 주장할 수 없기 때문에 소를 제기할 수 없다. 손실보상금 채권은 토지보상법에서 정한 절차를 거쳐야만 구체적인 권리의 존부 및 범위가 확정되며, 이러한 절차 없이 바로 손실보상을 청구할 수 없다. 따라서, 토지소유자 등이 보상금 증액 청구의 소를 제기한 경우, 압류 및 추심명령이 있더라도 추심채권자가 소송 절차에 참여할 자격을 취득하지 않으며, 토지소유자 등이 소송을 수행할 당사자적격을 상실하지 않는다. 토지보상법상 손실보상금 채권에 관하여 압류 및 추심명령이 있는 경우 채무자가 보상금 증액 청구의 소를 제기할 당사자적격을 상실하고 그 보상금 증액소송 계속 중 추심채권자가 압류 및 추심명령 신청의 취하 등에 따라 추심권능을 상실하게 되면 채무자는 당사자적격을 회복한다는 취지의 대법원 2013. 11. 14. 선고 2013두9526 판결은 이 판결의 견해에 배치되는 범위에서 이를 변경하기로 한다(대판 전합 2022.11.24. 2018두67).

26. 항고소송

1 처분 여부

1. 항고소송의 대상인 '처분'이란 "행정청이 행하는 구체적 사실에 관한 법집행으로서의 공권력의 행사 또는 그 거부와 그 밖에 이에 준하는 행정작용"(행정소송법 제2조 제1항 제1호)을 말한다. 행정청의 행위가 항고소송의 대상이 될 수 있는지는 추상적·일반적으로 결정할 수 없고, 구체적인 경우에 관련 법령의 내용과 취지, 행위의 주체·내용·형식·절차, 그 행위와 상대방 등 이해관계인이 입는 불이익 사이의 실질적 견련성, 법치행정의 원리와 그 행위에 관련된 행정청이나 이해관계인의 태도 등을 고려하여 개별적으로 결정하여야 한다. <u>행정청의 행위가 '처분'에 해당하는지가 불분명한 경우에는 그에 대한 불복방법 선택에 중대한 이해관계를 가지는 상대방의 인식 가능성과 예측 가능성을 중요하게 고려하여 규범적으로 판단하여야 한다</u>(대판 2022.9.7. 2022두42365).

2. 관할교육지원청 교육장의 시정명령

사립유치원 설립자인 갑은 관할 교육청이 실시한 사립유치원 특정감사 결과에 대하여 조치요구사항이 기재되어 있고, 이의 제기 방법이 안내되어 있으나, 근거 법령에 유아교육법 제30조 제1항이 별도로 기재되어 있지 않은 통보서를 관할 교육지원청 교육장로부터 받았는데, <u>관할 교육지원청 교육장은 갑이 조치요구사항을 이행하지 아니하였다는 이유로 '사립유치원 종합(특정)감사 결과 미이행에 따른 행정처분 통지'라는 제목으로 유아교육법 제30조 제1항에 따라 조치요구사항을 이행할 것을 명하는 시정명령을 갑에게 통지한 사안에서, 위 시정명령은 감사결과 통보와는 별도로 항고소송의 대상이 되는 처분으로 봄이 타당하다</u>(대판 2022.9.7. 2022두42365).

3. 공정거래위원회의 입찰참가자격제한 요청 결정(대판 2023.4.27. 2020두47892)

하도급법 제26조 제2항은 입찰참가자격제한 등 요청의 요건을 시행령으로 정한 기준에 따라 부과한 벌점의 누산점수가 일정 기준을 초과하는 경우로 구체화하고, 위 요건을 충족하는 경우 피고는 하도급법 제26조 제2항 후단에 따라 관계 행정기관의 장에게 해당 사업자에 대한 입찰참가자격제한 등 요청 결정을 하게 되며, 이를 **요청받은 관계 행정기관의 장은 특별한 사정이 없는 한 그 사업자에 대하여 입찰참가자격제한 등의 처분을 하여야 하므로**, 사업자로서는 입찰참가자격제한 등 요청 결정이 있으면 장차 후속 처분으로 입찰참가자격이 제한되고 영업이 정지될 수 있는 등의 법률상 불이익이 존재한다. 이때 입찰참가자격제한 등 요청 결정이 있음을 알고 있는 사업자로 하여금 입찰참가자격제한처분 등에 대하여만 다툴 수 있도록 하는 것보다는 그에 앞서 직접 입찰참가자격제한 등 요청 결정의 적법성을 다툴 수 있도록 함으로써 분쟁을 조기에 근본적으로 해결하도록 하는 것이 법치행정의 원리에도 부합하므로, 공정거래위원회의 입찰참가자격제한 등 요청 결정은 항고소송의 대상이 되는 처분에 해당한다.

4. 검사의 추징판결집행을 위한 압류처분(대판 2022.7.28. 2019두63447)

검사가 전직 대통령(사망)에 대한 추징판결의 집행을 위하여 공무원범죄에 관한 몰수 특례법 제9조의2에 따라 신탁회사가 신탁 받은 부동산에 대해 한 압류처분의 항고소송 대상적격성 여부, 공무원범죄에 관한 몰수 특례법 제9조의2에 따라 추징의 집행을 받는 제3자가 검사의 압류처분이 부당함을 이유로 형사소송법 제489조에 따라 재판을 선고한 법원에 재판의 집행에 관한 이의를 신청할 수 있는지 여부(적극) 및 그와 별도로 행정소송법상 항고소송을 제기하여 처분의 위법성 여부를 다툴 수 있는지 여부(적극)

형사소송법 제489조가 정한 재판에 관한 이의신청 절차는 통상의 재판절차와는 달리 법원이 신청인의 출석 없이 서면으로만 심리하여 결정할 수도 있어 재산형 등 재판의 집행을 받은 자가 피고인 이외의 제3자인 경우에는 그의 의견진술 기회를 충분히 보장할 수 없고, 위 이의신청은 재산형 등의 집행이 종료된 후에는 허용되지 않으며, 이의신청을 하더라도 집행정지의 효력도 없어 집행이 신속히 종결되는 경우에는 재판의 집행을 받은 제3자의 권리 구제에 한계가 있으므로 제3자의 권익보호에 미흡하다. 이러한 사정을 종합하면 공무원범죄몰수법 제9조의2에 따라 추징의 집행을 받은 제3자가 형사소송법 제489조에 따라 집행에 관한 **검사의 처분에 대하여 이의신청을 할 수 있다고 하더라도 그와 별도로 행정소송법상 항고소송을 제기하여 처분의 위법성 여부를 다툴 수 있다고 보아야 한다.**

5. 경기도지사의 보조금신청 수용할 수 없다는 통보(대판 2023.2.23. 2021두44548)

여객자동차 운송사업자 갑 주식회사가 시내버스 노선을 운행하면서 환승요금할인, 청소년요금할인을 시행한 데에 따른 손실을 보전해 달라며 경기도지사와 광명시장에게 보조금 지급신청을 하였으나, 경기도지사가 갑 회사와 광명시장에게 '갑 회사의 보조금 지급신청을 받아들일 수 없음은 기존에 회신한 바와 같고, 광명시에서는 적의 조치하여 주기 바란다.'는 취지로 통보한 사안에서, 경기도지사의 위 통보는 갑 회사의 권리·의무에 직접적인 영향을 주는 것이라고 할 수 없어 항고소송의 대상이 되는 처분으로 볼 수 없다.

여객자동차 운송사업자 갑 주식회사가 시내버스 노선을 운행하면서 환승요금할인 및 청소년요금할인을 시행한 데에 따른 손실을 보전해 달라며 경기도지사와 광명시장에게 보조금 지급신청을 하였으나, 경기도지사가 갑 회사와 광명시장에게 '갑 회사의 보조금 지급신청을 받아들일 수 없음은 기존에 회신한 바와 같고, 광명시에서는 적의 조치하여 주기 바란다.'는 취지로 통보한 사안에서, 경기도 여객자동차 운수사업 관리 조례 제15조에 따른 보조금 지급사무는 광명시장에게 위임되었으므로 위 신청에 대한 응답은 광명시장이 해야 하고, 경기도지사는 갑 회사의 보조금 지급신청에 대한 처분권한자가 아니며, 위 통보는 경기도지사가 갑 회사의 보조금 신청에 대한 최종적인 결정을 통보하는 것이라기보다는 광명시장의 사무에 대한 지도·감독권자로서 갑 회사에 대하여는 보조금 지급신청에 대한 의견을 표명함과 아울러 광명시장에 대하여는 경기도지사의 의견에 따라 갑 회사의 보조금 신청을 받아들일지를 심사하여 갑 회사에 통지할 것을 촉구하는 내용으로 보는 것이 타당하므로, **경기도지사의 위 통보는 갑 회사의 권리·의무에 직접적인 영향을 주는 것이라고 할 수 없어 항고소송의 대상이 되는 처분으로 볼 수 없다.**

6. 중소기업기술정보진흥원장의 정부출연금전액환수 통지(대판 2022.7.28. 2021두60748)

선행처분의 내용 중 일부만을 소폭 변경하는 후행처분이 있는 경우 선행처분도 후행처분에 의하여 변경되지 아니한 범위 내에서 존속하고, 후행처분은 선행처분의 내용 중 일부를 변경하는 범위 내에서 효력을 가지지만, <u>선행처분의 주요 부분을 실질적으로 변경하는 내용으로 후행처분을 한 경우에는 선행처분은 특별한 사정이 없는 한 그 효력을 상실한다.</u>

제재조치위원회는 원고들의 이의신청에 따라 원고들에 대한 제재를 다시 심의한 다음, 종전과 같이 원고들에 대하여 각 3년간 기술혁신 촉진 지원사업에의 참여를 제한하고 원고 회사에 대하여 정부출연금을 전부 환수함이 타당하다고 보았다.

<u>중소기업기술정보진흥원장은 원고들이 연구개발 자료나 결과를 위조 또는 변조하거나 표절하는 등의 연구부정행위를 하였다는 이유로, 정부출연금을 전부 환수한다고 통지하였는데 이 사건 2차 통지는 선행처분인 이 사건 1차 통지의 주요 부분을 실질적으로 변경한 새로운 처분으로서 항고소송의 대상이 된다고 봄이 타당하다.</u>

> **비교판례** 중소기업기술정보진흥원장이 갑 주식회사와 중소기업 정보화지원사업 지원대상인 사업의 지원에 관한 협약을 체결하였는데, 협약이 갑 회사에 책임이 있는 **사업실패로 해지되었다는 이유로** 협약에서 정한 대로 지급받은 정부지원금을 반환할 것을 통보한 사안에서, <u>협약의 해지 및 그에 따른 환수통보는 행정청이 우월한 지위에서 행하는 공권력의 행사로서 행정처분에 해당한다고 볼 수 없다</u>(대판 2015.8.27. 2015두41449).

7. 이주대책대상자제외결정(2차 결정)의 처분성 인정(대판 2021.1.14. 2020두50324)

가. 행정청의 행위가 항고소송의 대상이 될 수 있는지 결정하는 방법 및 행정청의 행위가 '처분'에 해당하는지 불분명한 경우, 이를 판단하는 방법

항고소송의 대상인 '처분'이란 "행정청이 행하는 구체적 사실에 관한 법집행으로서의 공권력의 행사 또는 그 거부와 그 밖에 이에 준하는 행정작용"(행정소송법 제2조 제1항 제1호)을 말한다. **행정청의 행위가 항고소송의 대상이 될 수 있는지는 추상적·일반적으로 결정할 수 없고, 구체적인 경우에** 관련 법령의 내용과 취지, 그 행위의 주체·내용·형식·절차, 그 행위와 상대방 등 이해관계인이 입는 불이익 사이의 실질적 견련성, 법치행정의 원리와 그 행위에 관련된 행정청이나 이해관계인의 태도 등을 고려하여 개별적으로 결정하여야 한다. <u>행정청의 행위가 '처분'에 해당하는지 불분명한 경우에는 그에 대한 불복방법 선택에 중대한 이해관계를 가지는 상대방의 인식가능성과 예측가능성을 중요하게 고려하여 규범적으로 판단하여야 한다.</u>

나. 수익적 행정처분을 구하는 신청에 대한 거부처분이 있은 후 당사자가 새로운 신청을 하는 취지로 다시 신청을 하였으나 행정청이 이를 다시 거절한 경우, 새로운 거부처분인지 여부(적극)

수익적 행정처분을 구하는 신청에 대한 거부처분은 당사자의 신청에 대하여 관할 행정청이 이를 거절하는 의사를 대외적으로 명백히 표시함으로써 성립된다. 거부처분이 있은 후 당사자가 다시 신청을 한 경우에는 신청의 제목 여하에 불구하고 **그 내용이 새로운 신청을 하는 취지라면 관할 행정청이 이를 다시 거절하는 것은 새로운 거부처분이라고 보아야 한다.** 관계 법령이나 행정청이 사전에 공표한 처분기준에 신청기간을 제한하는 특별한 규정이 없는 이상 재신청을 불허할 법적 근거가 없으며, 설령 신청기간을 제한하는 특별한 규정이 있더라도 재신청이 신청기간을 도과하였는지는 본안에서 재신청에 대한 거부처분이 적법한가를 판단하는 단계에서 고려할 요소이지, 소송요건 심사단계에서 고려할 요소가 아니다.

다. 주택공사의 이주대책대상자제외결정(2차 결정)

행정절차법 제26조는 행정청이 처분을 할 때에는 당사자에게 그 처분에 관하여 행정심판 및 행정소송을 제기할 수 있는지 여부, 그 밖에 불복을 할 수 있는지 여부, 청구절차 및 청구기간, 그 밖에 필요한 사항을 알려야 한다고 규정하고 있다. 이 사건에서 피고 한국토지주택공사가 원고에게 이주대책대상자제외결정(2차 결정)을 통보하면서 '2차 결정에 대하여 이의가 있는 경우 2차 결정 통보일부터 90일 이내에 행정심판이나 취소소송을 제기할 수 있다.'는 취지의 불복방법 안내를 하였던 점을 보면, 피고 공사 스스로도 2차 결정이 행정절차법과 행정소송법이 적용되는 처분에 해당한다고 인식하고 있었음을 알 수 있고, 그 상대방인 원고로서도 2차 결정이 행정쟁송의 대상인 처분이라고 인식하였을 수밖에 없다고 보인다. 이와 같이 불복방법을 안내한 피고 공사가 이 사건 소가 제기되자 '처분성'이 인정되지 않는다고 본안전항변을 하는 것은 신의성실원칙(행정절차법 제4조)에도 어긋난다.

* 갑 시장이 을 소유 토지의 경계확정으로 지적공부상 면적이 감소되었다는 이유로 지적재조사위원회의 의결을 거쳐 을에게 조정금 수령을 통지하자(1차 통지), 을이 구체적인 이의신청 사유와 소명자료를 첨부하여 이의를 신청하였으나, **갑 시장이 지적재조사위원회의 재산정 심의·의결을 거쳐 종전과 동일한 액수의 조정금 수령을 통지한(2차 통지)** 사안에서, 2차 통지는 1차 통지와 별도로 행정쟁송의 대상이 되는 처분으로 보는 것이 타당하다. 을의 이의신청은 새로운 신청으로 볼 수 있는 점, 2차 통지서의 문언상 종전 통지와 별도로 심의·의결하였다는 내용이 명백하고, **단순히 이의신청을 받아들이지 않는다는 내용에 그치는 것이 아니라 조정금에 대하여 다시 재산정, 심의·의결절차를 거친 결과, 그 조정금이 종전 금액과 동일하게 산정되었다는 내용을 알리는 것이므로, 2차 통지를 새로운 처분으로 볼 수 있는 점** 등을 종합하면, 2차 통지는 1차 통지와 별도로 행정쟁송의 대상이 되는 처분으로 보는 것이 타당함에도 2차통지의 처분성을 부정한 원심판단에 법리오해의 잘못이 있다(대판 2022.3.17. 2021두53894)

* 제2차, 제3차의 계고처분은 새로운 철거의무를 부과한 것이 아니고 다만 대집행기한의 연기통지에 불과하므로 행정처분이 아니다(대판 1994.10.28. 94누5144).

8. 총포·화약안전기술협회의 회비납부통지 (대판 2021.12.30. 2018다241458)

가. **총포·화약안전기술협회의 법적 성질** : 총포·도검·화약류 등의 안전관리에 관한 법률(이하 '총포화약법'이라 한다) 제48조, 제52조, 제62조의 규정 내용과 총포·화약안전기술협회(이하 '협회'라 한다)가 수행하는 업무, 총포화약류로 인한 위험과 재해를 미리 방지함으로써 공공의 안전을 유지하고자 하는 총포화약법의 입법 취지(제1조)를 고려하면, 협회는 총포화약류의 안전관리와 기술지원 등에 관한 국가사무를 수행하기 위하여 법률에 따라 설립된 '공법상 재단법인'이라고 보아야 한다.

나. **총포·도검·화약류 등의 안전관리에 관한 법률 제58조 제1항 제3호에 따른 회비가 공법상 부담금에 해당하는지 여부**(적극)

어떤 공과금이 부담금에 해당하는지 여부는 명칭이 아니라 실질적인 내용을 기준으로 판단하여야 한다. 부담금 부과에 관한 명확한 법률 규정이 존재한다면 반드시 별도로 부담금관리 기본법 별표에 그 부담금이 포함되어야만 부담금 부과가 유효하게 되는 것은 아니다. 총포·도검·화약류 등의 안전관리에 관한 법률 제58조 제1항 제3호에 따른 회비는 부담금관리 기본법 별표에 포함되어 있지는 않으나, 공법상 재단법인으로서 총포·화약안전기술협회의 법적 성질과 회비의 조성방법과 사용용도 등을 위 법리에 비추어 살펴보면, 국가 또는 공공단체가 일정한 공행정활동과 특별한 관계에 있는 자에 대하여 그 활동에 필요한 경비를 조달하기 위하여 부담시키는 조세 외의 금전지급의무로서 공법상 부담금에 해당한다고 보아야 한다.

다. **총포·화약안전기술협회의 '회비납부통지'가 항고소송의 대상이 되는 '처분'에 해당하는지 여부**(적극)

어떠한 처분에 법령상 근거가 있는지, 행정절차법에서 정한 처분 절차를 준수하였는지는 본안에서 해당 처분이 적법한가를 판단하는 단계에서 고려할 요소이지, 소송요건 심사단계에서 고려할 요소가 아니다. 총포·도검·화약류 등의 안전관리에 관한 법률 시행령 제78조 제1항 제3호, 제79조 및 총포·화약안전기술협회(이하 '협회'라 한다) 정관의 관련 규정의 내용을 위 법리에 비추어 살펴보면, 공법인인 협회가 자신의 공행정활동에 필요한 재원을 마련하기 위하여 회비납부의무자에 대하여 한 '회비납부통지'는 납부의무자의 구체적인 부담금액을 산정·고지하는 '부담금 부과처분'으로서 항고소송의 대상이 된다고 보아야 한다.

관련 법령에서 체납자에 대한 강제징수규정을 두었는지 여부는 행정청이 하는 금전 납부통지의 처분성 인정 여부를 판단할 때 중요한 고려요소이며, 강제징수규정이 있다면 해당 금전 납부통지가 처분(공권력의 행사)에 해당한다는 것이 보다 분명해진다. 그러나 <u>강제징수규정이 없다는 이유만으로 행정청이 하는 금전 납부통지의 처분성을 반드시 부정해야 하는 것은 아니다.</u>

라. **확인의 소의 대상인 법률관계의 확인에 '확인의 이익'이 인정되기 위한 요건 / 행정소송법상 장래에 행정청이 일정한 내용의 처분을 할 것 또는 하지 못하도록 할 것을 구하는 소송이 허용되는지 여부**(소극)

확인의 소의 대상인 법률관계의 확인이 그 이익이 인정되기 위해서는 법률관계에 따라 제소자의 권리 또는 법적 지위에 현존하는 위험·불안이 야기되어야 하고, 그 위험·불안을 제거하기 위하여 법률관계를 확인의 대상으로 한 확인판결에 따라 즉시 확정할 필요가 있으며, 그것이 가장 유효적절한 수단이어야 한다. 현행 행정소송법에서는 장래에 행정청이 일정한 내용의 처분을 할 것 또는 하지 못하도록 할 것을 구하는 소송(의무이행소송, 의무확인소송 또는 예방적 금지소송)은 허용되지 않는다.

마. 행정상대방이 행정청에 이미 납부한 돈이 민법상 부당이득에 해당한다고 주장하면서 반환을 청구하는 경우, 민사소송절차를 따라야 하는지 여부(적극) 및 이때 그 돈이 행정처분에 근거하여 납부한 것인 경우, 행정처분이 취소되거나 당연무효가 아닌 상태에서 이를 법률상 원인 없는 이득이라고 할 수 있는지 여부(소극)

행정상대방이 행정청에 이미 납부한 돈이 민법상 부당이득에 해당한다고 주장하면서 그 반환을 청구하는 것은 민사소송절차를 따라야 한다. 그러나 그 돈이 행정처분에 근거하여 납부한 것이라면 행정처분이 취소되거나 당연무효가 아닌 이상 법률상 원인 없는 이득이라고 할 수 없다.

바. 산업화약류 제조·판매·수입업 등을 목적으로 하는 갑 주식회사가 총포·화약안전기술협회를 상대로 총포·도검·화약류 등의 안전관리에 관한 법률 제58조 제2항과 같은 법 시행령 제78조 제1항 제3호에 근거한 회비납부의무의 부존재 확인 및 이미 납부한 회비에 대한 부당이득 반환을 구한 사안에서, 장래의 회비납부의무의 부존재 확인을 구하는 것은 확인의 이익이 없고, 이미 납부한 회비가 법률상 원인 없는 이득이라고 할 수 없다고 한 사례

협회가 매년 구체적인 회비를 산정·고지하는 처분을 하기 전에 갑 회사가 협회를 상대로 구체적으로 정해진 바도 없는 회비납부의무의 부존재 확인을 곧바로 구하는 것은 현존하는 권리·법률관계의 확인이 아닌 장래의 권리·법률관계의 확인을 구하는 것일 뿐만 아니라, 갑 회사의 회비납부의무 부존재 확인청구는 협회가 장래에 갑 회사의 구체적인 회비를 산정·고지할 때 총포화약법 제58조 제2항과 같은 법 시행령 제78조 제1항 제3호에 근거한 '수입원가 기준 회비' 부분을 제외해야 한다는 것으로서 실질적으로 협회로 하여금 특정한 내용으로 회비를 산정·고지할 의무가 있음의 확인을 구하는 것과 같으므로 현행 행정소송법상 허용되지 않는 의무확인소송 또는 예방적 금지소송과 마찬가지로 허용되지 않고, 갑 회사로서는 협회가 매년 구체적인 회비를 산정·고지하는 처분을 하면 그 처분의 효력을 항고소송의 방식으로 다투어야 하며, 한편 갑 회사가 이미 협회에 납부한 수입원가 기준 회비의 근거가 된 협회의 회비납부통지는 행정처분에 해당하고 이미 제소기간이 지나서 불가쟁력이 발생하였으며, 회비 부과·징수의 근거 규정이 위헌·위법하다고 하더라도 특별한 사정이 없는 한 그러한 하자는 회부납부통지의 취소사유일 뿐 당연무효사유는 아니므로, 갑 회사가 이미 협회에 납부한 회비는 법률상 원인 없는 이득이라고 할 수 없다.

사. 화약류 안정도시험 대상자가 총포·화약안전기술협회로부터 안정도시험을 받지 않는 경우, 경찰청장 또는 지방경찰청장이 일정 기한 내에 안정도시험을 받으라는 검사명령을 할 수 있는지 여부(적극) 및 위 검사명령이 항고소송의 대상이 되는 '처분'에 해당하는지 여부(적극)

화약류 안정도시험 제도의 취지 등을 종합하면, 화약류 안정도시험 대상자가 총포·화약안전기

술협회로부터 안정도시험을 받지 않는 경우에는 경찰청장 또는 지방경찰청장이 화약류 안정도시험 대상자에 대하여 일정 기한 내에 안정도시험을 받으라는 검사명령을 할 수 있으며, 이는 항고소송이 대상이 되는 '처분'이라고 보아야 한다. 경찰청장 또는 지방경찰청장이 구체적인 화약류 물품에 관하여 안정도시험을 받으라는 검사명령을 하기 전에 원고가 안정도시험 실시 기관인 피고를 상대로 구체적으로 정해지지 않은 안정도시험의무의 부존재 확인을 곧바로 구하는 것은 현존하는 권리·법률관계의 확인이 아닌 장래의 권리·법률관계의 확인을 구하는 것일 뿐만 아니라, **원고의 이 사건 안정도시험의무 부존재 확인청구는 실질적으로 경찰청장 또는 지방경찰청장으로 하여금 장래에 원고가 수입한 구체적인 화약류 물품에 관하여 안정도시험을 받으라는 검사명령을 해서는 안 된다는 취지로서 행정소송법상 허용되지 않는 예방적 금지소송과 같으므로 허용되지 않는다.**

9. 일본에서 공기압 전송용 밸브를 생산하여 한국에 수출하는 갑 법인이, 기획재정부장관이 제정한 '일본산 공기압 전송용 밸브에 대한 덤핑방지관세의 부과에 관한 규칙'의 취소를 구하는 소송을 제기했다. 이 규칙은 덤핑방지관세를 부과할 물품과 관세율을 정하는 조세법령으로, <u>덤핑방지관세를 납부할 의무는 규칙만으로는 성립하지 않으며, 실제로는 세관장의 부과처분 등이 있어야만 영향을 미친다.</u> 덤핑방지관세를 납부할 의무는 수입자에게 있으며, 규칙은 수출자와의 법률관계를 규율하지 않으므로, 갑 법인의 권리나 법률관계에 직접적인 변동을 초래하지 않는다. 따라서 이 규칙은 항고소송의 대상이 될 수 없다(대판 2022.12.1. 2019두48905).

10. 세월호 사고 관련 방송에서 다이빙벨에 관한 인터뷰가 불명확한 내용을 사실인 것처럼 방송하여 시청자를 혼동시켰다는 이유로, 방송통신심의위원회는 해당 방송 프로그램에 대해 제재조치를 요청했고, 이에 피고는 <u>방송 관계자에 대한 징계와 고지방송 명령을 내렸다. 고지방송 명령은 권고적 효력만을 가지는 비권력적 사실행위로서 항고소송의 대상이 되는 행정처분에 해당하지 않는다</u>(대판 2023.7.13. 2016두34257)

11. 검사에 대한 경고(대판 2021.2.10. 2020두47564)

가. 처분성

항고소송의 대상이 되는 행정처분이란 원칙적으로 행정청의 공법상 행위로서 특정 사항에 대하여 법규에 의한 권리의 설정 또는 의무의 부담을 명하거나 기타 법률상 효과를 발생하게 하는 등으로 일반 국민의 권리 의무에 직접 영향을 미치는 행위를 가리키는 것이지만, <u>어떠한 처분의 근거나 법적인 효과가 행정규칙에 규정되어 있다고 하더라도, 그 처분이 행정규칙의 내부적 구속력에 의하여 상대방에게 권리의 설정 또는 의무의 부담을 명하거나 기타 법적인 효과를 발생하게 하는 등으로 **상대방의 권리 의무에 직접 영향을 미치는 행위라면**, 이 경우에도 항고소송의 대상이 되는 행정처분에 해당한다고 보아야 한다.</u>

검사에 대한 경고조치 관련 규정을 위 법리에 비추어 살펴보면, 검찰총장이 사무검사 및 사건평정을 기초로 대검찰청 자체감사규정 제23조 제3항, 검찰공무원의 범죄 및 비위 처리지침 제

4조 제2항 제2호 등에 근거하여 검사에 대하여 하는 '경고조치'는 일정한 서식에 따라 검사에게 개별 통지를 하고 이의신청을 할 수 있으며, 검사가 검찰총장의 경고를 받으면 1년 이상 감찰관리 대상자로 선정되어 특별관리를 받을 수 있고, 경고를 받은 사실이 인사자료로 활용되어 복무평정, 직무성과금 지급, 승진·전보인사에서도 불이익을 받게 될 가능성이 높아지며, 향후 다른 징계사유로 징계처분을 받게 될 경우에 징계양정에서 불이익을 받게 될 가능성이 높아지므로, 검사의 권리 의무에 영향을 미치는 행위로서 항고소송의 대상이 되는 처분이라고 보아야 한다.

나. 경고처분이 법률유보원칙에 위반되는지 여부와 재량권 일탈남용인지 여부

검찰청법 제7조 제1항, 제12조 제2항, 검사징계법 제2조, 제3조 제1항, 제7조 제1항, 대검찰청 자체감사규정 제23조 제2항, 제3항, 사건평정기준 제2조 제1항 제2호, 제5조, 검찰공무원의 범죄 및 비위 처리지침 제4조 제2항 제2호, 제3항 [별표 1] 징계양정기준, 제4항, 제5항 등 관련 규정들의 내용과 체계 등을 종합하여 보면, 검찰총장의 경고처분은 **검사징계법에 따른 징계처분이 아니라 검찰청법 제7조 제1항, 제12조 제2항에 근거하여 검사에 대한 직무감독권을 행사하는 작용에 해당하므로**, 검사의 직무상 의무 위반의 정도가 중하지 않아 **검사징계법에 따른 '징계사유'에는 해당하지 않더라도 징계처분보다 낮은 수준의 감독조치로서 '경고처분'을 할 수 있고**, 법원은 그것이 직무감독권자에게 주어진 재량권을 일탈·남용한 것이라는 특별한 사정이 없는 한 이를 존중하는 것이 바람직하다(대판 2021.2.10. 2020두47564).

12. **재정비촉진계획에 이해관계가 있는 토지 등 소유자**는 도시재정비법 제3조 제2항과 도시정비법 제14조 제1항 제6호에 따라 변경 입안을 제안할 수 있는 신청권이 있고, 이에 대한 행정청의 거부는 단순한 내부 의사표시가 아니라 법적 효과를 가지는 행정처분으로서 행정소송의 대상이 된다(대판 2024.10.31. 2021두41204).

13. **교육부가 국공립대학의 교육·연구 및 학생지도 비용에 대한 감사 결과를 바탕으로 갑 국립대학교 총장에게 소속 교원 을 등에 대한 교육·연구 및 학생지도 비용 환수 및 신분상 조치를 하도록 요구함에 따라, 총장이 교내 이메일을 통해 을 등에게 '환수금 납입 안내'라는 제목의 문서를 첨부하여 교육·연구 및 학생지도 비용에 관한 환수금을 납부해 달라는 요청을 통지한 사안에서**, 국립대학의 장의 지급 결정이나 환수 통지는 교육·연구 및 학생지도 비용의 지급과 환수에 관한 교직원의 권리·의무에 영향을 미치는 점, 교육공무원인 을 등은 국가공무원법상 성실 의무(제56조), 복종의 의무(제57조) 등을 부담하므로 환수 통지를 따라야 하고, 환수 통지에 따라 정해진 기한까지 환수금을 납부하지 않으면 환수금을 완납할 때까지 교육·연구 및 학생지도 비용을 지급받지 못하는 등 환수 통지로 직접적인 법적 불이익을 입는 점, 위 환수 통지는 국립대학의 회계 설치 및 재정 운영에 관한 법률 제28조 제2항, 국립대학의 회계 설치 및 재정 운영에 관한 법률 시행규칙 제22조 제5항의 순차 위임을 받아 총장이 제정한 갑 대학교 재정 및 회계의 운영에 관한 규정 제11조 제5항에 따라 이루어진 것인 점, 국립대학의 장의 환수 행위의 처분성을 인정하지 않으면 교직원이 교육·연구 및 학생지도 비용 환수에 관하여 다툼이 있는 경우, 법적 분쟁을 실효적으로 해결할 다른 구제수단을 찾기도 어려운 점을 종합하

면, 위 환수 통지는 행정청이 행하는 구체적 사실에 관한 법집행으로서 공권력의 행사인 '처분'에 해당한다(대판 2025.5.15. 2024두35989).

2 원고적격

1. 시공업체선정결정에서 절대평가를 적용한 경우 탈락한 업체의 원고적격(대판 2021.2.4. 2020두48772)

피고는 응모한 20개 업체에 대하여 절대평가제를 적용하여 평가점수 70점을 기준으로 선정 여부를 결정하였을 뿐이다. 응모한 업체들은 선정에 관한 상호 경쟁관계 또는 경원자 관계가 아니었다. 따라서 16개 업체에 대한 선정결정에 대해 원고적격이 인정되지 않는다.

2. 교육감이 사립학교 법인에 대한 직원들의 호봉정정 및 급여환수 명령 (대판 2023.1.12. 2022두56630)

가. 행정처분의 직접 상대방이 아닌 제3자가 행정처분으로 법률상 보호되는 이익을 침해당한 경우, 취소소송을 제기할 수 있는지 여부(적극) 및 여기서 말하는 법률상 보호되는 이익의 의미

행정처분의 직접 상대방이 아닌 제3자라고 하더라도 당해 행정처분으로 인하여 법률상 보호되는 이익을 침해당한 경우에는 취소소송을 제기하여 그 당부의 판단을 받을 자격이 있다. 여기에서 말하는 법률상 보호되는 이익은 당해 처분의 근거 법규와 관련 법규에 의하여 보호되는 개별적·직접적·구체적 이익이 있는 경우를 말하고, 공익보호의 결과로 국민 일반이 공통적으로 가지는 일반적·간접적·추상적 이익과 같이 사실적·경제적 이해관계를 갖는 데 불과한 경우는 포함되지 아니한다. 또 당해 처분의 근거 법규와 관련 법규에 의하여 보호되는 법률상 이익은 당해 처분의 근거 법규의 명문 규정에 의하여 보호받는 법률상 이익, 당해 처분의 근거 법규에 의하여 보호되지는 아니하나 당해 처분의 행정목적을 달성하기 위한 일련의 단계적인 관련 처분들의 근거 법규에 의하여 명시적으로 보호받는 법률상 이익, 당해 처분의 근거 법규 또는 관련 법규에서 명시적으로 당해 이익을 보호하는 명문의 규정이 없더라도 근거 법규와 관련 법규의 합리적 해석상 그 법규에서 행정청을 제약하는 이유가 순수한 공익의 보호만이 아닌 개별적·직접적·구체적 이익을 보호하는 취지가 포함되어 있다고 해석되는 경우까지를 말한다.

나. **교육감이 사립학교 법인에 대해 직원들의 호봉정정 및 급여환수를 명령하고, 이를 이행하지 않을 경우 보조금 지급 중단을 경고한 것은 법적 구속력이 있는 행정처분에 해당한다.** 사립학교 직원들은 이 명령으로 인해 급여 삭감이나 환수 등의 직접적이고 구체적인 손해를 입게 되므로, 이를 다툴 개별적·직접적·구체적 이해관계가 있다.

3. 건축법은 집합건물의 공용부분을 대수선하려는 자로 하여금 구분소유자 전원을 구성원으로 하는 관리단집회에서 구분소유자 2/3 이상 및 의결권 2/3 이상의 결의로써 그 대수선에 동의하였다는 사정을 증명해야 대수선에 관한 허가를 받을 수 있도록 규정하고 있다(건축법 제

11조 제11항 제5호, 집합건물법 제15조 제1항). 이와 같은 건축법 규정은 구분소유자들이 공유하고 각자 그 용도에 따라 사용할 수 있는 공용부분의 대수선으로 인하여 공용부분의 소유·사용에 제한을 받을 수 있는 구분소유자의 개별적 이익을 구체적이고 직접적으로 보호하는 규정으로 볼 수 있다. 따라서 <u>집합건물 공용부분의 대수선과 관련한 행정청의 허가, 사용승인 등 일련의 처분에 관하여는 처분의 직접 상대방 외에 해당 집합건물의 구분소유자에게도 취소를 구할 원고적격이 인정된다고 보는 것이 타당하다</u>(대판 2024.3.12. 2021두58998).

3 소의 이익

1. 원고는 술에 취해 아파트 주차장에 누워 있던 소외인을 현행범으로 체포한 후 공무집행방해죄로 고소했으나, 검사의 불기소처분이 내려졌고, 이후 국가인권위원회는 위법한 체포로 인한 인권침해를 이유로 원고에게 징계 조치를 권고했다. 이에 상주경찰서장은 원고에게 성실의무와 품위유지의무 위반을 이유로 불문경고 처분을 내렸다. 원고가 불문경고 처분을 받은 후 소청심사 청구 등을 하지 않았으므로 원고에게 국가인권위원회 징계 권고 결정의 취소를 구할 법률상 이익이 없다(대판 2022.1.27. 2021두4025)

2. 중앙노동위원회위원장의 교원노동관계중재재정취소청구(대판 2024.4.16. 2022두57138).

가. 관련 법리

행정처분의 무효확인 또는 취소를 구하는 소가 제소 당시에는 소의 이익이 있어 적법했는데, 소송계속 중 해당 행정처분이 기간의 경과 등으로 그 효과가 소멸한 때에 처분이 취소되어도 원상회복이 불가능하다고 보이는 경우라도, 무효확인 또는 취소로써 회복할 수 있는 다른 권리나 이익이 남아 있거나 또는 그 행정처분과 동일한 사유로 위법한 처분이 반복될 위험성이 있어 행정처분의 위법성 확인 내지 불분명한 법률문제에 대한 해명이 필요한 경우에는 행정의 적법성 확보와 그에 대한 사법통제, 국민의 권리구제 확대 등의 측면에서 예외적으로 그 처분의 취소를 구할 소의 이익을 인정할 수 있다. 여기에서 '그 행정처분과 동일한 사유로 위법한 처분이 반복될 위험성이 있는 경우'란 불분명한 법률문제에 대한 해명이 필요한 상황에 관한 대표적인 예시일 뿐이며, 반드시 **'해당 사건의 동일한 소송 당사자 사이에서' 반복될 위험이 있는 경우만을 의미하는 것은 아니다. 이러한 법리는 행정처분의 일종인 중재재정에 대한 무효확인 또는 취소를 구하는 소의 경우에도 마찬가지로 적용된다.**

나. 사안의 경우

중재재정의 효력 소멸 이후 현재까지 원고 교육감과 참가인(전국교직원노동조합)사이에서 이 사건 중재재정의 대상이 된 사항들에 관하여 새로운 단체협약이 체결되지 않은 것으로 보이는데, 전국교직원노동조합이 이러한 사항들에 대하여 단체교섭을 요구하여 단체교섭이 결렬되는 경우 교원노조법에 따른 조정 및 중재절차가 다시 진행될 수 있다. 그 사항들이 교원노조법상 중재재정의 대상이 되는지에 관한 법원의 분명한 판례가 없고, 이 사건에서 법원이 본안 판단을 하지 않는다면 피고는 <u>원고 교육감과 피고 중앙노동위원회위원장 사이의 사건뿐만 아니라 다른 유사한 사건에서도</u> 이 사건 중재재정과 같은 내용의 중재재정을 반복할 것으로 예상된다. 이러한 사정에 비추어 보면 이 사건 중재재정의 위법성의 확인 내지 법률문제의 해명이 필요하다고 판단되므로, 이 사건 중재재정의 무효확인 및 취소를 구할 소의 이익이 있다.

3. 부당해고구제 재심판정취소(대판(전합) 2020.2.20. 2019두52386)

종래 대법원은 근로자가 부당해고 구제신청을 기각한 재심판정에 대해 소를 제기하여 해고의 효력을 다투던 중 사직하거나 정년에 도달하거나 근로계약기간이 만료하는 등의 이유로 근로관계가 종료한 경우, 근로자가 구제명령을 얻는다고 하더라도 객관적으로 보아 원직에 복직하는 것이 불가능하고, 해고기간 중에 지급받지 못한 임금을 지급받기 위한 필요가 있다고 하더라도 이는 민사소송절차를 통하여 해결할 수 있다는 등의 이유를 들어 소의 이익을 부정하여 왔다.

근로기준법은 부당해고 구제명령제도를 통해 부당한 해고를 당한 근로자의 법적 지위와 이익을 회복하는 것을 목적으로 하며, 이는 근로자 지위 회복뿐만 아니라 해고기간 중의 임금 상당액 지급도 포함된다.

노동위원회가 부당해고임을 인정하면 원직복직과 함께 해고기간 중의 임금 상당액 지급을 명령하는데, 원직복직 여부와 상관없이 임금 상당액 지급 명령을 받을 이익이 유지된다고 보아야 한다. 노동위원회의 구제명령은 사용자에게 공법상 의무를 부과하며, 이를 이행하지 않으면 이행강제금 부과나 형사처벌 등의 강제력이 뒤따른다. 따라서 근로자는 구제명령을 통해 임금 지급을 받을 이익이 있다. 부당해고 구제절차는 신속하고 간이하며 경제적이어서, 복잡하고 지연되기 쉬운 민사소송에 비해 효과적인 권리구제를 제공한다. 따라서 민사소송을 통해 해결할 수 있다는 이유로 구제절차의 소의 이익을 부정하는 것은 부당하다. 해고기간 중에 지급받지 못한 임금을 지급받기 위한 필요가 있다고 하더라도 이는 민사소송절차를 통하여 해결할 수 있다는 등의 이유를 들어 소의 이익을 부정한 과거 판례는 근로기준법 개정 취지에 맞지 않으며, 특히 기간제근로자의 실질적인 권리구제를 어렵게 한다. 근로계약기간 만료로 원직복직이 불가능한 경우에도 해고기간 중 임금 지급의 구제 필요성이 있으므로 소의 이익을 인정해야 한다. **근로자가 근로기준법에 따라 금품지급명령을 신청한 경우에도 동일한 법리가 적용된다. 종전 판결과 달리, 근로관계 종료로 소의 이익이 소멸된다고 판단한 기존 판례는 이와 배치되는 범위 내에서 변경된다.**

4. 사립학교 교원이 소청심사청구를 하여 해임처분의 효력을 다투던 중 형사판결 확정 등 당연퇴직사유가 발생하여 교원의 지위를 회복할 수 없더라도 해임처분이 취소되거나 변경되면 해임처분일부터 당연퇴직사유 발생일까지 기간에 대한 보수 지급을 구할 수 있는 경우, 소청심사청구를 기각한 교원소청심사위원회 결정의 취소를 구할 법률상 이익이 있는지 여부(적극)

교원소청심사제도에 관한 '교원의 지위 향상 및 교육활동 보호를 위한 특별법'의 규정 내용과 목적 및 취지 등을 종합적으로 고려하면, 사립학교 교원이 소청심사청구를 하여 해임처분의 효력을 다투던 중 형사판결 확정 등 당연퇴직사유가 발생하여 교원의 지위를 회복할 수 없더라도, 해임처분이 취소되거나 변경되면 해임처분일부터 당연퇴직사유 발생일까지의 기간에 대한 보수 지급을 구할 수 있는 경우에는 소청심사청구를 기각한 교원소청심사위원회 결정의 취소를 구할 법률상 이익이 있다(대판 2024.2.8. 2022두50571).

5. 부당해고 된 자 복직시 금전보상 (대판 2025.03.13. 2024두54683)

가. 부당해고 구제신청 후 사용자가 해고를 취소하여 원직복직을 명하고 임금 상당액을 지급한 경우, 근로자가 금전보상명령을 받을 구제이익이 소멸하는지 여부(원칙적 소극)
근로기준법 제30조 제3항은 노동위원회는 부당해고에 대한 구제명령을 할 때에 근로자가 원직복직을 원하지 아니하면 원직복직을 명하는 대신 근로자가 해고기간 동안 근로를 제공하였더라면 받을 수 있었던 임금 상당액 이상의 금품을 근로자에게 지급하도록 명할 수 있다고 규정하고 있다. 이러한 금전보상명령은 원직복직명령을 대신하는 것이고 그 금액도 임금 상당액 이상의 금액이므로, 부당해고 구제신청 후 사용자가 해고를 취소하여 원직복직을 명하고 임금 상당액을 지급하였더라도 특별한 사정이 없는 한 <u>근로자가 금전보상명령을 받을 구제이익이 소멸하는 것은 아니다.</u>

나. 중앙노동위원회가 부당해고 구제명령을 받을 구제이익이 있는지 판단하는 기준 시기(=재심판정 당시) 판결요지부당해고 구제명령을 받을 구제이익은 구제명령을 할 당시를 기준으로 판단하여야 하므로, 중앙노동위원회는 재심판정 당시를 기준으로 구제이익이 있는지를 판단하여야 한다.

4 제소기간

1. 원고가 행정소송법상 항고소송으로 제기해야 할 사건을 민사소송으로 잘못 제기하여 수소법원이 관할법원에 이송하는 결정을 하고 이송결정이 확정된 후 원고가 항고소송으로 소 변경을 한 경우, 그 항고소송에 대한 제소기간 준수 여부를 판단하는 기준 시기(= 처음 소를 제기한 때)

행정소송법 제8조 제2항은 "행정소송에 관하여 이 법에 특별한 규정이 없는 사항에 대하여는 법원조직법과 민사소송법 및 민사집행법의 규정을 준용한다."라고 규정하고 있고, 민사소송법 제40조 제1항은 "이송결정이 확정된 때에는 소송은 처음부터 이송받은 법원에 계속된 것으로 본다."라고 규정하고 있다. 한편 행정소송법 제21조 제1항, 제4항, 제37조, 제42조, 제14조 제4항은 행정소송 사이의 소 변경이 있는 경우 처음 소를 제기한 때에 변경된 청구에 관한 소송이 제기된 것으로 보도록 규정하고 있다. 이러한 규정 내용 및 취지 등에 비추어 보면, 원고가 행정소송법상 **항고소송으로 제기해야 할 사건을 민사소송으로 잘못 제기한 경우**에 수소법원이 그 항고소송에 대한 관할을 가지고 있지 아니하여 관할법원에 이송하는 결정을 하였고, 그 이송결정이 확정된 후 원고가 항고소송으로 **소 변경을 하였다면**, 그 항고소송에 대한 **제소기간의 준수 여부는 원칙적으로 처음에 소를 제기한 때를 기준으로 판단하여야 한다**(대판 2022.11.17. 2021두44425).

2. 비공개결정에 대한 이의신청에 대한 기각결정
청구인이 공공기관의 비공개 결정 등에 대한 이의신청을 하여 공공기관으로부터 이의신청에 대한 결과를 통지받은 후 취소소송을 제기하는 경우 그 제소기간은 **이의신청에 대한 결과를 통지받은 날부터 기산한다고** 봄이 타당하다(대판 2023.7.27. 2022두52980).

5 집행정지

1. 집행정지결정 후 본안소송이 기각된 경우 (대판 2022.2.11. 2021두40720)

행정소송법 제23조에 따른 집행정지결정의 효력은 결정 주문에서 정한 종기까지 존속하고, 그 종기가 도래하면 당연히 소멸한다. 따라서 효력기간이 정해져 있는 제재적 행정처분에 대한 취소소송에서 법원이 본안소송의 판결 선고 시까지 집행정지결정을 하면, 처분에서 정해 둔 효력기간(집행정지결정 당시 이미 일부 집행되었다면 그 나머지 기간)은 판결 선고 시까지 진행하지 않다가 판결이 선고되면 그때 집행정지결정의 효력이 소멸함과 동시에 처분의 효력이 당연히 부활하여 처분에서 정한 효력기간이 다시 진행한다. 이는 처분에서 효력기간의 시기(始期)와 종기(終期)를 정해 두었는데, 그 시기와 종기가 집행정지기간 중에 모두 경과한 경우에도 특별한 사정이 없는 한 마찬가지이다. 이러한 법리는 행정심판위원회가 행정심판법 제30조에 따라 집행정지결정을 한 경우에도 그대로 적용된다. 행정심판위원회가 행정심판 청구 사건의 재결이 있을 때까지 처분의 집행을 정지한다고 결정한 경우에는, 재결서 정본이 청구인에게 송달된 때 재결의 효력이 발생하므로(행정심판법 제48조 제2항, 제1항 참조) 그때 집행정지결정의 효력이 소멸함과 동시에 처분의 효력이 부활한다.

2. 직접생산확인 취소처분 취소(대판 2020.9.3. 2020두34070)

집행정지결정의 효력은 결정 주문에서 정한 기간까지 존속하다가 그 기간이 만료되면 장래에 향하여 소멸한다. 집행정지결정은 처분의 집행으로 회복하기 어려운 손해를 예방하기 위하여 긴급한 필요가 있고 달리 공공복리에 중대한 영향을 미치지 않을 것을 요건으로 하여 본안판결이 있을 때까지 해당 처분의 집행을 잠정적으로 정지함으로써 위와 같은 손해를 예방하는 데 취지가 있으므로, 항고소송을 제기한 원고가 본안소송에서 패소확정판결을 받았더라도 집행정지결정의 효력이 소급하여 소멸하지 않는다.
그러나 제재처분에 대한 행정쟁송절차에서 처분에 대해 **집행정지결정이 이루어졌더라도 본안에서 해당 처분이 최종적으로 적법한 것으로 확정되어** 집행정지결정이 실효되고 제재처분을 다시 집행할 수 있게 되면, 처분청으로서는 당초 집행정지결정이 없었던 경우와 동등한 수준으로 해당 제재처분이 집행되도록 필요한 조치를 취하여야 한다. 집행정지는 행정쟁송절차에서 실효적 권리구제를 확보하기 위한 잠정적 조치일 뿐이므로, 본안 확정판결로 해당 제재처분이 적법하다는 점이 확인되었다면 제재처분의 상대방이 잠정적 집행정지를 통해 집행정지가 이루어지지 않은 경우와 비교하여 제재를 덜 받게 되는 결과가 초래되도록 해서는 안 된다. 반대로, 처분상대방이 **집행정지결정을 받지 못했으나 본안소송에서 해당 제재처분이 위법하다는 것이 확인되어 취소하는 판결이 확정되면**, 처분청은 그 제재처분으로 처분상대방에게 초래된 불이익한 결과를 제거하기 위하여 필요한 조치를 취하여야 한다.

3. 의대정원발표 효력정지 (대결 2024.6.19. 2024무689)

가. 항고소송의 대상에 대한 판단

1) 법리

항고소송의 대상이 되는 행정청의 처분은 원칙적으로 국민의 권리·의무에 직접 영향을 미치는 공법상의 행위로, 행정청의 내부적 의사결정과 같은 법률적 효과가 없는 행위는 포함되지 않는다.

2) 이 사건 증원배정과 증원발표

가) 증원배정: 피신청인 교육부장관이 2024년 3월 20일에 의대 정원을 2,000명 증원하여 각 대학별로 배정한 처분은 항고소송의 대상이 될 수 있다.

나) 증원발표: 피신청인 보건복지부장관이 2024년 2월 6일에 의대 정원을 증원할 것이라고 발표한 행위는 항고소송의 대상이 되지 않는다. 이 발표는 행정청의 내부 의사결정을 외부에 공표한 것에 불과하고, 실제 법적 효과는 교육부장관의 배정 처분을 통해 발생하기 때문이다.

나. 신청인 적격에 관한 판단

1) 법리

행정처분에 대한 집행정지신청을 구하려면 법률상 이익이 있어야 한다. 이익은 행정처분으로 인해 발생하거나 확대되는 손해가 해당 처분의 근거 법규 및 관련 법규에 의하여 보호받는 직접적이고 구체적인 이익과 관련된 것을 말하는 것이고 단지 간접적이거나 사실적·경제적 이해관계를 가지는 데 불과한 경우는 여기에 포함되지 않는다.

2) 의대 재학 중 신청인들

교육기본법은 교육의 이념을 명시하며, 고등교육법 시행령과 대학설립·운영 규정은 의과대학의 정원 증원에 대한 구체적인 기준을 설정하여 적정 교육을 보장한다. 따라서, 의과대학에 재학 중인 신청인들이 이 증원배정 처분에 직접적 법적 이익을 가지므로, 그들의 집행정지를 구할 법률상 이익이 인정된다.

3) 나머지 신청인들

의과대학 교수, 전공의, 수험생 등 나머지 신청인들은 이 사건 증원배정 처분의 집행정지를 구할 법률상 이익이 인정되지 않는다.

다. 집행정지의 실체요건에 관한 판단

1) 요건

행정소송법 제23조 제2항에서 정하고 있는 효력정지 요건인 '회복하기 어려운 손해'란 특별한 사정이 없는 한 금전으로 보상할 수 없는 손해로서 이는 금전보상이 불가능한 경우 내지는 금전보상으로는 사회관념상 행정처분을 받은 당사자가 참고 견딜 수 없거나 참고 견디기가 현저히 곤란한 경우의 유형, 무형의 손해를 일컫는다. 행정소송법 제23조 제3항이 집행정지의 또 다른 요건으로 '공공복리에 중대한 영향을 미칠 우려가 없을 것'을 규정하고 있는 취지는, 집행정지 여부를 결정함에 있어서 신청인의 손해뿐만 아니라 공공복리에 미칠 영향을 아울러 고려해야 한다는 데 있고, 따라서 공공복리에 미칠 영향이 중대한지는 절대적 기준에 의하여 판단할 것이 아니라, 신청인의 '회복하기 어려운 손해'와 '공공복리' 양자를 비교·교량하여, 전자를 희생하더라도 후자를 옹호하여야 할 필요가 있는지에 따라 상대적·개별적으로 판단되어야 한다.

2) 구체적 판단

이 사건 증원배정 처분의 집행정지가 의대 재학 중 신청인들에게 미치는 손해보다는 공공복리에 미치는 영향이 더 크다. 의대정원 증원이 지연될 경우 국민의 보건에 미치는 영향이 크고, 수험생 및 교육현장에 혼란을 초래할 우려가 크기 때문에, 집행정지는 허용되지 않는다.

6 관할과 소변경

1. 관할위반(대판 2020.10.15. 2020다222382)

가. 급부를 받을 권리가 법령의 규정에 의하여 직접 발생하는 것이 아니라 급부를 받으려고 하는 자의 신청에 따라 관할 행정청이 지급결정을 함으로써 구체적인 권리가 발생하는 경우, 구체적인 권리가 발생하지 않은 상태에서 곧바로 행정청이 속한 국가나 지방자치단체 등을 상대로 한 당사자소송이나 민사소송으로 급부의 지급을 소구하는 것이 허용되는지 여부(소극)

관계 법령의 해석상 급부를 받을 권리가 법령의 규정에 의하여 직접 발생하는 것이 아니라 급부를 받으려고 하는 자의 신청에 따라 관할 행정청이 지급결정을 함으로써 구체적인 권리가 발생하는 경우에는, 급부를 받으려고 하는 자는 우선 관계 법령에 따라 행정청에 급부지급을 신청하여 행정청이 이를 거부하거나 일부 금액만 인정하는 지급결정을 하는 경우 그 결정을 대상으로 항고소송을 제기하고, 취소·무효확인판결의 기속력에 따른 재처분을 통하여 구체적인 권리를 인정받은 다음 비로소 공법상 당사자소송으로 급부의 지급을 구하여야 하고, 구체적인 권리가 발생하지 않은 상태에서 곧바로 행정청이 속한 국가나 지방자치단체 등을 상대로 한 당사자소송이나 민사소송으로 급부의 지급을 소구하는 것은 허용되지 않는다.

나. 원고가 고의 또는 중대한 과실 없이 행정소송으로 제기하여야 할 사건을 민사소송으로 잘못 제기하였으나 행정소송으로서의 소송요건을 결하고 있음이 명백한 경우, 수소법원이 취하여야 할 조치(= 각하)

원고가 고의 또는 중대한 과실 없이 행정소송으로 제기하여야 할 사건을 민사소송으로 잘못 제기한 경우, 수소법원으로서는 만약 그 행정소송에 대한 관할도 동시에 가지고 있다면 이를 행정소송으로 심리·판단하여야 하고, 그 행정소송에 대한 관할을 가지고 있지 아니하다면 관할법원에 이송하여야 한다. 다만 해당 소송이 이미 행정소송으로서의 전심절차 및 제소기간을 도과하였거나 행정소송의 대상이 되는 처분 등이 존재하지도 아니한 상태에 있는 등 행정소송으로서의 소송요건을 결하고 있음이 명백하여 행정소송으로 제기되었더라도 어차피 부적법하게 되는 경우에는 이송할 것이 아니라 각하하여야 한다.

다. 제안비용 지급 신청에 대한 행정청의 결정이 없는 경우

1) 제안자가 민간투자사업기본계획 등에서 정한 제안비용보상금 지급대상자에 해당하는지 여부에 관해서는 주무관청의 일정한 사실조사와 판단이 필요하고 제안비용보상금액의 결정에 관하여 주무관청에게 일정 범위의 재량이 부여되어 있으므로, 민간투자사업기본계획 등에 따른 제안비용보상금을 지급받을 권리는 법령의 규정에 의하여 직접 발생하는 것이 아니라 보상금을 지급받으려는 제안자의 신청에 따라 주무관청이 지급대상자인지 여부를 판단하고 <u>구체적인 보상금액을 산정하는 지급결정을 함으로써 비로소 구체적인 권리가 발생한다고 보아야 한다.</u> **제안비용보상금 지급 신청에 대한 주무관청의 결정**은 '민간투자법령을 집행하는 행위로서의 공권력의 행사 또는 그 거부'에 해당하므로 항고소송의 대상인 **'처분'이라고 보아야 한다.**

2) 원고들은 주무관청인 서울특별시장에게 제안비용보상금 지급을 신청하고 서울특별시장이 거부처분을 하면 그에 대하여 **항고소송을 제기하는 등의 절차를 밟지 아니한 채,** 곧바로 주무관청이 속한 지방자치단체인 피고를 상대로 한 민사소송으로 제안비용보상금 지급을 청구하였다. 따라서 이 사건 소 중 제2 예비적 청구 부분은 부적법하다.

3) 원고들의 제안비용보상금 지급 청구와 관련하여 항고소송의 대상인 처분이 존재하지도 아니한 상태이어서 항고소송의 소송요건을 결하고 있음이 명백하므로, 이 사건 소 중 제2 예비적 청구 부분은 관할 행정법원으로 이송할 것이 아니라 각하하여야 한다.

4) 그런데도 원심은, 이 사건 소 중 제2 예비적 청구 부분이 부적법하다는 점을 간과한 채, 본안판단으로 나아가 피고가 원고들에게 제안비용보상금을 지급할 의무가 있다고 본 제1심의 판단을 그대로 유지하여 이 부분에 관한 피고의 항소를 기각하였다. 이러한 원심판단에는 항고소송의 대상인 처분과 쟁송 방식에 관한 법리 등을 오해한 잘못이 있다.

2. 행정소송사건을 1심 지방법원 단독, 2심 지방법원 합의부에서 판결한 사건 (대판 2022.1.27. 2021다219161)

가. 사건 개요

원고는 육군 부사관으로 2 전역하면서 국가에 퇴직수당을 청구하였다. 국방부장관의 위임을 받은 국군재정관리단장은 원고의 퇴직수당을 77,593,630원으로 결정하였으나, 원고가 군인복지기금에서 대부받은 민간주택임대자금의 상환지연이자 3,425,000원을 공제하여 지급하였다. 원고는 부산지방법원에 소를 제기하여 공제된 3,425,000원의 지급을 청구하였으나, 제1심 법원은 원고의 청구를 기각하였다. 원고는 제1심 판결에 일부 항소하였고, 부산지방법원 합의부는 항소를 받아들여 제1심 판결 중 일부를 취소하고 원고의 청구를 인용하는 판결을 하였다.

나. 판단

이 사건 소는 국방부장관 등이 구체적인 급여수급액을 확인·결정함에 따라 공법상 권리가 된 퇴직수당 중 일부금의 지급을 청구하는 것으로, 그 법률관계의 한쪽 당사자를 피고로 하는 소송이므로 행정소송법상 당사자소송에 해당한다. **행정사건 제1심판결에 대한 항소사건은 고등법원이 심판해야 하고(법원조직법 제28조 제1호),** 원고가 고의나 중대한 과실 없이 행정소송으로 제기하여야 할 사건을 민사소송으로 잘못 제기하고 단독판사가 제1심판결을 선고한 경우에도 그에 대한 항소사건은 고등법원의 전속관할이다. **지방법원 합의부로서 행정사건 제1심판결에 대한 항소사건을 심판한 원심은 전속관할을 위반한 잘못이 있다.** 이 점에서도 원심판결은 유지될 수 없다.

3. 청구의 기초가 바뀌지 않는 경우, 공법상 당사자소송에서 민사소송으로 소 변경(대판 2023.6.29. 2022두44262)

공법상 당사자소송의 소 변경에 관하여 행정소송법은, 공법상 당사자소송을 항고소송으로 변경하는 경우(행정소송법 제42조, 제21조) 또는 처분변경으로 인하여 소를 변경하는 경우(행정소송법 제44조 제1항, 제22조)에 관하여만 규정하고 있을 뿐, 공법상 당사자소송을 민사소송으로 변경할 수 있는지에 관하여 명문의 규정을 두고 있지 않다.

그러나 공법상 당사자소송에서 민사소송으로의 소 변경이 금지된다고 볼 수 없다. 이유는 다음과 같다.

① **행정소송법 제8조 제2항은 행정소송에 관하여 민사소송법을 준용하도록 하고 있으므로**, 행정소송의 성질에 비추어 적절하지 않다고 인정되는 경우가 아닌 이상 공법상 당사자소송의 경우도 민사소송법 제262조에 따라 청구의 기초가 바뀌지 아니하는 한도 안에서 변론을 종결할 때까지 청구의 취지를 변경할 수 있다.

② 한편 **대법원은 여러 차례에 걸쳐 행정소송법상 항고소송으로 제기해야 할 사건을 민사소송으로 잘못 제기한 경우 수소법원으로서는 원고로 하여금 항고소송으로 소 변경을 하도록 석명권을 행사하여 행정소송법이 정하는 절차에 따라 심리·판단해야 한다고 판시해 왔다.** 이처럼 민사소송에서 항고소송으로의 소 변경이 허용되는 이상, 공법상 당사자소송과 민사소송이 서로 다른 소송절차에 해당한다는 이유만으로 청구기초의 동일성이 없다고 해석하여 양자 간의 소 변경을 허용하지 않을 이유가 없다.

③ 일반 국민으로서는 공법상 당사자소송의 대상과 민사소송의 대상을 구분하기가 쉽지 않고 소송 진행 도중의 사정변경 등으로 인해 공법상 당사자소송으로 제기된 소를 민사소송으로 변경할 필요가 발생하는 경우도 있다. **소 변경 필요성이 인정됨에도, 단지 소 변경에 따라 소송절차가 달라진다는 이유만으로 이미 제기한 소를 취하하고 새로 민사상의 소를 제기하도록 하는 것은 당사자의 권리 구제나 소송경제의 측면에서도 바람직하지 않다.**

따라서 공법상 당사자소송에 대하여도 청구의 기초가 바뀌지 아니하는 한도 안에서 민사소송으로 소 변경이 가능하다고 해석하는 것이 타당하다.

7 재소금지원칙

1. 민사소송법 제267조 제2항의 규정 취지 / 후소가 전소의 소송물을 전제로 하거나 선결적 법률관계에 해당하는 경우, 전소와 '같은 소'로 보아 판결을 구할 수 없는지 여부(적극) 및 재소의 이익이 다른 경우 '같은 소'라 할 수 있는지 여부(소극) / 본안에 대한 종국판결이 있은 후 소를 취하하였으나 위 규정 취지에 반하지 않고 소를 제기할 필요가 있는 정당한 사정이 있는 경우, 다시 소를 제기할 수 있는지 여부(적극)

민사소송법 제267조 제2항은 "본안에 대한 종국판결이 있은 뒤에 소를 취하한 사람은 같은 소를 제기하지 못한다."라고 규정하고 있다. 이는 임의의 소취하로 그때까지 국가의 노력을 헛수고로 돌아가게 한 사람에 대한 제재의 취지에서 그가 다시 동일한 분쟁을 문제 삼아 소송제도를 남용하는 부당한 사태의 발생을 방지하고자 하는 규정이다. 따라서 후소가 전소의 소송물을 전제로 하거나 선결적 법률관계에 해당하는 것일 때에는 비록 소송물은 다르지만 위 제도의 취지와 목적에 비추어 전소와 '같은 소'로 보아 판결을 구할 수 없다고 풀이하는 것이 타당하다. 그러나 여기에서 '같은 소'는 반드시 기판력의 범위나 중복제소금지의 경우와 같이 풀이할 것은 아니므로, 재소의 이익이 다른 경우에는 '같은 소'라 할 수 없다. 또한 본안에 대한 종국판결이 있은 후 소를 취하한 사람이더라도 민사소송법 제267조 제2항의 취지에 반하지 아니하고 소를 제기할 필요가 있는 정당한 사정이 있다면 다시 소를 제기할 수 있다.

2. 갑 등이 운영하는 병원에서 부당한 방법으로 보험자 등에게 요양급여비용을 부담하게 하였다는 이유로 보건복지부장관이 갑 등에 대하여 40일의 요양기관 업무정지 처분을 하자, 갑 등이 위 업무정지 처분의 취소를 구하는 소송을 제기하였다가 패소한 뒤 항소하였는데, 보건복지부장관이 항소심 계속 중 위 업무정지 처분을 과징금 부과처분으로 직권 변경하자, 갑 등이 과징금 부과처분의 취소를 구하는 소송을 제기한 후 업무정지 처분의 취소를 구하는 소를 취하한 사안에서, 위 과징금 부과처분의 취소를 구하는 소의 제기는 재소금지 원칙에 위반된다고 할 수 없음에도 이와 달리 본 원심판결에 법리오해의 잘못이 있다고 한 사례

갑 등이 운영하는 병원에서 부당한 방법으로 보험자 등에게 요양급여비용을 부담하게 하였다는 이유로 보건복지부장관이 갑 등에 대하여 구 국민건강보험법 제98조 제1항 제1호에 따라 40일의 요양기관 업무정지 처분을 하자, 갑 등이 위 업무정지 처분의 취소를 구하는 소송(전소)을 제기하였다가 패소한 뒤 항소하였는데, 보건복지부장관이 항소심 계속 중 같은 법 제99조 제1항에 따라 위 업무정지 처분을 과징금 부과처분으로 직권 변경하자, 갑 등이 과징금 부과처분의 취소를 구하는 소송(후소)을 제기한 후 업무정지 처분의 취소를 구하는 소를 취하한 사안에서, 전소는 처분의 변경으로 인해 효력이 소멸한 '업무정지 처분'의 취소를 구하는 것이고, 후소는 후행처분인 '과징금 부과처분'의 취소를 구하는 것이므로 전소와 후소의 소송물이 같다고 볼 수 없고, 전소의 소송물인 '업무정지 처분의 위법성'이 과징금 부과처분의 위법성을 소송물로 하는 후소와의 관계에서 항상 선결적 법률관계 또는 전제에 있다고 보기도 어려워, 결국 갑 등에게 업무정지 처분과는 별도로 과징금 부과처분의 위법성을 소송절차를 통하여 다툴 기회를 부여할 필요가 있으므로, 위 과징금 부과처분의 취소를 구하는 소의 제기는 재소금지 원칙에 위반된다고 할 수 없음에도 이와 달리 본 원심판결에 법리오해의 잘못이 있다.

8 처분사유 추가·변경

1. 보조금환수및재정지원제외처분취소(대판 2023.11.30. 2019두38465)

시외버스(공항버스) 운송사업을 하는 甲 주식회사가 청소년요금 할인에 따른 결손 보조금의 지원 대상이 아님에도 청소년 할인 보조금을 지급받음으로써 '부정한 방법으로 보조금을 지급받은 경우'에 해당한다는 이유로, 관할 시장이 보조금을 환수하고 구 경기도 여객자동차 운수사업 관리 조례 제18조 제4항을 근거로 보조금 지원 대상 제외처분을 하였다가 처분에 대한 취소소송에서 구 지방재정법 제32조의8 제7항을 처분사유로 추가한 사안에서, 시장이 위 처분의 근거 법령을 추가한 것은 기본적 사실관계의 동일성이 인정되지 않는 별개의 사실을 들어 주장하는 것으로서 처분사유 추가·변경이 허용되지 않는다고 한 사례

원심판결 이유와 기록에 의하면, 피고는 이 사건 제외처분 당시 그 근거 법령으로 이 사건 조례 제18조 제4항을 제시하였다가, 위 조례 조항이 상위법령의 위임 근거가 없어 무효라는 주장이 제기되자, 제1심의 소송 계속 중에 구 지방재정법 제32조의8 제7항을 추가하였음을 알 수 있다.

시외버스(공항버스) 운송사업을 하는 甲 주식회사가 청소년요금 할인에 따른 결손 보조금의 지원 대상이 아님에도 청소년 할인 보조금을 지급받음으로써 여객자동차 운수사업법 제51조 제3항에서 정한 '부정한 방법으로 보조금을 지급받은 경우'에 해당한다는 이유로 관할 시장이 보조금을 환수하고 구 경기도 여객자동차 운수사업 관리 조례(2021. 11. 2. 경기도조례 제7246호로 개정되기 전의 것) 제18조 제4항을 근거로 보조금 지원 대상 제외처분을 하였다가 처분에 대한 취소소송에서 구 지방재정법(2021. 1. 12. 법률 제17892호로 개정되기 전의 것, 이하 같다) 제32조의8 제7항을 처분사유로 추가한 사안에서, 도 보조금 지원 대상에 관한 제외처분을 재량성의 유무 및 범위와 관련하여 **위 조례 제18조 제4항은 기속행위로, 구 지방재정법 제32조의8 제7항은 재량행위로 각각 달리 규정하고 있는 점, 근거 법령의 추가를 통하여 위 제외처분의 성질이 기속행위에서 재량행위로 변경되고, 그로 인하여 위법사유와 당사자들의 공격방어방법 내용, 법원의 사법심사방식 등이 달라지며, 특히 종래의 법 위반 사실뿐만 아니라 처분의 적정성을 확보하기 위한 양정사실까지 새로 고려되어야 하므로, 당초 처분사유와 소송 과정에서 시장이 추가한 처분사유는 기초가 되는 사회적 사실관계의 동일성이 인정되지 않는 점, 시장이 소송 도중에 위와 같이 제외처분의 근거 법령으로 위 조례 제18조 제4항 외에 구 지방재정법 제32조의8 제7항을 추가하는 것은 甲 회사의 방어권을 침해하는 것으로 볼 수 있는 점을 종합하면, 관할 시장이 처분의 근거 법령을 추가한 것은 기본적 사실관계의 동일성이 인정되지 않는 별개의 사실을 들어 주장하는 것으로서 처분사유 추가·변경이 허용되지 않는다.**

2. 건축허가신청반려처분취소(대판 2024.11.28. 2023두61349)

사건경위

이 사건은 건설폐기물 수집·운반업 허가를 받은 원고가 인천시 계양구에 자원순환관련시설(임시보관소 등)을 설치하기 위해 건축물의 용도변경 및 신축 허가를 신청했으나, 관할 행정청인 피고가 이를 거부하면서 발생한 법적 분쟁이다.

피고는 당초 거부사유로 원고의 사업계획이 **건설폐기물 중간처리업에 해당하여** 수집·운반업의 범

위를 벗어나며, 기존에도 중간처리업체가 충분하다는 점을 들었다. 이에 대해 1심은 건축법상 허가 단계에서 건설폐기물법상 기준을 이유로 거부하는 것은 위법하다고 판단하여 원고 승소 판결을 내렸다.

그러나 항소심(원심)은 석명권을 행사하여 대법원 판례(2019두31839)에 따른 국토계획법상 개발행위허가 기준까지 고려해야 한다는 점을 지적하고, 피고가 주장한 새로운 사유들이 당초 사유와 기본적 사실관계가 같거나 관점만 달리한 것이라 판단하여 처분사유의 추가·변경을 허용하였다. 이어 원심은 <u>원고의 사업계획이 **환경오염 및 교통 문제 등으로 국토계획법상 개발행위허가기준을** 충족하지 못한다고 보고,</u> 피고의 거부처분이 적법하다고 판단하여 1심을 취소하고 원고의 청구를 기각하였다.

가. 행정청이 당초 처분의 근거로 삼은 사유와 사회적 사실관계의 기본적 동일성이 인정되더라도 그에 대한 규범적 평가와 처분의 근거 법령 변경으로 당초 처분의 내용을 변경할 필요성이 제기되는 경우, 행정처분의 적법성과 효력을 다투는 항고소송에서 당초 처분의 내용을 그대로 유지한 채 근거 법령만 추가·변경하는 것이 허용되는지 여부(소극)

행정처분의 적법성과 효력을 다투는 항고소송에서는 처분청이 당초 처분의 근거로 삼은 사유와 기본적 사실관계의 동일성이 인정되지 않는 별개의 사유를 주장하는 것은 원칙적으로 허용되지 않는다(이를 '처분사유 추가·변경 제한 법리'라고 한다). 여기서 기본적 사실관계의 동일성 유무는 처분사유를 법률적으로 평가하기 이전의 구체적인 사실에 착안하여 그 기초가 되는 사회적 사실관계가 기본적인 점에서 동일한지에 따라 판단하는 것이 원칙이고, 행정청이 처분 당시에 제시한 구체적 사실을 변경하지 않는 범위 내에서 단지 처분의 근거 법령만을 추가·변경하거나 당초의 처분사유를 구체적으로 표시하는 것에 불과한 경우에는 새로운 처분사유를 추가하거나 변경하는 것이라고 볼 수 없다. 그러나 <u>사회적 사실관계의 기본적 동일성이 인정되는 경우라고 하더라도 그에 대한 **규범적 평가와 처분의 근거 법령의 변경으로, 예를 들어 기속행위가 재량행위로 변경되는 경우와 같이, 당초 처분의 내용을 변경할 필요성이 제기되는 경우에** 는 해당 처분을 취소한 후 처분청으로 하여금 다시 처분절차를 거쳐 새로운 처분을 하도록 하여야 할 것이지 당초 처분의 내용을 그대로 유지한 채 근거 법령만 추가·변경하는 것은 허용될 수 없다.</u>

나. 처분청이 거부처분에 대한 항고소송에서 기존의 처분사유와 기본적 사실관계가 동일하지 않은 사유를 처분사유로 추가·변경한 것에 대하여 처분상대방이 추가·변경된 처분사유의 실체적 당부에 관하여 해당 소송 과정에서 심리·판단하는 것에 명시적으로 동의하는 경우, 법원은 이를 예외적으로 허용할 수 있는지 여부(적극) / 이에 대하여 처분상대방이 아무런 의견을 밝히지 않는 경우, 법원이 취할 조치 / 법원이 기본적 사실관계가 동일하지 않은 사유의 실체적 당부에 관한 처분상대방의 명시적인 동의 없이 추가·변경된 거부처분사유를 심리·판단하여 이를 근거로 거부처분이 적법하다고 판단할 수 있는지 여부(소극)

처분청이 기본적 사실관계의 동일성이 인정되지 않는 별개의 사실을 들어 처분사유로 주장하는 것이 허용되지 않는다고 해석하는 이유는 행정처분의 상대방의 방어권을 보장함으로써 실질적 법치주의를 구현하고 행정처분의 상대방에 대한 신뢰를 보호하고자 하는 데에 취지가 있음을 고려하면, 처분청이 거부처분에 대한 항고소송에서 기존의 처분사유와 기본적 사실관계가 동일하지 않은 사유를 처분사유로 추가·변경한 것에 대하여 처분상대방이 추가·변경된 처분사유의 실체적 당부에 관하여 해당 소송 과정에서 심리·판단하는 것에 명시적으로 동의하는 경우에는, 법원으로서는 그 처분사유가 기존의 처분사유와 기본적 사실관계가 동일한지와 무관하게 예외적으로 이를 허용할 수 있다. 처분상대방으로서는 처분청이 별개의 사실을 바탕으로 새롭게 주장하는 처분사유까지 동일 소송절차 내에서 판단을 받음으로써 분쟁을 한꺼번에 해결하는 것을 유효·적절한 수단으로서 선택할 수도 있으므로, 처분상대방의 그러한 절차적 선택을 존중하는 것이 처분사유 추가·변경 제한 법리의 기본취지와도 부합하기 때문이다. 그렇다면 법원은, 처분상대방의 명시적 동의에 따라 처분사유의 추가·변경을 허용할 경우, 추가·변경된 거부처분사유가 당초 거부처분사유와 기본적 사실관계의 동일성이 인정되지 않더라도 처분사유 추가·변경 제한 법리에 따라 처분청의 주장을 형식적으로 배척할 것이 아니라 추가·변경된 거부처분사유의 실체적 당부에 관하여 심리·판단해야 한다. 그 결과 추가·변경된 거부처분사유도 실체적으로 위법하여 처분을 취소하는 판결이 선고·확정되는 경우 추가·변경된 거부처분사유에 관한 법원의 판단에 대해서까지 취소판결의 기속력이 미친다고 보아야 한다. 이와 달리 처분상대방의 명시적인 동의가 없다면, 법원으로서는 처분사유 추가·변경 제한 법리의 원칙으로 돌아가 처분청의 거부처분사유 추가·변경을 허용해서는 안 된다.

따라서 처분청이 거부처분에 대한 항고소송에서 당초 거부처분사유와 기본적 사실관계의 동일성이 인정되지 않는 다른 거부처분사유를 주장한 것에 대하여 처분상대방이 아무런 의견을 밝히지 않고 있다면 법원은 적절하게 석명권을 행사하여 처분상대방에게 처분사유 추가·변경 제한 법리의 원칙이 그대로 적용될 것을 주장하는지, 아니면 추가·변경된 거부처분사유의 실체적 당부에 관한 법원의 판단을 구하는지에 관하여 의견을 진술할 수 있도록 기회를 주어야 한다. 그리고 법원이 기본적 사실관계가 동일하지 않은 사유의 실체적 당부에 관한 처분상대방의 명시적인 동의 없이 추가·변경된 거부처분사유를 심리·판단하여 이를 근거로 거부처분이 적법하다고 판단하는 것은 행정소송법상 직권심리주의의 한계를 벗어난 것으로 허용될 수 없다.

피고는 처음에는 원고의 사업계획이 건설폐기물법상 허가기준을 충족하지 못한다고 주장했지만, 원심에서는 국토계획법상 개발행위허가기준을 충족하지 못한다고 추가로 주장하였다. 그러나 건설폐기물법은 폐기물의 친환경적 처리와 재활용을 목적으로 하고, 국토계획법은 도시계획과 토지이용의 효율성을 중점에 두므로, 두 법은 목적과 심사기준이 서로 다르다. 따라서 두 사유는 단순한 법령 변경이 아니라 평가 기준과 판단 단계가 전혀 다른 별개의 사유로서, 기본적 사실관계의 동일성이 인정되지 않아 처분사유의 추가·변경으로 허용될 수 없다.

9 입증책임

항고소송에서 처분의 적법성에 대한 증명책임의 소재(=피고) / 행정처분의 무효 확인을 구하는 행정소송에서 행정처분의 무효 사유에 대한 증명책임의 소재(=원고) 및 이는 무효 확인을 구하는 뜻에서 행정처분의 취소를 구하는 소송에 있어서도 마찬가지인지 여부(적극) / 행정처분의 무효 확인을 구하는 소에서 해당 행정처분의 취소를 구할 수 있는 경우, 무효사유가 증명되지 아니한 때에 법원은 취소사유에 해당하는 위법이 있는지도 심리하여야 하는지 여부(적극) / 조세행정소송에서 위법사유로 무엇을 주장하는지 또는 무효사유의 주장에 취소사유를 주장하는 취지가 포함되어 있는지에 따라 증명책임이 분배되는지 여부(적극)

민사소송법이 준용되는 행정소송에서 증명책임은 원칙적으로 민사소송의 일반원칙에 따라 당사자 간에 분배되고, 항고소송은 그 특성에 따라 해당 처분의 적법성을 주장하는 피고에게 적법사유에 대한 증명책임이 있으나, 예외적으로 행정처분의 당연무효를 주장하여 무효 확인을 구하는 행정소송에서는 원고에게 행정처분이 무효인 사유를 주장·증명할 책임이 있고, 이는 무효 확인을 구하는 뜻에서 행정처분의 취소를 구하는 소송에 있어서도 마찬가지이다.
한편 행정처분의 무효 확인을 구하는 소에는 특단의 사정이 없는 한 취소를 구하는 취지도 포함되어 있다고 보아야 하므로, 해당 행정처분의 취소를 구할 수 있는 경우라면 무효사유가 증명되지 아니한 때에 법원으로서는 취소사유에 해당하는 위법이 있는지 여부까지 심리하여야 한다. 나아가 과세처분에 대한 취소소송과 무효확인소송은 모두 소송물이 객관적인 조세채무의 존부확인으로 동일하다. 결국 과세처분의 위법을 다투는 조세행정소송의 형식이 취소소송인지 아니면 무효확인소송인지에 따라 증명책임이 달리 분배되는 것이라기보다는 위법사유로 취소사유와 무효사유 중 무엇을 주장하는지 또는 무효사유의 주장에 취소사유를 주장하는 취지가 포함되어 있는지 여부에 따라 증명책임이 분배된다(대판 2023.6.29. 2020두46073).

10 제3자의 소송참가

교원소청심사위원회결정취소(대판 2023.10.26. 2018두55272)

대구경북과학기술원은 조교수의 근무 연한을 5년으로 정하고, 승진하지 못할 경우 면직 처리하도록 규정하고 있다. 갑은 2015년 부교수 승진 심사를 신청했으나 거부되었고 이후 갑은 2016년 2월 29일, 직급정년에 도달해 재임용심사 없이 면직 처리되었다. 갑은 교원소청심사위원회에 소청을 제기하였으나 기각결정되자 항고소송을 제기하였다.

1. **항고소송의 대상과 피고*** 판례에 없는 내용임
가. 관련법리
국공립학교의 교원은 소청심사 결정의 고유한 위법을 주장하는 경우가 아닌 한 불리한 처분을 한 인사권자를 피고로 하여 행정소송을 제기하여야 하므로 그 인사권자는 피고로서 소송에 참여하나 사립학교의 교원은 교원소청심사위원회를 피고로 하여 행정소송을 제기하여야 한다.
나. 사안의 경우
대구경북과학기술원에 소속된 교원은 교육공무원이 아니므로 대구경북과학기술원과 소속 교원의 관계는 원칙적으로 사법상 계약에 의해 규율되는 관계이므로 이 사건 면직처분은 항고소송의 대상이 되는 처분이 아니고 소청위원회의 결정이 처분이므로 항고소송의 대상이 되는 처분은 면직처분이 아니라 교원소청심사위원회의 기각결정이다. 따라서 합의제 행정청인 교원소청심사위원회가 피고가 된다.

2. 대구경북과학기술원 총장의 보조참가인 신청에 대한 판단

가. 부정설

민사소송법 제71조에 의한 보조참가를 할 수 있는 제3자는 민사소송법상의 당사자능력 및 소송능력을 갖춘 자이어야 하므로 그러한 당사자능력 및 소송능력이 없는 자는 민사소송법상의 보조참가를 할 수 없다. 대구경북과학기술원 총장은 대구경북과학기술원의 기관으로서 권리·의무의 귀속주체가 될 수 없어, 민사소송법상의 당사자능력이 인정되지 않는다. 따라서 보조참가인의 보조참가 신청 및 항소는 부적법하다(서울고등법원 2018.7.19. 2017누31578).

나. 긍정설

대구경북과학기술원의 총장은 교원소청심사위원회의 결정에 기속되며, 국공립학교의 인사권자와 유사한 지위를 가진다. 이 총장이 소청심사 기각결정에 따른 행정소송에 참여할 수 없게 하는 것은 절차적 방어권 보장에 불합리하고 형평에 어긋난다. 따라서, 예외적으로 총장에게 행정소송에서 피고 측에 소송참가나 보조참가를 할 수 있는 당사자능력을 인정할 수 있다(대판 2023.10.26. 2018두55272).

3. 대구경북과학기술원의 교원 재임용심사에 사립학교법 유추적용

대구경북과학기술원의 교원도 교육공무원이 아니므로 사법상 계약에 의해 규율되지만, 사립학교법의 관련 조항을 유추적용하여 동일하게 공정한 재임용 심사를 요구할 권리가 인정된다

4. 이 사건 직급정년 규정의 위법성

이 사건 직급정년 규정은 조교수의 재임용 심사 없이 5년의 근무기간 만료 시 자동으로 퇴직하게 하는 규정으로, 이는 교원의 재임용심사신청권을 침해해 무효라고 판단된다. 구체적인 이유는 다음과 같다

구 사립학교법에 따라 임용된 대학교원은 임용기간이 만료될 때 재임용 여부에 대한 공정한 심사를 받을 권리가 있으며, 이는 법적 강행규정으로 보호받아야 한다. <u>재임용 심사 없이 5년의 근무기간 만료 시 자동으로 퇴직하게 하는 규정은 기간제로 임용된 교원이 직급 정년일까지 승진되지 않으면 **별도의 재임용 심의 절차 없이** 임용기간 만료와 함께 면직 처리되도록 정하고 있어</u>, 승진심사 및 재직기간 제한을 매개로 위 사립학교법 규정이 보장하는 재임용 심의 절차를 실질적으로 배제함으로써 이를 잠탈하는 것이어서 무효이다.

5. 교원소청위원회 기각결정의 위법성

이 사건 직급정년 규정이 재임용심사 절차를 실질적으로 배제하는 것으로서 무효라고 보아 참가인이 재임용심사를 거치지 않은 채 위 규정에 근거하여 원고에 대한 재임용을 거부하는 면직처분을 한 것이 위법하다. 그럼에도 불구하고 이 사건 면직처분을 적법하다고 본 교원소청위원회 기각결정은 위법하다.

11 처분의 근거법령

1. 리베이트 제공 행위에 대한 제재로서 약제 상한금액 인하 : 법위반당시법 적용

행정처분은 처분 당시 법령을 따르는 것이 원칙이나, 위반행위에 대한 제재는 행위 당시의 법령에 따라야 한다. **원고의 리베이트 제공 당시 법령에 따르면, 저가의약품에 해당하는 약제는 상한금액 인하 대상이 아니었으나**, 원심은 이 사건 처분에 원고의 위반행위 당시의 구 약제조정기준이 아니라 처분 당시의 개정된 약제조정기준이 적용된다고 판단하였는바, 이 부분 원심판결에는 행정처분 적용법령에 관한 법리와 법령불소급원칙을 오해한 잘못이 있다(대판 2022.5.13. 2019두49199). *법위반 행위당시 상한금액 인하대상이 아니었으나 개정된 고시에 따르면 대상이 된 경우 행위시법 적용해야한다(행정기본법 제14조 제3항 본문)

2. 처분 이후 법령 개정 : 처분시법 적용

구청장이 기계설비 공사업 등에 관하여 건설산업기본법에 따른 건설업 등록을 한 갑 주식회사에 대하여 자본금이 건설업 등록기준에 미달한다는 사유로 구 건설산업기본법 제83조 제3호에 따라 **영업정지 5개월의 처분 이후** 간이회생절차 종결 결정을 받아 비로소 구 건설산업기본법 시행령 제79조의2 제3호 (나)목의 건설업 등록말소 내지 영업정지 예외사유가 발생하였으므로 위 처분은 **처분 당시의 법령과 사실상태를 기준으로 판단할 때 적법하고,** 처분 이후 갑 회사가 간이회생절차 종결 결정을 받은 사실로 처분 당시 적법하였던 위 처분이 다시 위법하게 된다고 볼 수 없다(대판 2022.4.28. 2021두61932).
*건설업 등록기준 미달로 영업정지되었고 그 이후 영업정지 예외사유가 발생한 사건에서 **처분 당시의 법령과 사실상태를 기준으로 판단해야한다.**

12 육아휴직급여 부지급(거부) 처분 취소(대판전합 2021.3.18. 2018두47264)

> **고용보험법 제70조(육아휴직 급여)** ② 제1항에 따른 육아휴직 급여를 지급받으려는 사람은 육아휴직을 시작한 날 이후 1개월부터 육아휴직이 끝난 날 이후 12개월 이내에 신청하여야 한다. 다만, 해당 기간에 대통령령으로 정하는 사유로 육아휴직 급여를 신청할 수 없었던 사람은 그 사유가 끝난 후 30일 이내에 신청하여야 한다.
>
> **제107조(소멸시효)** ① 다음 각 호의 어느 하나에 해당하는 권리는 3년간 행사하지 아니하면 시효로 소멸한다. 〈개정 2019. 1. 15.〉
> 1. 제3장에 따른 지원금을 지급받거나 반환받을 권리
> 2. 제4장에 따른 취업촉진 수당을 지급받거나 반환받을 권리
> 3. 제4장에 따른 구직급여를 반환받을 권리
> 4. 제5장에 따른 육아휴직 급여, 육아기 근로시간 단축 급여 및 출산전후휴가 급여등을 반환받을 권리

1. 사회보장수급권의 법적 성격과 소송유형

사회보장수급권은 법령에서 실체적 요건을 규정하면서 수급권자 여부, 급여액 범위 등에 관해 공법상 각종 급부청구권은 행정청의 심사·결정의 개입 없이 법령의 규정에 의하여 직접 구체적인 권리가 발생하는 경우와 관할 행정청의 심사·인용결정에 따라 비로소 구체적인 권리가 발생하는 경우로 나눌 수 있다. 이러한 두 가지 유형 중 어느 것인지는 관계 법령에 구체적인 권리의 존부나 범위가 명확하게 정해져 있는지, 행정청의 거부결정에 대하여 불복절차가 마련되어 있는지 등을 종합하여 정해진다.

그중 사회보장수급권은 법령에서 실체적 요건을 규정하면서 수급권자 여부, 급여액 범위 등에 관하여 행정청이 1차적으로 심사하여 결정하도록 정하고 있는 경우가 일반적이다. 이 사건 육아휴직급여 청구권도 관할 행정청인 직업안정기관의 장이 심사하여 지급결정을 함으로써 비로소 구체적인 수급청구권이 발생하는 경우로 앞서 본 후자의 유형에 해당한다. 대법원 판례도 사회보장수급권에 관하여 구 광주민주화운동 관련자 보상 등에 관한 법률상 보상금(대판 1992.12.24. 92누3335), 석탄산업법상 재해위로금(대판 1998.12.23. 97누5046, 대판 1999.1.26. 98두12598 등)과 같은 몇몇 사례를 제외하고는 대부분 후자의 유형으로 보고 있다. 아래에서는 후자의 유형, 즉 일반적인 경우로 한정하여 살펴본다.

사회보장수급권은 관계 법령에서 정한 실체법적 요건을 충족시키는 객관적 사정이 발생하면 추상적인 급부청구권의 형태로 발생하고, 관계 법령에서 정한 절차·방법·기준에 따라 관할 행정청에 지급 신청을 하여 관할 행정청이 지급결정을 하면 그때 비로소 구체적인 수급권으로 전환된다. 급부를 받으려고 하는 사람은 우선 관계 법령에 따라 행정청에 그 지급을 신청하여 행정청이 거부하거나 일부 금액만 지급하는 결정을 하는 경우 그 결정에 대하여 항고소송을 제기하여 취소 또는 무효확인 판결을 받아 그 기속력에 따른 재처분을 통하여 구체적인 권리를 인정받아야 한다. 따라서 사회보장수급권의 경우 구체적인 권리가 발생하지 않은 상태에서 곧바로 행정청이 속한 국가나 지방자치단체 등을 상대로 한 당사자소송이나 민사소송으로 급부의 지급을 소구하는 것은 허용되지 않는다.

2. 사회보장수급권의 특수성과 그 권리행사기간에 관한 입법 유형

가. 공법상 각종 급부청구권은 행정청의 심사·결정의 개입 없이 법령의 규정에 의하여 직접 구체적인 권리가 발생하는 경우와 관할 행정청의 심사·인용결정에 따라 비로소 구체적인 권리가 발생하는 경우로 나눌 수 있다. 이러한 두 가지 유형 중 어느 것인지는 관계 법령에 구체적인 권리의 존부나 범위가 명확하게 정해져 있는지, 행정청의 거부결정에 대하여 불복절차가 마련되어 있는지 등을 종합하여 정해진다.

그중 사회보장수급권은 법령에서 실체적 요건을 규정하면서 수급권자 여부, 급여액 범위 등에 관하여 행정청이 1차적으로 심사하여 결정하도록 정하고 있는 경우가 일반적이다. 이 사건 육아휴직급여 청구권도 관할 행정청인 직업안정기관의 장이 심사하여 지급결정을 함으로써 비로소 구체적인 수급청구권이 발생하는 경우로 앞서 본 후자의 유형에 해당한다. 대법원 판례도 사회보장수급권에 관하여 구 「광주민주화운동 관련자 보상 등에 관한 법률」(2006. 3. 24. 법률 제7911호로 법률명이 「5·18민주화운동 관련자 보상 등에 관한 법률」로 개정되기 전의 것, 이하 같다)상 보상금(대판 1992.12.24. 92누3335), 석탄산업법상 재해위로금(대판 1998.12.23. 97누5046, 대판 1999.1.26. 98두12598 등)과 같은 몇몇 사례를 제외하고는 대부분 후자의 유형으로 보고 있다. 아래에서는 후자의 유형, 즉 일반적인 경우로 한정하여 살펴본다.

나. 사회보장수급권은 관계 법령에서 정한 실체법적 요건을 충족시키는 객관적 사정이 발생하면 추상적인 급부청구권의 형태로 발생하고, 관계 법령에서 정한 절차·방법·기준에 따라 관할 행정청에 지급 신청을 하여 관할 행정청이 지급결정을 하면 그때 비로소 구체적인 수급권으로 전환된다(대판 2019.12.27. 2018두46780 등 참조). 급부를 받으려고 하는 사람은 우선 관계 법령에 따라 행정청에 그 지급을 신청하여 행정청이 거부하거나 일부 금액만 지급하는 결정을 하는 경우 그 결정에 대하여 항고소송을 제기하여 취소 또는 무효확인 판결을 받아 그 기속력에 따른 재처분을 통하여 구체적인 권리를 인정받아야 한다. 따라서 **사회보장수급권의 경우 구체적인 권리가 발생하지 않은 상태에서 곧바로 행정청이 속한 국가나 지방자치단체 등을 상대로 한 당사자소송이나 민사소송으로 급부의 지급을 소구하는 것은 허용되지 않는다**(대판 2019.6.13. 2017다277986,277993 등 참조).

다. 일반적으로 행정법 영역에서는 추상적 권리의 행사방법과 구체적 권리의 행사방법이 다르다는 점을 고려하여 추상적 권리의 행사에 관해서는 제척기간을, 구체적 권리의 행사에 관해서는 소멸시효를 규정하는 경우가 많다(국세기본법 제26조의2, 제27조, 지방세기본법 제38조, 제39조, 질서위반행위규제법 제15조, 제19조 참조). 사회보장수급권의 경우에도 관계 법령에서 달리 규정하지 않은 이상, 수급권자의 관할 행정청에 대한 추상적 권리의 행사(급여 지급 신청)에 관한 기간은 제척기간으로, 관할 행정청의 지급결정이 있은 후 수급권자의 구체적 권리의 행사(청구, 당사자소송 제기)에 관한 기간은 소멸시효로 이해하는 것이 자연스럽다(「지뢰피해자 지원에 관한 특별법」 제8조 제2항, 제16조 참조).

제척기간은 권리자로 하여금 권리를 신속하게 행사하도록 함으로써 그 권리를 중심으로 하는 **법률관계를 조속하게 확정하려는 데에 그 제도의 취지가 있는 것으로서**, 소멸시효가 일정한 기간의 경과와 권리의 불행사라는 사정에 의하여 그 효과가 발생하는 것과는 달리 관계 법령에 따라 정당한 사유가 인정되는 등 특별한 사정이 없는 한 그 **기간의 경과 자체만으로 곧 권리 소멸의 효과를 발생시킨다**. 따라서 **추상적 권리 행사에 관한 제척기간**은 권리자의 권리행사 태만 여부를 고려하지 않으며, 또 당사자의 신청만으로 추상적 권리가 실현되므로 **기간 진행의 중단·정지를 상정하기 어렵다**. 이러한 점에서 제척기간은 소멸시효와 근본적인 차이가 있다.

앞서 본 입법 유형 중 제척기간에 관한 규정과 소멸시효에 관한 규정이 병존하는 경우 각 규정은 각각 존재 의의가 있고, 서로 충돌하거나 저촉된다고 할 수 없다. 그리고 제척기간은 종기를 특정일로 하여 정할 수도 있고, 또 시기와 종기를 가진 기간으로 하여 정할 수도 있다. 앞서 든 「지뢰피해자 지원에 관한 특별법」 제8조 제2항은 추상적 권리 단계의 위로금 청구권(위로금 지급신청)의 행사기간을 '2021년 5월 31일까지'로, 제16조는 위로금 지급결정이 있은 후 구체적 권리 단계의 위로금 청구권의 행사기간을 '지급결정서 정본 송달일로부터 3년'으로 각 규정하고 있다. 이 경우 **전자는 기간 진행의 중단·정지를 상정하기 어려우므로 제척기간 규정이라고 보아야 하고, 후자는 권리자의 구체적 권리 불행**

사로 인해 권리 소멸이라는 결과를 안게 되는 법문 그대로 소멸시효 규정이라고 보아야 한다.

3. 육아휴직급여 지급거부처분의 위법여부

가. 고용보험법 제70조 제2항의 기간의 성질

일반적으로 행정법 영역에서는 추상적 권리의 행사방법과 구체적 권리의 행사방법이 다르다는 점을 고려하여 **추상적 권리의 행사에 관해서는 제척기간을, 구체적 권리의 행사에 관해서는 소멸시효**를 규정한다. 고용보험법 제70조 제2항은 추상적인 신청권을 인정하고 있는 조항이고 행정청의 지급여부에 대한 결정을 통해서 구체적 권리가 확정된 후에는 동법 제107조 제1항의 소멸시효가 적용된다는 점에서 고용보험법 제70조 제2항의 기간은 **제척기간에 해당한다.**

나. 고용보험법 제70조 제2항이 강행규정인지 여부

고용보험법 제70조 제2항은 12개월의 기간 내에 신청할 것을 촉구하는 의미의 절차적 규정으로서, 훈시규정에 해당한다는 견해도 있다. 그러나 동법 제70조 제2항에서 정한 신청기간은 추상적 권리의 행사에 관한 '제척기간'이므로 **육아휴직급여에 관한 법률관계를 조속히 확정시키기 위한 강행규정에 해당한다.**

다. 소결론

고용보험법 제70조 제2항은 강행규정이므로 근로자가 육아휴직급여를 지급받기 위해서는 제70조 제2항에서 정한 신청기간 내에 관할 직업안정기관의 장에게 급여 지급을 신청하여야 한다. 따라서 甲은 2017. 2. 24. 서울지방고용노동청 서울강남지청장에게 육아휴직급여를 신청하였으므로 고용보험법 제70조 제2항의 제척기간인 12개월이 경과하였다. 따라서 서울지방고용노동청 서울강남지청장의 육아휴직급여 지급거부처분은 적법하다.

27. 당사자소송

1 산업기술개발사업에 관한 협약(대판 2023.6.29. 2021다250025)

1. '공법상 계약'의 의미 및 '공법상 계약'에 해당하는지 판단하는 방법 / 공법상 계약의 한쪽 당사자가 다른 당사자를 상대로 이행을 청구하는 소송 또는 이행의무의 존부에 관한 확인을 구하는 소송은 공법상 당사자소송으로 제기하여야 하는지 여부(원칙적 적극)

공법상 당사자소송이란 행정청의 처분 등을 원인으로 하는 법률관계에 관한 소송 그 밖에 공법상의 법률관계에 관한 소송으로서 그 법률관계의 한쪽 당사자를 피고로 하는 소송을 말한다(행정소송법 제3조 제2호). 공법상 계약이란 공법적 효과의 발생을 목적으로 하여 대등한 당사자 사이의 의사표시 합치로 성립하는 공법행위를 말한다. 어떠한 계약이 공법상 계약에 해당하는지는 계약이 공행정 활동의 수행 과정에서 체결된 것인지, 계약이 관계 법령에서 규정하고 있는 공법상 의무 등의 이행을 위해 체결된 것인지, 계약 체결에 계약 당사자의 이익만이 아니라 공공의 이익 또한 고려된 것인지 또는 계약 체결의 효과가 공공의 이익에도 미치는지, 관계 법령에서의 규정 내지 그 해석 등을 통해 공공의 이익을 이유로 한 계약의 변경이 가능한지, 계약이 당사자들에게 부여한 권리와 의무 및 그 밖의 계약 내용 등을 종합적으로 고려하여 판단하여야 한다. 공법상 계약의 한쪽 당사자가 다른 당사자를 상대로 그 이행을 청구하는 소송 또는 이행의무의 존부에 관한 확인을 구하는 소송은 공법상 법률관계에 관한 분쟁이므로 분쟁의 실질이 공법상 권리·의무의 존부·범위에 관한 다툼이 아니라 손해배상액의 구체적인 산정방법·금액에 국한되는 등의 특별한 사정이 없는 한 공법상 당사자소송으로 제기하여야 한다.

2. 갑회사와 한국에너지기술평가원 간 산업기술개발사업에 관한 협약에 따른 정산금 반환채무 부존재 확인소송

이 사건에서 갑 회사가 한국에너지기술평가원을 상대로 정산금 반환채무의 존재 여부를 확인받기 위해 제기한 소송은 공법상 계약에 관한 분쟁으로 판단된다.
해당 협약은 산업기술혁신 촉진법에 따라 체결되었으며, 공적인 목적을 위해 산업기술혁신법에 기반하여 수행되는 산업기술개발사업의 일환으로 이루어진 것이다. 따라서 이 협약은 단순한 사법상 계약이 아닌 **공법상의 계약으로 간주된다.** 협약의 체결과 이행, 종료는 공적 목적과 관련된 법령의 적용을 받으며, 일반 사법상 계약과는 달리 공법상 규제와 감독을 받을 수 있다. 따라서 한국에너지기술평가원이 협약에 명시된 규정에 따라 갑 회사가 외부 인력에 대한 인건비를 협약에 위반하여 집행했다고 판단하고 정산금 납부를 요구한 경우, 이는 공법상 계약의 집행과 관련된 문제로 간주된다. 공법상 당사자소송은 행정기관의 법적 권한 행사와 관련된 공법적 분쟁을 해결하기 위한

소송이므로, 갑 회사와 한국에너지기술평가원 간의 정산금 반환채무와 관련된 분쟁도 공법상 당사자소송의 대상이다.

2 초·중학교를 설치하고 무상공급할 의무를 지는 내용의 한국토지주택공사와 서울특별시간 협약에 따른 초·중학교 설치비용지급청구소송

공법상 계약의 한쪽 당사자가 다른 당사자를 상대로 효력을 다투거나 이행을 청구하는 소송은 공법상의 법률관계에 관한 분쟁이므로 분쟁의 실질이 공법상 권리·의무의 존부·범위에 관한 다툼이 아니라 손해배상액의 구체적인 산정방법·금액에 국한되는 등의 특별한 사정이 없는 한 공법상 당사자소송으로 제기하여야 한다. 서울 강남·서초 보금자리주택지구 개발사업에서 구 「학교용지 확보 등에 관한 특례법」 제4조의2에 따라 신설 **초·중학교를 설치하고 무상공급할 의무를 지는 내용의 한국토지주택공사와 서울특별시간 협약**은 공법인인 원고가 보금자리주택지구 개발사업 시행이라는 공행정활동을 수행하는 과정에서 구 학교용지법 제4조의2에 따른 '학교시설 무상공급 의무'의 이행과 관련하여 관할 교육감과 구체적인 이행 방법, 시기, 비용 분담 등을 약정한 것이므로 공법상 계약에 해당하고, 그에 따른 계약상 의무의 존부·범위에 관한 분쟁은 공법상 당사자소송의 대상이라고 보아야 한다(대판 2021.2.4. 2019다277133).

3 위헌정당 해산결정 시 지방의원직 상실 여부(소극)(대판 2021.4.29. 2016두39825)

헌법재판소의 위헌정당 해산결정에 따라 해산된 정당 소속 비례대표 지방의회의원 갑이 공직선거법 제192조 제4항에 따라 지방의회의원직을 상실하는지가 문제 된 사안에서, 공직선거법 제192조 제4항은 소속 정당이 헌법재판소의 정당해산결정에 따라 해산된 경우 비례대표 지방의회의원의 퇴직을 규정하는 조항이라고 할 수 없어 갑이 <u>비례대표 지방의회의원의 지위를 상실하지 않았다고 할 수 있다.</u>

4 위탁자지위확인의 소(대판 2025.2.20. 2024두52427)

도시정비법 제27조 제1항에 따라 신탁업자가 사업시행자인 **재개발사업 또는 재건축사업에서 신탁업자와 토지 등 소유자 사이에 '위탁자'의 지위에 관한 분쟁이 발생하는 경우,** <u>토지 등 소유자는 사업시행자인 신탁업자를 상대로 마찬가지로 **공법상 당사자소송**에 의하여 앞서 본 '조합원' 개념에 대응되는 '위탁자' 지위의 확인을 구하는 소를 제기할 수 있다고 보아야 한다.</u>

황남기 행정법 최신 3개년 판례

Part. 02
행정법 각론

28. 지방자치법

1 조례안

1. 도로교통법상 주정차위반행위에 대한 과태료 부과 관련 사무는 전국적으로 통일적인 규율이 요구되는 국가사무의 성격을 가지고, 이와 관련한 지방자치단체의 장의 사무는 국가행정기관의 지위에서 하는 기관위임사무이므로, 이러한 사무에 대하여 법령의 위임 없이 조례로 정한 것은 조례제정권의 한계를 벗어난 것으로 위법하다(대판 2022.4.28. 2021추5036).

2. 전라북도의회가 의결한 '전라북도교육청 행정기구 설치 조례 일부 개정조례안'은 직속기관 명칭에 '교육청'을 추가하거나 지역 명칭을 변경하는 것에 불과하다. 직속기관 명칭 결정이 교육감의 고유 권한에 해당한다는 명확한 근거는 없으며, 지방의회가 직속기관의 명칭을 변경하는 것은 사후적·소극적 개입으로 볼 수 있다. 따라서 이 조례 개정안이 지방의회의 조례 제정 권한을 벗어난 것으로 보거나, 교육감의 지방교육행정기관 조직편성권을 부당하게 침해한다고 보기 어렵다(대판 2021.9.16. 2020추5138).

3. 10일간의 교습정지 처분 (대판 2022.1.27. 2019두59851)

가. 사건 개요
전라북도에서 제정된 「전라북도 학원의 설립·운영 및 과외교습에 관한 조례」(이하 '이 사건 조례') 제3조의3 제2호는 학원 열람실의 좌석을 남녀별로 구분하여 배열하도록 규정하고 있으며, 이를 위반했다는 이유로 2017년 12월 6일 원고에게 학원법 및 이 사건 조례에 따라 10일간의 교습정지 처분을 명하였다.

나. 제한되는 기본권
이 사건 조례 조항은 학원법상 학원으로 등록된 독서실의 운영자로 하여금 열람실의 남녀 좌석을 구분하여 배열하도록 하고 위반 시 교습정지처분을 할 수 있도록 규정하고 있다. 이로써 독서실 운영자는 자신의 영업장소인 독서실 열람실 내의 좌석 배열을 자유롭게 할 수 없게 되므로 헌법 제15조에 따른 직업수행의 자유를 제한받는다. 한편 독서실 이용자는 독서실 열람실 내에서 성별의 구분 없이 자유롭게 좌석을 선택하는 등 학습방법에 관한 사항을 스스로 결정할 수 없게 되므로 헌법 제10조에 따른 일반적 행동자유권 내지 자기결정권을 제한받는다.

다. 과잉금지원칙 위반여부

전라북도전주교육지원청교육장이 갑 주식회사가 운영하는 독서실에서 남녀 좌석 구분이 준수되지 않은 것을 적발하고, 관련 조례에 따라 10일간 교습정지 처분을 내린 사안에서, 해당 조례 조항은 이성과의 불필요한 접촉을 차단하여 면학분위기 조성 및 성범죄 예방을 목적으로 한다.

그러나, 열람실의 남녀 좌석을 구분하여 면학분위기를 조성하고 학습효과를 높인다는 것은 독서실 운영자와 이용자의 자율이 보장되어야 하는 사적 영역에 지방자치단체가 지나치게 후견적으로 개입하는 것으로서 목적의 정당성을 인정하기 어렵다. 남녀 혼석을 금지함으로써 성범죄를 예방한다는 목적을 보더라도, 이는 남녀가 한 공간에 있으면 그 장소의 용도나 이용 목적과 상관없이 성범죄 발생 가능성이 높아진다는 불합리한 인식에 기초한 것이므로 그 정당성을 인정하기 어렵다. 열람실을 분리하지 않고 동일한 공간에서 남녀 좌석 배열만 구별하는 경우, 남녀가 옆자리에 앉을 수 없지만 앞뒤로는 앉을 수 있으며, 동일한 출입문을 사용하기 때문에 이성 간의 접촉을 실질적으로 차단하는 데 도움이 되지 않는다. 또한, 도서관이나 스터디카페 등 남녀 혼석이 허용되는 다른 학습공간이 많은 상황에서 독서실만 남녀 혼석을 금지한다고 해서 이성 간의 접촉을 완전히 차단할 수 있는 효과가 있다고 보기 어렵다. 더불어, 남녀 혼석으로 인해 학습 분위기가 저해되거나 성범죄 발생 위험이 높아진다고 단정하기도 어렵다.

조례 조항은 독서실 운영자와 이용자의 자유를 과도하게 제한하면서도, 그로 인해 달성할 수 있는 효과가 불확실하거나 미미하여 침해최소성과 법익균형성을 충족하지 못한다. 따라서, 해당 조례 조항은 과잉금지원칙에 반하여 독서실 운영자의 직업수행의 자유와 이용자의 일반적 행동자유권 및 자기결정권을 침해하는 것으로 헌법에 위반된다.

4. 경상남도지사가 도의회가 원안대로 재의결한 '경상남도 업무협약 체결 및 관리에 관한 조례안' 중 도의회가 자료를 요구할 경우, 비밀조항이 있어도 이를 거부할 수 없도록 한 제6조 제1항은 지방공무원법 제52조의 공무원의 비밀유지의무, 공공기관의 정보공개에 관한 법률 제9조 제1항 제7호의 경영상 비밀 보호 규정, 사회기반시설에 대한 민간투자법 제51조의3 제1항의 민간사업자의 비밀 보호 규정과 충돌할 여지가 있다. 따라서 조례안에 대한 재의결은 효력이 없다(대판 2023.7.13. 2022추5149).

5. 시의 공공기관 소속 근로자, 시와 공공계약을 체결한 기관·단체 또는 업체에 소속된 근로자에게 생활임금을 지급하는 사무는 근로자가 시에서 기본적인 생활여건을 형성할 수 있도록 하여 주민복지에 기여하는 사업이다. 이는 경제적 여건이 다른 지방자치단체의 현실을 고려해 결정되는 것으로, 지방자치법 제13조 제2항 제2호에 규정된 주민복지증진에 관한 자치사무에 해당한다. 시장이 적용대상 전직원을 대상으로 호봉 재산정을 통해 생활임금을 반영하도록 한 조례안은 적법하다(대판 2023.7.13. 2022추5156).

6. 서울특별시의회가 교육경비 보조금의 상한(보통세의 1,000분의 6 이내)만 규정하고 있던 종전 조례를 개정하여 위 보조금의 하한(보통세의 1,000분의 4 이상)을 추가한 조례안을 재의결, 서울특별시장이 이 조례안의 무효를 구했다. 대법원은 이 조례안이 서울특별시장의 예산안 편성권을 본질적으로 제약한다고 판결했다. 지방교육재정교부금법에 따라 교육경비 보조금은 지방자치단체의 예산에 계상되며, 예산안 편성권은 지방자치단체장에게 있다. 조례안 제5조 제1항은 보조금의 하한을 의무적으로 설정하여 지방자치단체장의 고유권한을 침해하여 위법하다(대판 2022.6.30. 2022추5040).

7. 공익수당 지원 요건을 완화한 충북 보은 조례안 (대판 2024.6.27. 2022추5132)

가. 시·군 및 자치구의 조례나 규칙이 규율하는 특정사항에 관하여 이를 규율하는 시·도의 조례나 규칙이 이미 존재하는 경우, 시·군 및 자치구의 조례나 규칙이 적법하기 위한 요건

지방자치법 제30조는 "시·군 및 자치구의 조례나 규칙은 시·도의 조례나 규칙을 위반해서는 아니 된다."라고 규정하고 있으므로, 시·군 및 자치구는 시·도의 조례나 규칙(이하 '조례 등'이라 한다)에 위반되지 않는 범위 내에서 그 사무에 관하여 조례 등을 제정할 수 있다. 시·군 및 자치구의 조례 등이 규율하는 특정사항에 관하여 그것을 규율하는 시·도의 조례 등이 이미 존재하는 경우에도 시·군 및 자치구의 조례 등이 시·도의 조례 등과 별도의 목적에 기하여 규율함을 의도하는 것으로서 그 규정을 적용하더라도 시·도의 조례 등의 규정이 의도하는 목적과 효과를 저해하는 바가 없는 때에는 그 조례 등이 시·도의 조례 등에 위반된다고 볼 것은 아니다.

나. 보은군의회가 의결한 '보은군 농업인 공익수당 지원에 관한 조례안'이 '충청북도 농업인 공익수당 지원에 관한 조례'보다 농업인 공익수당의 지급대상과 지급제외 기준을 완화하고 있어 지방자치법 제30조에 위반된다는 등의 이유로 보은군수가 재의를 요구하였으나 보은군의회가 원안대로 재의결함으로써 확정된 사안에서, 위 조례안이 지방자치법 제30조 등에 위반되지 않는다고 한 사례

보은군조례안은 보은군 자체적으로 농업인 공익수당 지원사업을 시행하기 위해 마련된 것으로서 충북조례와 구별되는 별개의 독자적인 농업인 공익수당 사업을 목적으로 하는 것이고, 따라서 비록 보은군조례안에서 충북조례보다 그 지급대상 요건을 완화하고 있더라도, 이는 보은군 자체의 농업인 공익수당 지원사업을 시행할 때 적용되는 것으로서 충북조례에 따른 농업인 공익수당의 지급 여부에는 영향을 미치지 아니하므로 보은군조례안을 적용하더라도 충북조례가 의도하는 목적과 효과를 저해하는 바가 없다는 이유로, 보은군조례안이 지방자치법 제30조 등에 위반되지 않는다.

8. 서울특별시의회가 의결한 '서울특별시교육청 기초학력 보장 지원에 관한 조례안'에 대하여 서울특별시교육감이 기관위임사무에 해당하는 사항을 위임 없이 정한 것으로 조례제정권을 넘어선다는 등의 이유로 재의를 요구하였으나, 의회가 위 조례안을 원안대로 재의결함으로써 확정한 사안에서, 위 조례안이 정한 사무는 지방자치법 제13조 제2항 제5호 (가)목이 지방자치단체의 사무로 정한 초등학교·중학교·고등학교 등의 운영·지도에 관한 사무에 해당하므로 위 조례안이 기관위임사무에 관한 것으로서 조례제정권의 한계를 벗어났다고 볼 수 없고, 교육감으로 하여금 기초학력진단검사의 지역·학교별 결과 등을 공개할 수 있도록 정하고 있는 위 조례안 규정의 취지는 기초학력진단검사의 지역·학교별 결과 등의 공개를 통해 학교교육에 대한 서울특별시 주민들의 알권리를 보장하는 한편 관심과 참여도를 끌어올림으로써 궁극적으로 기초학력을 신장시키는 것으로 교육관련기관이 학교교육과 관련하여 보유·관리하는 정보의 적극적 공개를 통한 국민의 알권리 보장 및 학교 교육에 대한 참여도 증진 등에 있는 교육관련기관의 정보공개에 관한 특례법의 입법 취지와 충돌하지 않으므로 위 조례안 규정이 교육기관정보공개법 제5조 및 교육관련기관의 정보공개에 관한 특례법 시행령 제3조 제4항에 위반된다고 볼 수 없으며, 위 조례안 규정이 교육감으로 하여금 기초학력진단검사의 결과 등을 공개할 수 있도록 규정한 것이 기초학력진단검사의 결과 공유를 통해 학생, 학부모 및 학교가 모두 연계하여 학습지원대상학생에 대한 학습지원교육이 적시에 충분히 제공될 수 있도록 보장하기 위한 기초학력 보장법의 취지에 배치되는 것이라고 보기는 어렵다는 등의 이유로 위 조례안 규정이 기초학력 보장법 제7조 및 기초학력 보장법 시행령 제6조 제3항, 제4항에 위반된다고 볼 수 없다.

2 매립지 귀속결정(대판 2021.2.4. 20125추528)

1. 지방자치법 제4조 제3항부터 제7항에서 행정안전부장관 및 소속 위원회의 매립지 관할 귀속에 관한 의결·결정의 실체적 결정기준이나 고려요소를 구체적으로 규정하지 않은 것이 헌법상 보장된 지방자치제도의 본질을 침해하거나 명확성원칙, 법률유보원칙에 반하는지 여부(소극)

국가는 해상 공유수면 매립지의 관할 지방자치단체를 결정할 때 관련 지방자치단체나 주민들의 이해관계 외에도 국토의 효율적이고 균형 있는 이용·개발과 보전(헌법 제120조 제2항, 제122조), 지역 간의 균형 있는 발전(헌법 제123조 제2항)까지도 고려하여 비교형량하여야 하는데 이러한 고려요소나 실체적 결정기준을 법률에 더 구체적으로 규정하는 것은 입법기술적으로도 곤란한 측면이 있는 점 등을 종합하면, 지방자치법 제4조 제3항부터 제7항이 행정안전부장관 및 그 소속 위원회의 매립지 관할 귀속에 관한 의결·결정의 실체적 결정기준이나 고려요소를 구체적으로 규정하지 않았다고 하더라도 지방자치제도의 본질을 침해하였다거나 명확성원칙, 법률유보원칙에 반한다고 볼 수 없다.

2. 매립지 관할 귀속에 관하여 이해관계가 있는 매립면허관청이나 관련 지방자치단체의 장이 준공검사 전까지 관할 귀속 결정을 신청하지 않은 것이 행정안전부장관의 관할 귀속 결정을 취소해야 할 위법사유인지 여부(소극)

해상 공유수면 매립지의 경우 지방자치법 제4조 제1항 본문에 의하여 법률의 형식으로 관할 지방자치단체를 정하지 않는 이상 지방자치법 제4조 제3항에 의하여 행정안전부장관의 관할 귀속 결정이 반드시 있어야 하므로, 지방자치법 제4조 제4항이 정한 대로 신청이 이루어지지 않았다고 하더라도 해당 매립지에 관하여 관할 귀속 결정을 하여야 할 행정안전부장관의 권한·의무에 어떤 영향을 미친다고 볼 수 없다. 매립면허관청이나 관련 지방자치단체의 장이 준공검사 전까지 관할 귀속 결정을 신청하지 않았다고 하더라도 그것이 행정안전부장관의 관할 귀속 결정을 취소하여야 할 위법사유는 아니라고 보아야 한다.

3. 지방자치법 제4조 제4항에서 매립지 관할 귀속 결정의 신청권자로 규정한 '관련 지방자치단체의 장'에 기초 지방자치단체의 장이 포함되는지 여부(적극)

지방자치법 제4조 제4항에서 매립지 관할 귀속 결정의 신청권자로 규정한 '관련 지방자치단체의 장'에는 해당 매립지와 인접해 있어 그 매립지를 관할하는 지방자치단체로 결정될 가능성이 있는 '기초 및 광역 지방자치단체의 장'을 모두 포함한다.

4. 매립지 귀속결정시 고려요소

가. 세부 토지이용계획 및 인접 지역과의 유기적 이용관계: 매립지 내 각 지역의 세부 토지이용계획과 인접 지역과의 관계를 고려하여, 효율적인 신규 토지 이용이 가능하도록 관할구역을 결정해야 한다.
나. 합리적인 관할구역 경계 설정: 매립지가 육지화된 이후에는 해상경계선만을 기준으로 관할을 결정할 수 없으며, 매립지와 인근 지방자치단체의 연결 형상, 연접관계, 거리, 자연지형 및 인공구조물 등을 고려해 합리적인 경계를 설정해야 한다.
다. 행정의 효율성: 매립지와 인근 지방자치단체 간의 연접관계, 거리, 기반시설의 설치·관리, 행정서비스 제공의 신속성, 긴급상황 대처 능력 등을 고려해 행정의 효율성이 저해되지 않도록 해야 한다.
라. 주거생활 및 생업의 편리성: 매립지 거주 주민들의 주거생활과 생업의 편의를 고려하여, 어느 지방자치단체의 관할구역에 편입되는 것이 유리할지 판단해야 한다.
마. 해양 접근성 및 경제적 이익: 매립공사로 인해 인근 지방자치단체와 주민들이 상실하는 해양 접근성, 생활기반, 경제적 이익 등을 감안해야 한다.

5. 매립지 귀속결정시 재량의 한계
행정안전부장관 및 소속 위원회는 매립지가 속할 지방자치단체를 정할 때 폭넓은 형성의 재량을 가진다. 다만, 그 형성의 재량은 무제한적인 것이 아니라, 관련되는 제반 이익을 종합적으로 고려하여 비교·형량하여야 하는 제한이 있다. 행정안전부장관 및 소속 위원회가 그러한 이익형량을 전혀 하지 않았거나 이익형량의 고려 대상에 마땅히 포함해야 할 사항을 누락한 경우 또는 이익형량을 하였으나 정당성·객관성이 결여된 경우에는 그 관할 귀속 결정은 재량권을 일탈·남용한 것으로 위법하다.

3 주민소송(대판 2020.7.29. 2017두63467)

1. 지방자치법 제22조 제1항에서 주민소송의 대상으로 규정한 '재산의 취득·관리·처분에 관한 사항', '해당 지방자치단체를 당사자로 하는 계약의 체결·이행에 관한 사항' 등에 해당하는지 판단하는 기준

주민소송 제도는 지방자치단체 주민이 지방자치단체의 위법한 재무회계행위의 방지 또는 시정을 구하거나 그로 인한 손해의 회복 청구를 요구할 수 있도록 함으로써 지방자치단체 재무행정의 적법성, 지방재정의 건전하고 적정한 운영을 확보하려는 데 목적이 있다. 그러므로 주민소송은 원칙적으로 지방자치단체의 재무회계에 관한 사항의 처리를 직접 목적으로 하는 행위에 대하여 제기할 수 있고, 지방자치법 제22조 제1항에서 주민소송의 대상으로 규정한 '재산의 취득·관리·처분에 관한 사항', '해당 지방자치단체를 당사자로 하는 계약의 체결·이행에 관한 사항' 등에 해당하는지 여부도 그 기준에 의하여 판단하여야 한다.

2. 지방자치법 제22조 제1항에서 정한 주민소송의 대상은 주민감사를 청구한 사항과 반드시 동일해야 하는지 여부(소극) 및 주민소송의 대상이 주민감사를 청구한 사항과 관련성이 있는지 결정하는 기준

주민감사청구가 '지방자치단체와 그 장의 권한에 속하는 사무의 처리'를 대상으로 하는 데 반하여, 주민소송은 '그 감사청구한 사항과 관련이 있는 위법한 행위나 업무를 게을리한 사실'에 대하여 제기할 수 있는 것이므로, **주민소송의 대상은 주민감사를 청구한 사항과 관련이 있는 것으로 충분하고, 주민감사를 청구한 사항과 반드시 동일할 필요는 없다**. 주민감사를 청구한 사항과 관련성이 있는지는 주민감사청구사항의 기초인 사회적 사실관계와 기본적인 점에서 동일한지에 따라 결정되는 것이며 그로부터 파생되거나 후속하여 발생하는 행위나 사실은 주민감사청구사항과 관련이 있다고 보아야 한다.

3. 지방자치법 제22조 제2항 제4호 주민소송을 제기하는 자는 상대방, 재무회계행위의 내용, 감사청구와의 관련성, 상대방에게 요구할 손해배상금 내지 부당이득금 등을 특정하여야 하는지 여부(적극)

지방자치법 제22조 제2항 제1호부터 제3호까지의 주민소송은 **해당 지방자치단체의 장**을 상대방으로 하여 위법한 재무회계행위의 방지, 시정 또는 확인 등을 직접적으로 구하는 것인 데 반하여, 제4호 주민소송은 감사청구한 사항과 관련이 있는 위법한 행위나 업무를 게을리한 사실에 대하여 **지방자치단체의 장 및 직원, 지방의회의원, 해당 행위와 관련이 있는 상대방**에게 손해배상청구, 부당이득반환청구, 변상명령 등을 할 것을 요구하는 소송이다. 따라서 제4호 주민소송 판결이 확정되면

지방자치단체의 장인 피고는 상대방에 대하여 판결에 따라 결정된 손해배상금이나 부당이득반환금의 지불 등을 청구할 의무가 있으므로, 제4호 주민소송을 제기하는 자는 상대방, 재무회계행위의 내용, 감사청구와의 관련성, 상대방에게 요구할 손해배상금 내지 부당이득금 등을 특정하여야 한다.

4. 지방자치법 제22조 제2항 제4호 주민소송에 따른 손해배상청구의 경우, 위법한 재무회계행위와 관련이 있는 상대방인 지방자치단체의 장이나 공무원에게 위법행위에 대한 고의 또는 중대한 과실이 있어야 손해배상책임이 성립하는지 여부(적극)

지방자치단체의 장은 지방자치법 제22조 제2항 제4호 주민소송에 따라 손해배상청구나 부당이득반환청구를 명하는 판결 또는 회계관계직원 등의 책임에 관한 법률(이하 '회계직원책임법'이라 한다)에 따른 변상명령을 명하는 판결이 확정되면 위법한 재무회계행위와 관련이 있는 상대방에게 손해배상금이나 부당이득반환금을 청구하여야 하거나 변상명령을 할 수 있다(지방자치법 제22조 제2항 제4호, 제22조 제1항, 회계직원책임법 제6조 제1항). 그리고 이에 더 나아가 상대방이 손해배상금 등의 지급을 이행하지 않으면 지방자치단체의 장은 손해배상금 등을 청구하는 소송을 제기하여야 한다(지방자치법 제22조 제2항). 이때 상대방인 지방자치단체의 장이나 공무원은 국가배상법 제2조 제2항, 회계직원책임법 제4조 제1항의 각 규정 내용 및 취지 등에 비추어 볼 때, 그 위법행위에 대하여 고의 또는 중대한 과실이 있는 경우에 제4호 주민소송의 손해배상책임을 부담하는 것으로 보아야 한다.

4 국가하천사무

하천법은 국가하천의 하천관리청은 국토교통부장관이고, 하천공사와 하천의 유지·보수는 원칙적으로 하천관리청이 시행한다고 정하고 있다. 위와 같은 규정에 따르면, 국가하천에 관한 사무는 다른 법령에 특별한 정함이 없는 한 국가사무로 보아야 한다. **지방자치단체가 비용 일부를 부담한다고 해서 국가사무의 성격이 자치사무로 바뀌는 것은 아니다**(대판 2020.12.30. 2020두37406).

29. 공무원법

1 징계무효확인(대판 2023.4.13. 2021다254799)

1. 국가공무원법 제66조 제1항의 적용 범위

국가공무원법 제66조 제1항이 "공무원은 노동운동이나 그 밖에 공무 외의 일을 위한 집단 행위를 하여서는 아니 된다. 다만 사실상 노무에 종사하는 공무원은 예외로 한다."라고 규정하면서 사실상 노무에 종사하는 공무원의 경우 위와 같은 의무를 부담하지 않도록 하여 국가공무원법 제66조 제1항의 의무를 모든 공무원이 일률적으로 부담하여야 하는 의무로 규정하지 않은 것도 같은 취지에서 이해할 수 있다.

2. 대한법률구조공단의 임직원이 국가공무원법 제66조 제1항의 의무를 부담하는지 여부(소극)

대한법률구조공단 임직원의 지위나 직무 성격을 국가공무원과 같은 수준으로 규정하기는 어렵고, 법률구조법 등에서도 공단 임직원에게 국가공무원법 제66조 제1항을 직접 적용한다고 명시하지 않고 있다. 따라서 공단 임직원이 국가공무원법 제66조 제1항의 의무를 부담한다고 볼 수 없다. 법률구조법 제32조의 "공단의 임직원은 형법이나 그 밖의 법률에 따른 벌칙을 적용할 때에는 공무원으로 본다"는 규정만을 근거로 공단 임직원에게 국가공무원법 제84조의2, 제66조 제1항을 적용하는 것은 그들의 구체적인 법적 지위를 고려하지 않은 채 권리를 지나치게 제한하는 부당하다.

2 중징계의결이 요구 중인 자에 대한 직위해제의 효력 유지 기간 (대판 2022.10.14. 2022두45623)

1. **직위해제처분의 법적 성질**: 직위해제는 공무원이 직무를 수행할 경우 예상되는 업무 장애를 예방하기 위한 잠정적 조치로서, 직무에서 배제하는 행위이다. 이는 징계와 달리 비위행위에 대한 징벌적 제재가 아니지만, 장기화될 경우 큰 불이익을 초래할 수 있어 엄격한 해석이 필요하다.

2. **직위해제처분의 요건**: 국가공무원법 제73조의3 제1항 제3호에 따라 중징계의결 요구를 받은 자에 대해 직위해제가 가능하다. 그러나 <u>단순히 중징계의결 요구가 있었다는 이유만으로 직위해제가 정당화되지는 않으며</u>, 대상자가 중징계를 받을 가능성과 직무 수행 시 발생할 구체적 위험 등을 종합적으로 고려해야 한다.

3. 직위해제의 효력 소멸: 국가공무원법 제73조의3 제2항에 따라 직위해제 사유가 소멸하면 즉시 직위를 부여해야 한다. '중징계의결이 요구 중인 자'에 해당하여 직위해제처분을 받은 대상자에 대하여 적법한 절차에 따라 '경징계의결'이 이루어진 경우에는 <u>징계의결이 있은 다음 날부터는 직위해제처분이 효력을 상실하게 된다</u>.

4. 원고에 대한 직위해제는 중징계의결이 이루어진 2018. 2. 23.까지 적법하게 유지되었으나, 이후 경징계(감봉 2개월)가 결정된 시점부터는 직위해제의 요건이 소멸되었으므로, 2018. 2. 24. 이후에는 직위해제처분의 효력이 상실되었다고 판단하였다.

5. 결론: 직위해제처분은 징계와 구별되는 잠정적 조치로, 중징계의결이 이루어질 때까지 효력이 유지되며, 이후에는 효력이 소멸된다고 보는 것이 타당하다.

3 교원이 초등학교·중학교 학생에게 법령상 명문의 규정이 없는 징계처분을 한 경우, 그 효력을 긍정함에 있어 법령과 학칙에 대한 엄격한 해석이 필요한지 여부(적극)

의무교육대상자인 초등학교·중학교 학생의 신분적 특성과 학교교육의 목적에 비추어 교육의 담당자인 교원의 학교교육에 관한 폭넓은 재량권을 존중하더라도, <u>법령상 명문의 규정이 없는 징계처분의 효력을 긍정함에 있어서는 그 처분 내용의 자발적 수용성, 교육적·인격적 측면의 유익성, 헌법적 가치와의 정합성 등을 종합하여 엄격히 해석하여야 할 필요가 있다</u>. 법령에 따르면, '학교 내 봉사'는 주로 학사행정이나 교육활동을 보조하는 업무를 포함하며, '심성교육'은 이를 통해 달성하고자 하는 교육적 목표를 나타낸다. **사과편지 작성과 같은 행위는 '학교 내 봉사'의 범위에 포함될 수 없고**, 학교의 장이 교육적 목적을 위해 강제할 수 있는 것도 아니다. 또한 '반성문 작성'은 징계 외의 지도방법으로 규정되어 있으며, '학교폭력예방 및 대책에 관한 법률'의 서면 사과와는 다르다. 따라서 '사과편지 작성'을 징계의 내용으로 포함시키는 것은 법령상 근거가 없다(대판 2022.12.1. 2022두39185).

4 승진심사에서 재량의 한계(대판 2022.2.11. 2021도13197)

1. 헌법 제7조가 보장하는 직업공무원제도의 운영 및 기본적 요소에 해당하는 공무원의 임용·보직·승진에 바탕이 되는 원칙 / 지방공무원법이 정한 신분보장·승진 등 인사 운영 관련 규정을 해석·적용할 때 고려할 사항

직업공무원에게는 정치적 중립과 더불어 공무를 효율적으로 수행할 수 있는 능력이 요구되므로, 헌법 제7조가 보장하는 직업공무원제도의 운영 및 기본적 요소에 해당하는 공무원의 임용·보직·승진에는 공무원의 능력·성적·전문성 등을 반영한 능력주의·성과주의가 바탕이 되어야 한다.

또한, 헌법 제7조 제2항은 "공무원의 신분과 정치적 중립성은 법률이 정하는 바에 의하여 보장된다."라고 하여, 직업공무원제도가 정치적 중립성과 신분보장을 중추적 요소로 하는 민주적이고 법치주의적인 공직제도임을 천명하면서도 구체적 내용을 법률로 정하도록 위임하였으므로, 이러한 헌법의 위임 및 기속적 방향 제시에 따른 지방공무원법이 정한 신분보장·승진 등 인사 운영 관련 규정을 해석·적용할 때에도 헌법상 직업공무원제도의 취지·목적과 함께 능력주의·성과주의 원칙을 고려하여야 한다.

2. 승진임용에 관하여 임용권자에게 부여된 재량권과 한계 / 임용권자가 4급 공무원 승진후보자명부를 작성하거나 승진임용 여부를 심사·결정하는 과정에서 법령상 근거 없이 직무수행능력과 무관한 요소로서 근무성적평정·경력평정 및 능력의 실증에 해당한다고 보기 어려운 사정을 주된 평정 사유로 반영하였거나 이러한 사정을 승진임용에 관한 일률적인 배제사유 또는 소극요건으로 삼을 수 있는지 여부(소극)

임용권자에게는 승진임용에 관하여 일반 국민에 대한 행정처분이나 공무원에 대한 징계처분에서와는 비교할 수 없을 정도의 매우 광범위한 재량이 부여되어 있으므로 승진후보자명부의 높은 순위에 있는 후보자를 반드시 승진임용해야 하는 것은 아니지만, 승진후보자명부의 작성 또는 승진임용 여부를 심사·결정하는 과정에서 아무런 제한 없는 재량권이 인정되는 것은 아니다. 즉, 임용권자가 승진후보자명부의 작성 및 승진임용을 할 때에는 지방공무원법 제25조, 제38조 제1항 및 제39조 제5항에 따라 근무성적평정·경력평정 및 그 밖의 능력의 실증에 따라야 하는 의무를 부담하므로, 4급 공무원으로 승진임용을 하기 위하여 승진후보자명부를 작성하거나 승진임용 여부를 심사·결정하는 과정에서 법령상 근거 없이 직무수행능력과 무관한 요소로서 근무성적평정·경력평정 및 능력의 실증에 해당한다고 보기 어려운 사정을 주된 평정 사유로 반영하였거나 이러한 사정을 승진임용에 관한 일률적인 배제사유 또는 소극요건으로 삼았다면, 이는 임용권자가 법령상 근거 없이 자신의 주관적 의사에 따라 임용권을 자의적으로 행사한 것으로 헌법상 직업공무원제도의 취지·목적 및 능력주의 원칙은 물론 지방공무원법령 규정에 반하는 것이어서 허용될 수 없다

승진심사에서는 법령상 근거가 없고, 직무수행능력과 관련 없는 요소를 반영해서는 안 된다. 그러나 이 사건에서 경기도는 주택보유현황을 승진 심사에 실질적으로 반영했고, 이는 부당한 인사처분에 해당한다. 법령상 근거 없이 조사된 내용을 바탕으로 거짓 보고를 이유로 징계한 것은 적법하지 않다. 4급 이상 공무원에게는 사전 다주택 해소 권고 후 조사를 했지만, 4급 승진후보자에게는 이런 기회 없이 바로 조사를 했다. 주택 처분의 시간적 여유도 없이 조사가 이루어졌으며, 그 조사 결과를 기준으로 승진 여부가 결정된 것은 공정성을 결여했다. 오피스텔 분양권 누락 사실 자체로 직무능력이나 성실성을 판단할 수 없음에도 징계사유로 삼은 것은 재량권 남용에 해당한다.

5 원로교사 임용거부(대판 2024.9.12. 2022두43405)

갑 학교법인 소속 사립학교의 교장 을이 정년 전에 임기가 끝나자 정관에서 정한 바에 따라 교사로 근무할 것을 희망하여 갑 학교법인에 자신에 대한 교원 임용을 제청하였으나 갑 학교법인이 이사회에서 심의한 후 을에게 이를 거부하는 내용의 의결 결과를 통보한 사안에서, 위 거부는 교원의

지위 향상 및 교육활동 보호를 위한 특별법 제9조 제1항에서 소청심사의 대상으로 정한 '그 밖에 그 의사에 반하는 불리한 처분'에 해당하고, 재량권을 일탈·남용하여 위법하다고 한 사례

갑 학교법인 소속 사립학교의 교장 을이 정년 전에 임기가 끝나자 정관에서 정한 바에 따라 교사로 근무할 것을 희망하여 갑 학교법인에 자신에 대한 교원 임용을 제청하였으나 갑 학교법인이 이사회에서 심의한 후 을에게 이를 거부하는 내용의 의결 결과를 통보한 사안에서, 헌법 제31조 제6항은 교원의 지위에 관한 기본적인 사항을 법률로 정하도록 하고 있고, 사립학교법, 교원의 지위 향상 및 교육활동 보호를 위한 특별법은 사립학교 교원을 국공립학교 교원과 동등하게 처우하고 있는 점, 교원지위법이 제정됨에 따라 사립학교 교원도 국공립학교 교원과 마찬가지로 소청심사를 청구할 수 있고, 결정에 불복하는 경우 행정소송을 제기할 수 있게 된 점, <u>교육공무원법령이 정년 전에 임기가 끝나는 국공립학교 교장에 대하여 본인이 희망할 경우 정년까지 다시 교사로 임용되어 근무할 수 있는 원로교사 제도를 마련하고 있고, 갑 학교법인 정관도 교육공무원법과 동일하게 규정함으로써 소속 사립학교의 교장이 정년 전에 임기가 끝나는 경우 국공립학교의 교장과 마찬가지로 본인의 희망에 따라 원로교사로 임용될 가능성을 열어 두고 있는 점</u> 등을 종합하면, **갑 학교법인이 정년 전에 임기가 끝나는 교장인 을에 대하여 원로교사 임용을 거부하는 취지로 통보한 위 거부는 원로교사로 임용되어 근무할 것을 희망하는 을의 법률관계에 영향을 미치는 것으로서 교원지위법 제9조 제1항에서 소청심사의 대상으로 정한 '그 밖에 그 의사에 반하는 불리한 처분'에 해당하고,** 갑 학교법인 이사회에서 을의 원로교사 임용 여부와 관련하여 '수업 담당 능력과 건강'에 관한 사항이 논의되지 않았던 것으로 보이며, 을에게 위 거부의 사유에 관한 근거가 제시되었거나 심사에 필요한 자료 제출 기회가 부여되었다고도 볼 수 없으므로, 위 거부는 재량권을 일탈·남용하여 위법하다.

30. 공물법

1 부당이득(대판 2024.2.15. 2023다295442)

1. 토지 소유자가 소유 토지를 일반 공중 등의 통행로로 무상 제공하거나 그에 대한 통행을 용인하는 등으로 자신의 의사에 부합하는 토지이용상태가 형성되어 그에 대한 독점적·배타적 사용·수익권의 행사가 제한되는 경우, 사용·수익권 자체를 대세적·확정적으로 상실하는지 여부(소극) 및 그 후 일정한 요건을 갖춘 때에는 사정변경의 원칙에 따라 소유자가 다시 독점적·배타적 사용·수익권을 행사할 수 있는지 여부(적극)

어느 사유지가 종전부터 자연발생적으로 또는 도로예정지로 편입되어 사실상 일반 공중의 교통에 공용되는 도로로 사용되고 있는 경우, 토지 소유자가 스스로 그 토지를 도로로 제공하거나 그러한 사용 상태를 용인함으로써 인근 주민이나 일반 공중이 이를 무상으로 통행하고 있는 상황에서, 도로의 점유자를 상대로 한 부당이득반환청구나 손해배상청구, 토지인도청구 등 그 토지에 대한 독점적·배타적인 사용·수익권의 행사를 제한할 수 있는 경우가 있다.

이와 같이 토지 소유자가 그 소유 토지를 일반 공중 등의 통행로로 무상 제공하거나 그에 대한 통행을 용인하는 등으로 자신의 의사에 부합하는 토지이용상태가 형성되어 그에 대한 독점적·배타적 사용·수익권의 행사가 제한되는 것은 금반언이나 신뢰보호 등 신의성실의 원칙상 기존 이용상태가 유지되는 한 토지 소유자가 이를 수인해야 함에 따른 결과일 뿐이고 그로써 <u>소유권의 본질적 내용인 사용·수익권 자체를 대세적·확정적으로 상실하는 것은 아니다.</u> 또한 토지 소유자의 독점적·배타적 사용·수익권 행사가 제한되는 경우에도 일정한 요건을 갖춘 때에는 신의성실의 원칙으로부터 파생되는 사정변경의 원칙에 따라 소유자가 다시 독점적·배타적 사용·수익권을 행사할 수 있다. 이러한 신의성실의 원칙과 독점적·배타적 사용·수익권 제한 법리의 관련성에 비추어 보면, 독점적·배타적 사용·수익권 행사가 제한되는지를 판단할 때는 토지 소유자의 의사를 비롯하여 다음에 보는 여러 사정을 종합적으로 고찰할 때 토지 소유자나 그 승계인이 권리를 행사하는 것이 금반언이나 신뢰보호 등 신의성실의 원칙상 허용될 수 있는지가 고려되어야 한다.

독점적·배타적 사용·수익권 행사를 제한하는 법리는 토지 소유자의 권리행사를 제한하는 예외적인 법리이므로, 공공필요에 의한 재산권의 수용·사용 또는 제한에 관한 정당한 보상을 지급하여야 한다는 헌법 제23조 제3항 및 법치행정의 취지에 비추어 신중하고 엄격하게 적용되어야 하고, <u>독점적·배타적 사용·수익권 행사의 제한을 주장하는 사람이 그 제한 요건을 충족하였다는 점에 대한 증명책임을 진다.</u>

2. 갑이 사정받은 토지가 분할됨과 동시에 분할된 일부 토지의 지목이 '도로'로 변경되어 도로로 사용되다가 을이 위 토지를 매수하였는데, 을이 병 지방자치단체를 상대로 병 지방자치단체가 토지를 도로부지로 사용하였다는 이유로 부당이득반환을 구한 사안에서, 갑 및 그 상속인들이 토지에 대한 독점적·배타적인 사용·수익권을 행사하는 것을 제한할 수 있다고 보기 어려운데도, 갑 및 그 상속인들이 토지에 대한 독점적·배타적 사용·수익권을 포기하였으므로 을이 부당이득반환청구를 할 수 없다고 본 원심판단에 법리오해의 잘못이 있다고 한 사례

갑이 사정받은 토지가 분할됨과 동시에 분할된 일부 토지의 지목이 '도로'로 변경되어 도로로 사용되다가 을이 위 토지를 매수하였는데, 을이 병 지방자치단체를 상대로 병 지방자치단체가 위 토지를 도로부지로 사용하였다는 이유로 부당이득반환을 구한 사안에서, 위 도로부지에 포함된 토지가 관할관청에 의하여 직권으로 모토지에서 분할되면서 도로로 개설되어 공중의 통행에 이용되었을 가능성을 배제할 수 없는 점, 갑 및 그 상속인들이 관할관청으로부터 보상을 받았다는 등 이들이 토지 분할로 인하여 얻은 이익이나 편익이 있었다고 볼 만한 자료는 제출되지 않은 점, 토지가 도로로 사용되는 것에 대하여 소유자가 적극적으로 이의하지 않았고 그 기간이 길다는 것만으로 소유자가 사전에 무상 점유·사용에 대한 동의를 하였다거나 사후에 이를 용인하였다고 볼 수는 없는 점, 을이 소멸시효가 완성되지 않은 과거 5년 및 장래의 토지 임료 상당 부당이득반환청구를 하고 있을 뿐, 토지 인도청구 등 일반 공중의 도로 통행에 관한 신뢰나 편익에 직접적으로 영향을 줄 만한 청구는 하고 있지 않은 점 등을 종합하면, 갑 및 그 상속인들이 위 토지에 대한 독점적·배타적인 사용·수익권을 행사하는 것을 제한할 수 있다고 보기 어려운데도, 갑 및 그 상속인들이 위 토지에 대한 독점적·배타적 사용·수익권을 포기하였으므로 을이 부당이득반환청구를 할 수 없다고 본 원심판단에 법리오해의 잘못이 있다고 한 사례

2 토지소유자가 지방자치단체를 상대로 도로로 사용되고 있는 부분의 콘크리트 포장등의 철거, 도로부분 인도 및 부당이득반환을 구한 사건(대판 2023.9.14. 2023다214108)

1. 권리의 행사에 해당하는 외관을 지닌 어떠한 행위가 권리남용에 해당하는지 판단하는 기준

권리의 행사가 주관적으로 오직 상대방에게 고통을 주고 손해를 입히려는 데 있을 뿐 이를 행사하는 사람에게는 이익이 없고, 객관적으로 사회질서에 위반된다고 볼 수 있으면, 그 권리의 행사는 권리남용으로서 허용되지 아니하고, 이때 권리의 행사가 상대방에게 고통이나 손해를 주기 위한 것이라는 주관적 요건은 권리자의 정당한 이익을 결여한 권리행사로 보이는 객관적인 사정들을 모아서 추인할 수 있으며, 이와 같이 권리의 행사에 해당하는 외관을 지닌 어떠한 행위가 권리남용이 되는가는 권리남용 제도의 취지 및 그 근간이 되는 동시대 객관적인 사회질서의 토대하에서 개별적이고 구체적인 상황을 종합하여 판단하여야 한다.

2. 일반 공중의 통행에 공용되는 도로 부지의 소유자가 이를 점유·관리하는 지방자치단체를 상대로 도로의 철거, 점유 이전 또는 통행금지를 청구하는 것이 권리남용에 해당하는지 여부(원칙적 적극) 및 그 경우 도로 지하 부분에 매설된 시설에 대한 철거 등 청구도 마찬가지인지 여부(원칙적 적극)

어떤 토지가 그 개설경위를 불문하고 일반 공중의 통행에 공용되는 도로, 즉 공로가 되면 그 부지의 소유권 행사는 제약을 받게 되며, 이는 소유자가 수인하여야만 하는 재산권의 사회적 제약에 해당한다. 따라서 공로 부지의 소유자가 이를 점유·관리하는 지방자치단체를 상대로 공로로 제공된 도로의 철거, 점유 이전 또는 통행금지를 청구하는 것은 법질서상 원칙적으로 허용될 수 없는 '권리남용'이라고 보아야 한다. 그 경우 특별한 사정이 없는 한 그 도로 지하 부분에 매설된 시설에 대한 철거 등 청구도 '권리남용'이라고 봄이 상당하다.

3. 갑이 소유권을 취득한 임야 중 도로 부분이 그전부터 인근 주민들 등 불특정 다수의 통행로로 사용되어 왔고, 그 후 을 지방자치단체가 위 도로에 하수관과 오수맨홀을 매설하였으며, 도로 일부는 콘크리트 포장이 되어 있는데, 갑이 을 지방자치단체를 상대로 하수관, 오수맨홀, 콘크리트 포장 철거 및 도로 부분 인도를 구한 사안에서, 통행로 개설 이후의 경과, 도로 부분의 위치와 면적 비율, 도로 및 지하 시설의 이용 현황 등에 비추어 도로 및 지하 부분에 매설된 시설의 철거와 도로 부분의 인도를 청구하는 것은 권리남용에 해당할 여지가 있는데도, 이와 달리 본 원심판단에 법리오해 등의 잘못이 있다고 한 사례

갑이 소유권을 취득한 임야 중 도로 부분이 그전부터 인근 주민들 등 불특정 다수의 통행로로 사용되어 왔고, 그 후 을 지방자치단체가 위 도로에 하수관과 오수맨홀을 매설하였으며, 도로 일부는 콘크리트 포장이 되어 있는데, 갑이 을 지방자치단체를 상대로 하수관, 오수맨홀, 콘크리트 포장 철거 및 도로 부분 인도를 구한 사안에서, 임야의 전 소유자들은 공동상속인들이었고 갑은 증여 내지 매매로 소유권을 취득하였는데, 위 경위 등에 비추어 갑은 도로 부분이 인근 주민들의 통행로로 이용되고 있는 사실을 알 수 있었다고 보이는데도 인근 주민과의 분쟁 등으로 소제기에 이르기 전까지 이의를 제기하였다는 등의 사정은 보이지 않는 점, 도로 부분은 그 일대의 통행로의 일부 구간에 해당하여 인근 주민들을 포함한 일반 공중이 이용하고 있고, 지하에 매설된 하수관 등은 인근 주민들 대다수가 이용하는 공공시설인데, 콘크리트 포장을 철거하여 도로 부분을 폐쇄하고 지하에 매설된 하수관, 오수맨홀을 철거한다면, 통행로가 끊어져 인근 주민들이 상당한 거리를 우회해야 하는 등 교통에 지장이 초래되고 하수관, 오수맨홀 또한 끊어져 인근 주민들의 큰 불편과 혼란이 예상되는 등 공익에 현저히 반하는 결과가 발생할 것으로 보이는 점, 도로 부분은 임야의 가장자리 부분에 위치하고, 면적은 임야 전체 면적의 약 3.47%인데, 갑이 이를 다른 용도로 사용해야 할 만한 긴급한 필요성이나 그에 관한 구체적인 계획은 보이지 않는 점 등 통행로 개설 이후의 경과, 도로 부분의 위치와 면적 비율, 도로 및 지하 시설의 이용 현황 등에 비추어 도로 및 지하 부분에 매설된 시설의 철거와 도로 부분의 인도를 청구하는 것은 권리남용에 해당할 여지가 있는데도, 이와 달리 본 원심판단에 법리오해 등의 잘못이 있다고 한 사례

* 일반 공중의 통행에 공용된 도로의 통행을 방해함으로써 특정인의 통행의 자유를 침해한 경우, 민법상 불법행위에 해당하는지 여부(적극) 및 이때 침해를 받은 자가 통행방해 행위의 금지를 소구할 수 있는지 여부(적극)

불특정 다수인인 일반 공중의 통행에 공용된 도로, 즉 공로(공로)를 통행하고자 하는 자는 그 도로에 관하여 다른 사람이 가지는 권리 등을 침해한다는 등의 특별한 사정이 없는 한, 일상생활상 필요한 범위 내에서 다른 사람들과 같은 방법으로 그 도로를 통행할 자유가 있고, 제3자가 특정인에 대하여만 그 도로의 통행을 방해함으로써 일상생활에 지장을 받게 하는 등의 방법으로 특정인의 통행의 자유를 침해하였다면 민법상 불법행위에 해당하며, 침해를 받은 자로서는 방해의 배제나 장래에 생길 방해를 예방하기 위하여 통행방해 행위의 금지를 소구할 수 있다(대판 2021.3.11. 2020다229239).

31. 개발행위허가

1 건축허가신청 불허가통지처분취소(대판 2020.10.15. 2020두41504)

1. 사건의 개요와 쟁점 요약
가. 사건의 개요
  1) 신청 및 위치: 원고는 동물화장시설을 건축하기 위해 2018. 1. 31. 피고에게 개발행위허가를 포함한 건축허가를 신청하였다.
  2) 위치 특성: 신청지는 왕복 6차로의 도로를 사이에 두고 주택과 상가 밀집 지역과 인접해 있으며, 최단거리는 약 110m이다.
  3) 피고의 거부처분 사유: 피고는 2018. 9. 7. 이 사건 신청을 불허가하며 다음과 같은 이유를 제시하였다

제1처분사유: 동물화장시설로 인해 환경오염, 생태계 파괴, 위해 발생 가능성.
제2처분사유: 자연경관과 부조화, 주변 지역과의 부적합성.
제3처분사유: 신청지가 주민 10호 이상 거주 지역의 경계로부터 약 110m에 위치하며, 관련 도시계획 조례에 따라 묘지 관련 시설 설치 불가.
제4처분사유: 전주시 도시계획위원회 심의에서 부결.

나. 쟁점
이 사건의 쟁점은 제3처분사유가 인정되는지 여부 및 그 경우 피고에게 이 사건 신청에 대하여 개발행위허가를 발급할 재량이 있는지 여부이다.

2. 관련 규정과 법리
가. 법령 규정
「국토의 계획 및 이용에 관한 법률」 제58조는 개발행위허가가 주변 환경 및 경관과 조화를 이루어야 한다고 규정하고 있으며, 그 기준은 대통령령으로 정한다고 명시하고 있다. 이에 따라 「국토의 계획 및 이용에 관한 법률 시행령」 제56조 제1항 [별표 1의2]는 개발행위로 인한 환경오염과 생태계 파괴 우려를 방지하고, 주변 건축물과의 조화를 요구한다. 특히 2017년 개정된 시행령 제2호 (가)목 (3)은 특정 건축물의 이격거리 등을 도시계획조례로 정할 수 있으며, 다른 법령에 따르는 경우 그 법령을 따른다고 규정하고 있다.

나. 전주시 도시계획 조례
구 「전주시 도시계획 조례」 제17조 제2항 제1호는 자연취락지구 경계로부터 200m 이내에서 묘지 관련 시설의 설치를 금지했다. 그러나 2018년 2월 개정된 조례는 주거밀집지역 내 경계 또는 자연

취락지구 경계로부터 200m 이내로 범위를 확대했다.

다. 법령 개정의 적용
행정처분은 그 처분 당시에 시행 중인 법령과 허가기준에 의하여 하는 것이 원칙이다. 따라서 관할 행정청이 인허가 신청을 수리하고도 정당한 이유 없이 처리를 늦추어 그 사이에 관계 법령 및 허가 기준이 변경된 것이 아닌 한, 변경된 법령 및 허가기준에 따라서 한 불허가처분을 위법하다고 할 수 없다. 다만 개정 전 허가기준의 존속에 관한 국민의 신뢰가 개정된 허가기준의 적용에 관한 공익상의 요구보다 더 보호가치가 있다고 인정되는 경우에는 그러한 국민의 신뢰를 보호하기 위하여 개정된 허가기준의 적용을 제한할 여지가 있을 뿐이다.

3. 이 사건에 관한 판단
가. 이 사건 조례가 법령에 위반되는지 여부
지방자치단체는 개발행위허가의 세부기준을 조례로 정할 때 광범위한 재량을 가지며, '개정 후 조례조항'은 국토계획법령의 위임 범위 내에서 전주시 내 동물화장시설 등이 주변 환경 및 경관과 조화를 이루고 환경오염 등을 방지하기 위해 이격거리기준을 강화한 것이다. 이 기준이 국토계획법령에 반하거나 비합리적이지 않다.

나. 이 사건 불허처분의 신뢰보호위반여부
1) 신뢰의 보호 가치
   '개정 전 조례조항'이 시행되었던 시점에서 원고가 신청을 했으나, 이격거리기준을 충족한다고 해서 개발행위허가가 자동으로 발급되는 것은 아니며, 피고가 원고에게 어떠한 보호가치 있는 신뢰를 부여했다고 보기는 어렵다. 또한, 개정 조례안이 입법예고되었고, 원고는 이를 알고 신청을 했으므로 '개정 전 조례조항'의 존속에 대한 신뢰 보호 가치는 크지 않다.
2) 법익형량
   원고가 개발행위허가를 받을 것으로 예측하고 신청지를 매수하고 계획을 수립했으나, 거부처분으로 인해 공사에 착수하지 못했다 하더라도, 매수자금을 회수할 방법이 있으므로 금전적 손해가 크다고 보기는 어렵다. 이 사건 신청 후 약 한 달 뒤 '개정 후 조례조항'이 시행되었고, 피고는 도시계획위원회의 심의 등을 거쳐 6개월 후에 처분을 했으므로 정당한 이유 없이 신청 처리의 지연이 있었다고 볼 수 없다.
3) 결론
   '개정 전 조례조항'의 존속에 관한 원고의 신뢰가 '개정 후 조례조항'이 추구하는 공익보다 보호 가치가 크다고 할 수 없으므로, 피고가 '개정 후 조례조항'을 적용하여 신청을 불허한 것은 신뢰보호원칙에 위배되지 않는다.
   '개정 후 조례조항'은 상위법령의 위임에 근거하여 전주시가 제정한 조례로서 대외적으로 구속력 있는 법규이고, 만약 이 사건 신청지가 '개정 후 조례조항'에서 정한 '10호 이상 주민이 거주하는 주거밀집지역 경계로부터 200m 이내인 지역'에 해당한다면 거기에서 동물화장시설을 설치하는 개발행위는 '개정 후 조례조항'에 의하여 금지되어 있으므로, 전주시 소속 행정청인 피고는 '개정 후 조례조항'에 의하여 이 사건 신청을 불허하는 처분을 할 수밖에 없고, 그에 관하여 어떠한 재량이 있다고 볼 수 없다.

> *2023년 제41회 법원행정고등고시 제2차 시험 문제
>
> 甲은 최근에 급증하는 반려동물 장례 수요에 부응하기 위해 동물화장시설을 건립하고자 하였다. 이에 甲은 자신이 소유하는 A시 근교의 토지 지상에 동물화장시설을 신축하기 위하여 A시 시장에게 2021. 2. 15. 개발행위허가가 포함된 건축허가를 신청하였다.
> A시 시장이 위 건축허가 신청에 대하여 심사를 하고 있던 중 A시 의회는 2021. 4. 15. A시의 도시계획 조례를 개정하여 "10호 이상의 주민이 거주하는 주거밀집지역 경계로부터 200미터 이내"에는 동물화장시설을 설치할 수 없다는 규정을 신설하였다. 위 개정조례의 부칙은 위 조례를 공포한 날에 시행한다고 규정하고 있다.
> 甲의 동물화장시설 설치예정지는 위 개정조례상의 주거밀집지역 경계로부터 200미터 이내에 위치하고 있는데, A시 시장은 위 개정 조례 규정에도 불구하고 2021. 5. 15. 원고의 동물화장시설 신축을 허가하는 처분을 하였다.
>
> 2. 乙이 제기한 동물화장시설 신축허가처분 취소소송에서 위 동물화장시설 신축허가처분이 위법하다는 乙의 주장의 인용가능성에 대하여 검토하시오. (20점)

2 건축허가신청불허가처분취소(대판 2023.2.2. 2020두43722)

1. 사건의 경위 및 원심판단

가. **원고의 신청**: 원고는 2017년 3월 8일, 피고에게 대구 서구 B 외 1필지(이하 '이 사건 신청지')에 동물장묘시설(이하 '이 사건 동물장묘시설')을 신축하기 위해 복합민원 형태의 건축허가를 신청했다.

나. **피고의 처분**: 피고는 2019년 4월 10일, 개발행위허가운영지침 기준을 충족하지 못한다 하여 신청을 불허가한다고 결정했다

다. **원심판단**
원심은 개발행위허가운영지침이 법규명령이므로, 이 사건 신청이 위 지침에서 정한 진입도로 폭을 확보하지 못하고 있어 피고가 도시계획위원회의 심의를 거치지 아니한 채 바로 진입도로 확보 자료 불충분을 불허가사유로 삼았다고 하더라도 재량권을 일탈·남용한 잘못이 있다고 볼 수 없다고 판단하였다.

2. 개발행위허가운영지침의 법적 성격

가. **국토계획법의 규정**: 국토계획법 제58조 제1항, 제3항에 따르면, 개발행위허가는 특정 기준을 충족하는 경우에만 허가된다. 이 기준은 대통령령으로 정해진다.

나. **개발행위허가운영지침**: 국토계획법 시행령 제56조 제4항은 개발행위허가기준을 정하는 법규명령에 해당한다. 하지만, 국토계획법 시행령 제56조 제4항은 국토교통부장관이 제1항의 개발

행위허가기준에 대한 '세부적인 검토기준'을 정할 수 있다고 규정하였을 뿐이므로, 그에 따라 국토교통부장관이 국토교통부 훈령으로 정한 '개발행위허가운영지침'은 국토계획법 시행령 제56조 제4항에 따라 정한 개발행위허가기준에 대한 세부적인 검토기준으로, 상급행정기관인 국토교통부장관이 소속 공무원이나 하급행정기관에 대하여 개발행위허가업무와 관련하여 국토계획법령에 규정된 개발행위허가기준의 해석·적용에 관한 세부 기준을 정하여 둔 행정규칙에 불과하여 대외적 구속력이 없다.

* 법령의 위임은 있었으나 개발행위허가기준의 해석·적용에 관한 세부 기준을 정하여 둔 **개발행위허가운영지침은 행정규칙이다.**

다. 이 사건 거부처분의 심사기준 : 행정처분이 위 지침에 따라 이루어졌다고 하더라도, 해당 처분이 적법한지는 국토계획법령에서 정한 개발행위허가기준과 비례·평등원칙과 같은 법의 일반원칙에 적합한지 여부에 따라 판단해야 한다.

3. 원심 판단의 문제점
원심이 '개발행위허가운영지침'을 법규명령으로 전제하여 처분사유의 적법성을 판단한 것은 부적절하다. 그러나 행정규칙이 행정기관의 재량 사항을 정한 경우, 규정 내용이 객관적 합리성을 결여하지 않는 한 법원이 이를 존중하는 것이 바람직하다. 원심의 판단은 일부 적절하지 않았으나, 결과적으로 이 사건 처분에 재량권의 일탈이나 남용이 없다는 결론에 수긍할 수 있다.

관련 문제 : 2024년도 제13회 변호사시험 공법 제2문

甲은 A도 B군에 있는 자기 소유 임야(이하 '이 사건 사업부지'라 한다)에 태양광 발전시설을 설치하기 위하여 B군수에게 「국토의 계획 및 이용에 관한 법률」(이하 '국토계획법'이라 한다)에 따른 개발행위(토지형질변경)허가를 신청하였다. 이 사건 사업부지는 B군을 지나는 고속국도(왕복 2차로 이상의 포장된 도로임)로부터 100m 이내에 입지하고 있다.

국토교통부장관이 정한 「개발행위허가 운영지침」(국토교통부 훈령)은 "허가권자가 국토계획법령 및 이 지침에서 정한 범위 안에서 별도의 지침을 마련하여 개발행위허가제를 운영할 수 있고, 개발행위허가기준을 적용함에 있어 지역 특성을 감안하여 지방도시계획위원회의 자문을 거쳐 높이·거리·배치·범위 등에 관한 구체적인 기준을 정할 수 있다."라고 규정하고 있다. 이에 따라 B군수가 정한 「B군 개발행위허가 운영지침」(B군 예규)에는 태양광 발전시설의 세부허가기준으로 "왕복 2차로 이상의 포장된 도로로부터 100m 이내에 입지하지 아니할 것"을 규정하고 있다.

B군수는 "1. 토지형질변경을 허가할 경우 주변 환경이나 경관과 조화를 이루지 못하기 때문에 개발행위허가기준을 충족하지 못한다(이하 '제1거부사유'라 한다).", "2. 이 사건 사업부지가 왕복 2차로 이상의 포장된 도로로부터 100m 이내에 입지하여 「B군 개발행위허가 운영지침」에 저촉된다(이하 '제2거부사유'라 한다)."라는 이유로 거부처분(이하 '이 사건 거부처분'이라 한다)을 하였다. 이에 甲은 이 사건 거부처분을 다투는 취소소송(이하 '이 사건 소송'이라 한다)을 제기하였다.

2. 이 사건 거부처분의 제2거부사유의 당부에 관하여 검토하시오. (20점)

3 개발행위불허가처분취소 (대판 2019.10.17. 2018두40744)

1. 법률이 주민의 권리의무에 관한 사항에 관하여 구체적으로 범위를 정하지 않은 채 조례로 정하도록 포괄적으로 위임한 경우, 주민의 권리의무에 관한 사항을 조례로 제정할 수 있는지 여부 (한정 적극)

헌법 제117조 제1항은 지방자치단체에 포괄적인 자치권을 보장하고 있으므로, 자치사무와 관련한 조례에 대한 법률의 위임은 법규명령에 대한 법률의 위임과 같이 구체적으로 범위를 정하여서 할 엄격성이 반드시 요구되지는 않는다. 법률이 주민의 권리의무에 관한 사항에 관하여 구체적으로 범위를 정하지 않은 채 조례로 정하도록 포괄적으로 위임한 경우에도 지방자치단체는 법령에 위반되지 않는 범위 내에서 각 지역의 실정에 맞게 주민의 권리의무에 관한 사항을 조례로 제정할 수 있다.

2. 주요도로와 주거 밀집지역 등으로부터 일정한 거리 내에 태양광발전시설의 입지를 제한함으로써 토지의 이용·개발을 제한하고 있는 청송군 도시계획 조례 제23조의2 제1항 제1호, 제2호의 법률상 위임근거가 있는지 문제 된 사안에서, 위 조례 조항은 국토의 계획 및 이용에 관한 법령이 위임한 사항을 구체화한 것이라고 한 사례

국토의 계획 및 이용에 관한 법률이 태양광발전시설 설치의 이격거리 기준에 관하여 조례로써 정하도록 명시적으로 위임하고 있지는 않으나, 조례에의 위임은 포괄 위임으로 충분한 점, 도시·군계획에 관한 사무의 자치사무로서의 성격, 국토계획법령의 다양한 규정들의 문언과 내용 등을 종합하면, 위 조례 조항은 국토계획법령이 위임한 사항을 구체화한 것이다.

가. 국토계획법이 이사건 조례의 근거인지 여부

지방자치단체가 자신의 관할 구역에 대하여 공간구조와 발전방향을 수립하는 것을 내용으로 하는 도시·군계획에 관한 사무는 지방자치단체의 자치사무에 해당한다(국토계획법 제2조 제2호, 지방자치법 제9조 제2항 제4호 참조). 국토계획법에 의하면, 지방자치단체장이 관할 구역에 대하여 도시·군기본계획을 수립하여야 하고(제18조 제1항), 용도지역이나 용도지구의 지정 또는 변경을 도시·군관리계획으로 결정하며(제36조 제1항, 제37조 제1항), 지방자치단체장이 도시·군관리계획을 수립하거나 변경하려면 미리 지방의회의 의견을 들어야 하고(제21조 제1항), 지정된 용도지역이나 용도지구에서의 건축물의 종류 및 규모 등의 제한에 관한 사항을 조례로 정할 수 있다(제76조 제2항).

이처럼 <u>국토계획법 자체에서 이미 지방자치단체에 도시·군계획이나 조례의 형식으로 건축행위에 관한 구체적 기준을 수립할 권한을 위임하는 다양한 규정들을 두고 있다. 태양광발전시설 설치의 이격거리에 관한 기준은 지방자치단체장이 도시·군계획의 형식으로도 충분히 규율할 수 있는 사항이고, 지방자치단체장이 도시·군계획을 수립할 때 적용하여야 할 구체적인 기준을 지방의회가 조례의 형식으로 미리 규정하는 것도 가능하다.</u>

나. 국토계획법 시행령이 이사건 조례의 근거인지 여부

국토계획법 제58조 제1항 제4호는 개발행위허가의 신청 내용이 주변지역의 토지이용실태 또는 토지이용계획, 건축물의 높이, 토지의 경사도, 수목의 상태, 물의 배수 등 주변 환경이나 경관과 조화를 이루어야 한다고 규정하고 있고, 제3항은 그 허가의 기준은 지역의 특성, 지역의 개발상황, 기반시설의 현황 등을 고려하여 **대통령령으로 정한다고 규정하고 있다.** 그 위임에 따른 구 국토계획 및 이용에 관한 법률 **시행령** 제56조 제1항 [별표 1의2] '개발행위허가기준' 제1호 라.목 (1), (2)는 개발행위로 건축 또는 설치하는 건축물 또는 공작물이 주변의 자연경관 및 미관을 훼손하지 아니하고, 그 높이·형태 및 색채가 주변건축물과 조화를 이루어야 하며, 도시·군계획으로 경관계획이 수립되어 있는 경우에는 그에 적합하여야 하고, 개발행위로 인하여 당해 지역 및 그 주변지역에 대기오염·수질오염·토질오염·소음·진동·분진 등에 의한 환경오염·생태계파괴·위해발생 등이 발생할 우려가 없어야 한다고 규정하고 있다. 태양광발전시설 설치의 이격거리에 관한 기준은, 위와 같이 국토계획법령에서 추상적·개방적 개념을 사용하여 정한 개발행위허가기준을 구체화한 것이라고 볼 수 있으므로, 비록 포괄적이기는 하지만 위 국토계획법령 조항들도 이 사건 조례 조항의 위임근거로 볼 수 있다.

다. 개발행위허가운영지침(2018. 4. 18. 국토교통부훈령)이 이사건 조례의 근거인지 여부
국토계획법 시행령 제56조 제4항의 위임에 따라 **국토교통부장관이 제정한 구 개발행위허가운영지침**(2018. 4. 18. 국토교통부훈령 제997호로 개정되기 전의 것, 이하 '국토교통부훈령'이라 한다)은 허가권자가 국토계획법령에서 위임하거나 정한 범위 안에서 도시·군계획조례를 마련하거나 법령 및 이 지침에서 정한 범위 안에서 별도의 지침을 마련하여 개발행위허가제를 운영할 수 있고(1-2-2), 개발행위허가기준을 적용함에 있어 지역특성을 감안하여 지방도시계획위원회의 자문을 거쳐 높이·거리·배치·범위 등에 관한 구체적인 기준을 정할 수 있다[3-2-6(3)]고 규정하였다. 그러나 이러한 국토교통부훈령 조항들도 위 시행령 개정으로 신설된 조항과 마찬가지로, 지방자치단체나 허가권자에게 법규제정권한을 부여하는 창설적·형성적 규정이 아니라, 국토계획법령의 규정 내용으로부터 도출되는 사항을 주의적·확인적으로 규정한 것이라고 이해하여야 한다. 따라서 위 국토교통부훈령 조항들이 이 사건 조례 조항의 위임근거가 된다고 보기는 어렵다.

3. 특정 사안과 관련하여 법령에서 조례에 위임을 한 경우, 조례가 위임의 한계를 준수하고 있는지 판단하는 기준
특정 사안과 관련하여 법령에서 조례에 위임을 한 경우 조례가 위임의 한계를 준수하고 있는지를 판단할 때에는, 해당 법령 규정의 입법 목적과 규정 내용, 규정의 체계, 다른 규정과의 관계 등을 종합적으로 살펴야 하고, 위임 규정의 문언에서 의미를 명확하게 알 수 있는 용어를 사용하여 위임의 범위를 분명히 하고 있는데도 그 의미의 한계를 벗어났는지, 수권 규정에서 사용하고 있는 용어의 의미를 넘어 그 범위를 확장하거나 축소함으로써 위임 내용을 구체화하는 데에서 벗어나 새로운 입법을 한 것으로 볼 수 있는지 등도 아울러 고려해야 한다.

4. 청송군 도시계획 조례 제23조의2 제1항 제1호, 제2호가 상위법령의 위임한계를 일탈하였는지 문제 된 사안에서, 위 조례 조항이 국토의 계획 및 이용에 관한 법령에서 위임한 한계를 벗어난 것이라고 볼 수 없다고 한 사례
청송군 도시계획 조례 제23조의2 제1항 제1호, 제2호가 상위법령의 위임한계를 일탈하였는지 문제 된 사안에서, 위 조례 조항의 위임근거가 되는 국토의 계획 및 이용에 관한 법령 규정들의 문언과 내용, 체계, 입법 취지 및 지방자치단체가 개발행위에 관한 세부기준을 조례로 정할 때 형성의 여지가 보다 넓게 인정되어야 하는 점, 태양광발전시설이 가져올 수 있는 환경훼손의 문제점과 청송군의 지리적·환경적 특성, 조례 조항에 따른 이격거리 기준을 적용하지 않는 예외사유를 인정하고 있는 점, 국토의 계획 및 이용에 관한 법령에서 개발행위허가기준의 대강과 한계만을 정하고 구체적인 세부기준은 각 지방자치단체가 지역의 특성, 주민 의견 등을 고려하여 지방자치단체의 실정에 맞게 정할 수 있도록 위임하고 있는 취지 등을 관련 법리에 비추어 살펴보면, <u>위 조례 조항이 '고속도로, 국도, 지방도, 군도, 면도 등 주요도로에서 1,000미터 내'와 '10호 이상 주거 밀집지역, 관광지, 공공시설 부지 경계로부터 500미터 내'의 태양광발전시설 입지를 제한하고 있다고 하여 국토의 계획 및 이용에 관한 법령에서 위임한 한계를 벗어난 것이라고 볼 수 없다.</u>

4 도시계획시설결정 해제신청 거부처분 취소청구 (대판 2023.11.16. 2022두61816)

> 도시공원 및 녹지 등에 관한 법률 (약칭: 공원녹지법)제29조(토지매수의 청구) ① 도시자연공원구역의 지정으로 인하여 도시자연공원구역의 토지를 종래의 용도로 사용할 수 없어 그 효용이 현저하게 감소된 토지 또는 해당 토지의 사용 및 수익이 사실상 불가능한 토지의 소유자로서 다음 각 호의 어느 하나에 해당하는 자는 그 도시자연공원구역을 관할하는 특별시장·광역시장·특별자치시장·특별자치도지사·시장 또는 군수에게 해당 토지의 매수를 청구할 수 있다.
> 1. 도시자연공원구역의 지정 당시부터 해당 토지를 계속 소유한 자
> 2. 토지의 사용·수익이 사실상 불가능하게 되기 전에 그 토지를 취득하여 계속 소유한 자
> 3. 제1호 또는 제2호의 자로부터 해당 토지를 상속받아 계속 소유한 자
> ② 특별시장·광역시장·특별자치시장·특별자치도지사·시장 또는 군수는 제1항에 따라 매수 청구를 받은 토지가 제3항에 따른 기준에 해당되는 경우에는 이를 매수하여야 한다.

1. 사건의 경위

서울 강동구 이 사건 편입토지를 포함한 서울 강동구 A일대 112,398㎡는 1971년 8월 7일 구 도시계획법에 따라 도시계획시설(공원)로 결정 및 고시되었다.

헌법재판소는 1999년 10월 21일 구 도시계획법 제4조에 대해 헌법불합치 결정을 내렸고, 2001년 12월 31일까지 개정되지 않으면 계속 적용되도록 하였다. 이로 인해 도시계획시설 결정 일몰제가 시행되었다.

서울특별시장은 2020년 6월 29일 서울 강동구 A 일대 112,398㎡에 대한 도시계획시설(공원) 결정을 변경(해제)하고, 국토계획법 제38조의2 및 공원녹지법 제26조에 따라 <u>이 사건 편입토지를 포함한 위 토지 일대 111,279.5㎡를 C공원구역으로 지정하는 도시관리계획(용도구역) 결정을 고시하였다.</u>

갑은 2020. 8. 26. 서울특별시장에게 편입토지에 대한 도시자연공원지정처분의 취소를 구하였다. 서울특별시장은 2020. 9. 3. 원고에게 '완충지역을 포함하여 도시자연공원구역을 지정할 수 있고, 구역 내에서 관리청의 허가를 받아 일부 행위가 가능하며 토지매수 청구 등도 할 수 있다.'는 등의 사유로 이를 <u>거부하는 내용으로 회신하였다.</u>

2. 행정계획의 재량과 그 한계

행정계획은 행정목표를 달성하기 위해 여러 행정수단을 종합하여 미래의 질서를 실현하기 위한 기준으로 설정된다. 공원녹지법 등 관련 법령에서는 구체적인 내용 대신 추상적인 목표와 절차만 규정하고 있어, 행정주체는 비교적 넓은 형성의 자유를 가지지만, 이 자유는 공익과 사익, 공익 상호 간의 정당한 비교와 교량이라는 제한이 있다. 이익형량을 제대로 하지 않거나 필수적 고려 사항을 누락하거나 정당성이 결여된 경우에는 행정계획이 위법할 수 있다. 도시관리계획의 재량권 심사는 법의 취지와 목적, 녹지의 상태, 이해관계자 간 권익 균형을 고려해야 하며, 자연환경 보호를 목적으로 하는 경우 장래의 불확실성과 파급효과를 반영한 판단을 폭넓게 존중해야 한다.

3. 공원구역지정의 위법여부

피고는 공원녹지법령 및 지침에 따라 이 사건 편입토지를 도시자연공원구역으로 지정하였으며, 이 판단이 현저히 합리성을 결여하거나 비례의 원칙, 형평의 원칙에 반한다고 보기 어렵다.

가. 형성의 자유: 피고는 도시지역의 식생 보호를 위해 도시자연공원구역을 지정할 때 비교적 광범위한 형성의 자유를 가진다.
나. 지정의 배경: 이 사건 편입토지는 1971년에 도시계획시설(공원)으로 결정되었고, 피고는 공원녹지법의 특례 규정에 따라 기초조사와 다양한 평가를 통해 이 지역을 보존이 필요한 지역으로 판별하여 공원구역으로 지정하였다.
다. 자연환경 평가: 이 사건 편입토지는 인접 지역이 환경적으로 우수하여 보전이 필요하다고 평가되며, 국토환경성평가 2등급으로 보전이 필요한 지역의 '완충지역'으로 지정할 수 있는 기준에 부합한다.
라. 지목과 훼손 위험: 이 사건 편입토지는 지목이 '답'으로 식생이 부족하지만, 이를 완충지역으로 지정하지 않으면 장기적으로 식생의 연속성을 해치고 보호가 어려워질 수 있다.

4. 공원구역지정의 재산권 침해여부

헌법재판소는 1999년 10월 21일, 구 도시계획법 제4조에 대해 헌법불합치 결정을 내렸다. 이 결정은 해당 법 조항이 2001년 12월 31일까지 개정될 때까지 계속 적용되도록 했으며, 이로 인해 도시계획시설 결정 일몰제가 시행되었다.

헌법불합치 결정의 주된 취지는 재산권을 침해하지 않도록 적절한 보상을 통해 과도한 제한을 방지해야 한다는 것이다. 즉, 토지의 사적 이용권이 10년 이상 배제된 상태에서 아무런 보상 없이 수인하는 것은 헌법상 재산권 보장에 위배된다고 보았다.

이 사건에서, 이 사건 편입토지는 1971년 8월 7일 도시계획시설(공원)로 지정된 이후 농경지로 계속 사용되었고, 2017년 소유권을 취득한 원고도 농경지로 사용할 수 있었다. 만약 **이 사건 편입토지를 기존 용도로 사용할 수 없어 효용이 크게 감소하거나 사용이 불가능할 경우, 원고는 공원녹지법 제29조에 따라 매수청구권을 행사할 수 있다.** 따라서 이 사건 공원구역의 지정이 원고의 사익을 과도하게 침해했다고 보기는 어렵다.

그런데도 원심은 이 사건 편입토지를 이 사건 공원구역으로 지정한 것이 재량권을 일탈·남용하여 위법하다고 판단하였다. 원심의 이러한 판단에는 공원녹지법 시행령 제25조, 이 사건 지침에서 정한 도시자연공원구역 지정기준의 해석·적용 및 재량권 일탈·남용에 관한 법리를 오해하여 필요한 심리를 다하지 아니함으로써 판결에 영향을 미친 잘못이 있다. 이 점을 지적하는 피고의 상고이유 주장은 이유 있다.

32. 공용부담법

1 협의취득이 당연무효인 경우, 협의취득일 당시의 토지소유자가 위 조항에서 정한 환매권을 행사할 수 있는지 여부(대판 2021.4.29. 2020다280890)

토지보상법이 환매권을 인정하는 취지는, 토지의 원소유자가 사업시행자로부터 토지 등의 대가로 정당한 손실보상을 받았다고 하더라도 원래 자신의 자발적인 의사에 기하여 그 토지 등의 소유권을 상실하는 것이 아니어서 그 토지 등을 더 이상 당해 공익사업에 이용할 필요가 없게 된 때, 즉 공익상의 필요가 소멸한 때에는 원소유자의 의사에 따라 그 토지 등의 소유권을 회복시켜 주는 것이 공평의 원칙에 부합한다는 데에 있다.

토지보상법 및 구 국토계획법의 규정 내용과 환매권의 입법 취지 등을 고려하면, 도시계획시설사업의 시행자로 지정되어 그 도시계획시설사업의 수행을 위하여 필요한 토지를 협의취득하였다고 하더라도, 시행자 지정이 처음부터 효력이 없거나 토지의 취득 당시 해당 도시계획시설사업의 법적 근거가 없었던 것으로 볼 수 있는 등 **협의취득이 당연무효인 경우, 협의취득일 당시의 토지소유자가 소유권에 근거하여 등기 명의를 회복하는 방식 등으로 권리를 구제받는 것은 별론으로 하더라도 토지보상법 제91조 제1항에서 정하고 있는 환매권을 행사할 수는 없다고 봄이 타당하다.**

2 관리처분계획인가처분 취소(대판 2020.6.25. 2018두34732)

1. 총회결의의 자율성 및 의결정족수

재건축정비사업조합의 총회는 정관 변경이나 관리처분계획의 수립·변경을 자유롭게 결정할 수 있는 자율성과 재량을 가진다. 조합의 비용부담에 관한 정관 변경에는 조합원 3분의 2 이상의 동의가 필요하다.

2. 총회결의의 절차적 하자

총회의 소집공고 등 절차상 하자가 있더라도 구성원들의 참여에 지장이 없었다면, 해당 절차적 하자는 경미한 것으로 간주되어 총회결의는 유효하다.

3. 신뢰보호의 원칙

행정청의 공적인 견해 표명이 사정변경으로 인해 더 이상 신뢰의 대상이 되지 않으면, 신뢰보호의 원칙에 위반되지 않는다. 재건축조합에서 내부 규범 변경을 통해 달성하려는 이익이 기존 규범

에 대한 조합원들의 신뢰보다 우월한 경우, 조합이 이 사건 약정 및 그에 따른 종전 정관을 변경하여 이 사건 약정에 반하는 내용의 관리처분계획을 수립하였더라도 이를 신뢰보호원칙에 위반된다고 볼 수 없다.

33. 경찰관직무집행법

1 위해성 경찰장비의 위법한 사용

위해성 경찰장비는 그 사용의 위험성과 기본권 보호 필요성에 비추어 볼 때 본래의 사용방법에 따라 지정된 용도로 사용되어야 하며 다른 용도나 방법으로 사용하기 위해서는 반드시 법령에 근거가 있어야 한다. 산업별 노조인 갑 노동조합의 지부가 조합원들을 각 거점에 배치하고 새총, 볼트, 화염병 등을 소지한 채 공장 점거파업을 계속하자 경찰이 점거파업을 진압하기 위하여 헬기에서 조합원들이 있던 공장 옥상을 향하여 다량의 최루액을 살포하거나 공장 옥상으로부터 30~100m 고도로 제자리 비행을 하여 조합원들을 헬기 하강풍에 노출되게 하였고, 그 과정에서 헬기가 새총으로 발사된 볼트 등의 이물질에 맞아 손상된 사안에서, **헬기를 위와 같은 방법으로 사용하여 불법적인 농성을 진압하는 것은 경찰장비를 위법하게 사용함으로써 적법한 직무수행의 범위를 벗어났다고 볼 여지가 있는데도**, 갑 노동조합 등에 대하여 헬기의 손상에 관한 손해배상책임이 성립한다고 본 원심판단에 심리미진 등의 잘못이 있다(대판 2022.11.30. 2016다26662).

34. 병역법

2009년 징병검사를 받고 3급 현역병입영 대상자로 병역처분을 받은 갑이 법학전문대학원에 입학한 후 법무사관후보생에 지원하여 2013년 법무사관후보생 병적에 편입되었다가 2019년 법무사관후보생 포기신청서를 제출하면서 재병역판정검사 등을 신청했으나, 관할 지방병무청장이 법무사관후보생의 병적에서 제적되어 현역병입영 대상자로 복귀한 갑에게 재병역판정검사 대상이 아니라는 이유로 현역병입영 통지를 한 사안에서, 갑이 법무사관후보생 병적에 편입되었던 사정이 병역법 제14조의2 제1항의 재병역판정검사의 '징집'에 해당한다는 이유로 현역입영처분이 적법하다고 본 원심판단에 법리오해 등의 위법이 있다고 한 사례

* 병역법 제14조의2 ① 지방병무청장은 <u>현역병입영 대상자 또는 보충역으로 병역처분을 받은 사람이 그 처분을 받은 다음 해부터 4년이 되는 해의 12월 31일까지 징집 또는 소집되지 않은 경우에는 5년이 되는 해에 재병역판정검사를 한다.</u>

<u>법무장교로 선발되어 군사교육을 받기 위해 입영하기 이전 단계로 단순히 법무사관후보생 병적에 편입되어 있는 사람을 병역법 제5조 제1항 제1호 (나)목의 '현역'에 해당한다고 보기 어렵다.</u> **법무사관후보생 병적에 편입되었다가 제적되었다는 사정만으로는 실제 징집 또는 소집되어 병역의무를 이행한 것으로 볼 수 없어** 종전 병역처분일로부터 4년 이상 경과한 경우에는 다시 병역판정검사를 받아 실제 건강상태에 부합하는 병역처분을 받을 수 있도록 하는 것이 재병역판정검사 제도의 취지에도 부합하는 점, 병역법 제14조의2, 병역법 시행령 제18조의2 등의 규정에 따르면, 법무사관후보생 병적에서 제적되어 병적에 편입되기 전 신분으로 복귀한 경우에도 종전에 현역병입영 대상자 혹은 보충역으로 병역처분을 받은 시점을 기산점으로 삼아 재병역판정검사 기간을 계산해야 하는 점 등을 종합하면, 갑이 법무사관후보생 병적에 편입되었던 사정이 병역법 제14조의2 제1항의 재병역판정검사의 '징집'에 해당한다는 이유로 현역입영처분이 적법하다고 본 원심판단에 법리오해 등의 위법이 있다고 한 사례(대판 2023.8.18. 2020두53293)

*원심은 법무사관후보생 병적 편입된 사람을 현역으로 보고 '병역처분을 받은 다음해부터 4년이 되는 해의 12월 31일까지 징집 또는 소집되지 아니한 경우'에 해당하지 않는다고 판단했다. 그러나 대법원은 법무사관후보생 병적 편입 자체로는 군부대에 들어가 병역의무를 이행하는 '입영'이 존재하지 않아 이를 두고 병역법상 '징집'된 것으로 보기 어렵다고 보아 "법무사관후보생 병적에 편입 후 제적돼 그 신분이 현역병입영 대상자로 복귀했다고 해도, 종전 병역처분을 받은 시점을 기산점으로 삼아 재병역판정검사 기간을 계산하도록 하는 것이 병역법 제14조의2 재병역판정검사의 취지에 부합한다"고 판시했다.

판례색인

대판 1982.06.08. 80도2646 ·············· 44
대판 1992.12.24. 92누3335 ·········· 113, 114
대판 1994.10.28. 94누5144 ·············· 92
대판 1998.12.23. 97누5046 ·········· 113, 114
대판 1999.01.26. 98두12598 ········· 113, 114
대판 2004.04.09. 2003두13908 ·········· 42
대판 2008.01.31. 2007도9220 ············ 44
대판 2015.08.27. 2015두41449 ··········· 91
대판 2017.06.15. 2016두52378 ··········· 35
대판 2018.11.29. 2016도14781 ··········· 35
대판 2019.06.13. 2017다277986,277993 · 114
대판 2019.10.17. 2018두40744 ·········· 140
대판 2019.12.27. 2018두46780 ·········· 114
대판 2020.04.09. 2015다34444 ··········· 22
대판 2020.04.09. 2019두61137 ··········· 46
대판 2020.04.29. 2017두31064 ······· 56, 57
대판 2020.04.29. 2019두5279 ············ 20
대판 2020.05.28. 2017두66541 ··········· 52
대판 2020.05.28. 2017두73693 ··········· 71
대판 2020.06.25. 2018두34732 ·········· 145
대판 2020.07.23. 2020두33824 ··········· 20
대판 2020.07.29. 2017두63467 ·········· 126
대판 2020.08.20. 2019두34630 ··········· 42
대판 전합 2020.09.03. 2016두32992 ······ 5
대판 2020.09.03. 2020두34070 ·········· 101
대판 2020.10.15. 2020다222382 ········· 103
대판 2020.10.15. 2020두41504 ·········· 136
대판 2020.12.30. 2020두37406 ·········· 127
대판 2020.12.24. 2018두45633 ··········· 55
대판 2021.01.14. 2020두38171 ··········· 32
대판 2021.01.14. 2020두50324 ··········· 91
대판 2021.01.28. 2019다260197 ·········· 72
대판 2021.02.04. 20125추528 ············ 124

대판 2021.02.04. 2015추528 ············· 8
대판 2021.02.04. 2019다277133 ········· 117
대판 2021.02.04. 2020두48772 ······· 45, 97
대판 2021.02.10. 2020두47564 ······· 95, 96
대판 2021.03.11. 2019두57831 ··········· 36
대판 2021.03.11. 2020다229239 ········· 135
대판 2021.04.01. 2020도15194 ··········· 67
대판 2021.04.29. 2016두39825 ·········· 117
대판 2021.04.29. 2020다280890 ········· 145
대판 2021.04.29. 2020수6304 ············ 29
대판 2021.06.30. 2017다249219 ·········· 77
대판 2021.07.29. 2015다221668 ·········· 77
대판 2021.07.29. 2018두55968 ··········· 41
대판 2021.09.16. 2019도11826 ··········· 43
대판 2021.09.16. 2020추5138 ·········· 121
대판 2021.10.28. 2017다219218 ·········· 68
대판 2021.11.11. 2015두53770 ··········· 63
대판 2021.11.11. 2018다204022 ·········· 84
대판 2021.11.11. 2021두43491 ······· 41, 51
대판 2021.12.30. 2018다241458 ······ 21, 93
대판 2021.12.30. 2020수5011 ············ 29
대판 2021.12.10. 2018두42771 ············ 6
대판 2022.01.14. 2021두37373 ············ 7
대판 2022.01.27. 2019두59851 ·········· 121
대판 2022.01.27. 2020두39365 ··········· 39
대판 2022.01.27. 2021다219161 ········· 104
대판 2022.01.27. 2021두4025 ············ 98
대판 2022.02.11. 2021도13197 ·········· 129
대판 2022.02.11. 2021두40720 ····· 50, 101
대판 2022.03.17. 2021두53894 ··········· 92
대판 2022.04.14. 2021두60960 ··········· 32
대판 2022.04.28. 2017다233061 ·········· 78
대판 2022.04.28. 2021두61932 ·········· 112

| 대판 2022.04.28. 2021추5036 ·········· 121
| 대판 2022.05.13. 2019두49199 ·········· 112
| 대판 2022.05.26. 2021두45848 ·········· 85
| 대판 2022.05.26. 2022두33439 ·········· 64
| 대판 2022.06.30. 2021두62171 ·········· 48
| 대판 2022.06.30. 2022다209383 ·········· 51
| 대판 2022.06.30. 2022추5040 ·········· 123
| 대판 2022.07.14. 2017다266771 ·········· 73
| 대판 2022.07.14. 2017다290538 ·········· 75
| 대판 2022.07.14. 2021두62287 ·········· 48
| 대판 2022.07.14. 2022두37141 ·········· 34
| 대판 2022.07.28. 2019두63447 ·········· 90
| 대판 2022.07.28. 2021두60748 ·········· 91
| 대판 2022.08.25. 2020도12944 ·········· 26
| 대판 전합 2022.08.30. 2018다212610 ······ 80
| 대판 2022.09.07. 2020두40327 ·········· 25
| 대판 2022.09.07. 2021두39096 ·········· 36
| 대판 2022.09.07. 2022두40376 ·········· 36
| 대판 2022.09.07. 2022두42365 ·········· 89
| 대판 2022.09.16. 2020두47021 ·········· 69
| 대판 2022.09.16. 2021두58912 ·········· 30
| 대판 2022.10.14. 2022두45623 ·········· 128
| 대판 2022.11.30. 2016다26662 ·········· 147
| 대판 2022.11.17. 2021두44425 ·········· 100
| 대판 전합 2022.11.24. 2018두67 ·········· 88
| 대판 2022.12.01. 2019두48905 ·········· 95
| 대판 2022.12.01. 2022두39185 ·········· 129
| 대판 2023.01.12. 2022두56630 ·········· 97
| 대판 2023.02.02. 2020다270633 ·········· 74
| 대판 2023.02.02. 2020두43722 ·········· 138
| 대판 2023.02.23. 2021두44548 ·········· 90
| 대판 2023.03.30. 2018다207076 ·········· 34
| 대판 2023.04.13. 2021다254799 ·········· 128
| 대판 2023.04.27. 2020두47892 ······· 22, 89
| 대판 2023.04.27. 2023두30833 ·········· 48
| 대판 2023.06.01. 2021두41324 ·········· 64
| 대판 2023.06.15. 2021두55159 ·········· 69
| 대판 2023.06.29. 2020두46073 ·········· 110
| 대판 2023.06.29. 2021다250025 ·········· 116
| 대판 2023.06.29. 2022두44262 ·········· 105

대판 2023.06.29. 2023다205968 ·········· 80
대판 2023.06.29. 2023두30994 ·········· 37
대판 2023.07.13. 2016두34257 ·········· 95
대판 2023.07.13. 2022추5149 ·········· 122
대판 2023.07.13. 2022추5156 ·········· 122
대판 2023.07.13. 2023다21425 ·········· 87
대판 2023.07.27. 2022두44392 ·········· 86
대판 2023.07.27. 2022두52980 ······ 65, 101
대판 2023.08.18. 2020두53293 ·········· 148
대판 2023.08.18. 2021두41495 ·········· 31
대판 2023.08.18. 2022두34913 ·········· 86
대판 2023.09.14. 2023다214108 ·········· 133
대판 2023.09.21. 2022두31143 ·········· 26
대판 2023.09.21. 2023다230476 ·········· 79
대판 2023.09.21. 2023두39724 ·········· 58
대판 2023.10.12. 2022다276697 ·········· 44
대판 2023.10.12. 2022두68923 ·········· 70
대판 2023.10.26. 2018두55272 ······ 110, 111
대판 2023.10.26. 2020두50966 ·········· 7
대판 2023.11.30. 2019두38465 ·········· 107
대판 2023.11.16. 2022두61816 ·········· 142
대판 2024.02.08. 2020다209938 ·········· 79
대판 2024.02.08. 2022두50571 ·········· 100
대판 2024.02.15. 2023다295442 ·········· 132
대판 2024.02.29. 2020두54029 ·········· 9
대판 2024.02.29. 2023다280778 ·········· 28
대판 2024.03.12. 2020다290569 ·········· 76
대판 2024.03.12. 2021두58998 ·········· 98
대판 2024.03.12. 2022두60011 ·········· 21
대판 2024.04.04. 2022두56661 ·········· 15
대판 2024.04.16. 2022두57138 ·········· 98
대판 2024.05.30. 2021두58202 ·········· 39
대판 2024.05.30. 2022두65559 ·········· 62
대판 2024.05.09. 2023도3914 ·········· 56
대판 2024.05.23. 2021두35834 ·········· 3
대판 2024.05.30. 2023두61707 ·········· 83
대판 2024.06.13. 2023두54112 ·········· 38
대판 2024.06.27. 2022추5132 ·········· 123
대판 전합 2024.07.18. 2022두43528 ·········· 18
대판 2024.07.18. 2023두36800 ·········· 16

대판 2024.07.25. 2023추5177 ·················· 9	대판 2025.05.15. 2024두35989 ·················· 97
대판 2024.09.12. 2022두43405 ·················· 131	대판 2025.06.26. 2023다252551 ················ 23
대판 2024.10.31. 2021두41204 ·················· 96	대판 2025.06.26. 2024두64000 ·················· 14
대판 2024.11.28. 2023두61349 ·················· 107	
대판 2025.01.09. 2019두35763 ·················· 65	대결 2022.02.11. 2021모3175 ···················· 62
대판 2025.02.20. 2024두52427 ·················· 117	대결 2022.09.29. 2022마118 ······················ 48
대판 2025.02.27. 2023다233895 ················ 81	대결 2024.06.19. 2024무689 ······················ 102
대판 2025.02.27. 2024두47890 ·················· 54	대결 2024.08.29. 2024무677 ······················ 63
대판 2025.03.13. 2024두45788 ·················· 59	
대판 2025.03.13. 2024두54683 ·················· 100	헌재 2019.11.28. 2017헌마759 ·················· 22
대판 2025.04.03. 2023두3145 ···················· 11	헌재 2022.01.27. 2016헌마364 ·················· 85

지은이 **황남기**

[약 력]
제27회 외무고시 수석합격
2012년 공무원 공채시험 출제위원
동국대 법대 겸임교수
사법시험 연세대, 성균관대, 한양대, 이화여대, 중앙대, 전남대, 전북대 특강
사법시험 바이블이었던 황남기 헌법 저자

[저 서]
표준판례 및 최신판례정리 -헌법편- (학연, 2024)
Rainbow 변시 모의해설 공법 사례형(학연, 2025)
변호사시험대비 황남기 행정법(학연, 2025)
진도별 변시·사시기출 헌법사례연습(학연, 2025)
변호사시험대비 황남기 헌법 기본서(학연, 2025)
Rainbow 변시 기출해설 공법 사례형(학연, 2025)
변호사·공무원 시험 대비 황남기 헌법 OX(학연, 2025)
헌법논점 Capsule (학연, 2025)
변호사시험 기출과 모의고사 사례형 헌법 시험장 실전답안 (학연, 2025)
변호사시험 기출과 모의고사 사례형 공법 시험장 실전답안 (학연, 2025)
변호사시험 기출 사례형 행정법 시험장 실전답안(학연, 2025)
최근3년 헌법판례OX(학연, 2025)
헌법재판소 4년판례+최신판례(학연, 2025)

황남기 행정법 최신 3개년 판례

발 행 일 : 2025년 08월 28일
저　　자 : 황 남 기
발 행 인 : 이 인 규
발 행 처 : 도서출판 (주)학연
주　　소 : 충청북도 진천군 백곡면 명암길 341
출판등록 : 2012.02.06. 제445-251002012000013호
www.baracademy.co.kr / e-mail : baracademy@naver.com / Fax : 02-6008-1800

저자와 협의하여
인지를 생략함

정가 : 15,000원　　　　　　　　ISBN : 979-11-7495-013-0(93360)

* 파본은 구입하신 서점에서 바꿔드립니다
* 본 서는 저작권법에 의하여 보호를 받는 저작물이므로 무단 전재와 복제를 금합니다.